LE ROMAN DE RENARD

LIRE ET VOIR LES CLASSIQUES

collection dirigée par Claude AZIZA

Maurice GENEVOIX

LE ROMAN DE RENARD

Préface et commentaires de
Jean DUFOURNET

PLON

Le dossier iconographique
a été réalisé par
Anne GAUTHIER et
Matthieu KERROUX

La loi du 11 mars 1957 n'autorisant aux termes des alinéas 2 et 3 de l'article 41, d'une part, que les *copies ou reproductions strictement réservées à l'usage privé du copiste et non destinées à une utilisation collective*, et, d'autre part, que les analyses et les courtes citations dans un but d'exemple ou d'illustration, *toute représentation ou reproduction intégrale ou partielle, faite sans le consentement de l'auteur ou de ses ayants droit ou ayants cause*, est illicite (alinéa 1er de l'article 40). Cette représentation ou reproduction, par quelque procédé que ce soit, constituerait donc une contrefaçon sanctionnée par les articles 425 et suivants du Code pénal.

© 1968, Plon
© Presses Pocket 1991
pour la préface, les commentaires
et le dossier iconographique.
ISBN : 2-266-03666-1

PRÉFACE

Comédie animale qui est un décalque coloré, souvent satirique, de l'éternelle comédie humaine, *Le Roman de Renard* a été, dès le Moyen Age, un vaste chantier sur lequel des écrivains plus ou moins doués ont travaillé pendant près d'un siècle, de 1175 à 1250, reprenant des scènes, des personnages, des motifs et des expressions, et leur succès a été tel que le nom de *Renard* a fini par supplanter le nom commun *goupil*[1]. En perpétuelle métamorphose, sans cesse modifié par la transmission orale et par l'écriture qui s'est très vite emparée des contes du goupil, objet de nombreuses manipulations, *Le Roman de Renard* est une œuvre mouvante, dans une constante interaction du langage, de l'imagination et de la réalité, si bien qu'il n'est pas facile d'en dater les composantes. Il est en fait impossible de découvrir un seul *Roman de Renard* : dès son apparition, il y a eu plusieurs collections qui diffèrent par l'ordre, le contenu et la longueur. L'on a découpé de multiples manières ce vaste puzzle, ce roman à jamais ouvert, dont les chapitres n'ont pas une forme ni une place définies une fois pour toutes. Aussi, pour en désigner les parties, a-t-on recouru à un terme nouveau, celui de *branche*,

---

[1]. Du latin *vulpiculus*. Le nom du goupil s'écrivait *Renart* au Moyen Age, et nous avons conservé cette graphie pour le héros médiéval. L'on tend aujourd'hui à donner la même orthographe *Renard* au nom propre et au nom commun.

qui apparaît pour la première fois, dans son sens littéraire de « conte », juste avant l'aventure du puits[1]. Chaque épisode sort du tronc renardien comme les branches de l'arbre. Ce principe de l'*arborescence,* qui se manifeste souvent à partir d'une histoire connue ou d'un cadre stéréotypé, est demeuré vivace jusqu'à nos jours, puisque le romancier animalier Louis Pergaud a raconté la fin du héros, dans *La Tragique aventure de Goupil*[2] (1910), et que Maurice Genevoix, après avoir écrit une nouvelle version du roman médiéval en 1958, a ajouté, dans son *Bestiaire sans oubli* (1971), un nouveau et dernier chapitre dans lequel le goupil est capturé par de diaboliques chasseurs qui jouent sur son instinct paternel.

Mais *Le Roman de Renard* est tout autant le texte de la reprise et du ressassement, dans un constant travail de *réécriture*, qui évolue entre la répétition et la variation. Près d'un siècle après Paulin Paris[3] (1861) et plus de trente ans après Léopold Chauveau (1924), Maurice Genevoix, à son tour, s'est mis à l'ouvrage et, fort d'une riche expérience de peintre et de romancier de la nature, a publié en 1958 un *Roman de Renard*, bientôt imité par Philippe van Tieghem et Maurice Toesca (1962), Albert-Marie Schmidt (1963) et Jacques Haumont (1966).

Il n'est pas utile de s'attarder sur les emprunts nombreux et attendus au cycle du goupil, qu'il a connu non pas par le roman du Moyen Age mais surtout par l'adaptation de Paulin Paris, comme nous le révèle la lecture de son dossier de travail[4]. A

---

1. Dans la branche IV ; voir l'édition bilingue du *Roman de Renart*, Paris, Garnier-Flammarion, 1985, t.I, p. 318, v. 19.
2. Dont on pourra trouver le texte dans notre dossier, p. 253.
3. Pour ces réécritures du *Roman de Renart*, voir la Chronologie, p. 249. L'on peut lire *Le Roman de Renart* de Paulin Paris dans l'édition Folio, Paris, Gallimard, 1986.
4. Ce dossier, que nous avons pu consulter grâce à l'extrême obligeance de Mme Genevoix que nous remercions très sincèrement, comporte deux parties (17 petites feuilles volantes d'un bloc ordinaire, écrites recto verso, de notes préparatoires, et 51 feuilles recto verso du manuscrit avec des corrections). Les notes sont de

celui-ci, qui avait distribué la matière du vieux roman en deux livres et soixante aventures, Maurice Genevoix a emprunté les noms des personnages et le point de départ de nombreuses scènes ; comme son prédécesseur, il a consacré la dernière partie de son œuvre au procès de Renard ; comme lui, il a terminé la partie précédente par la dernière mésaventure de la louve Hersent. Sans doute doit-il à un autre adaptateur, Léopold Chauveau, la division du roman en trois parties. A l'un et à l'autre il a emprunté des noms propres et des aventures, des mots anciens, des tours formulaires et des proverbes[1], des croquis tels que celui du prêtre qui épand son fumier et des procédés comme le recours comique au latin et les énumérations.

Il a taillé dans l'abondante matière, sans doute pour limiter le volume du roman, mais surtout pour éliminer tout ce qui nous éloignait trop du monde animal. Ainsi ont disparu les scènes et épisodes où Renard joue au jongleur ou au médecin[2], où il tonsure le loup Isengrin et met en pratique les leçons de magie apprises à Tolède, les scènes d'église avec le chat Tybert et le loup Primaut, le duel judiciaire entre le goupil et le coq Chantecler, l'intervention du chameau Musard qui est le légat du pape à la cour de Noble le lion. Ainsi a disparu la première partie de la branche XXIV qui, racontant la naissance du goupil,

trois sortes : les unes concernent les lectures de l'écrivain ; les autres permettent de reconstituer les phases de l'activité créatrice de Maurice Genevoix, des notes d'avant-scénario au scénario très précis, en passant par un plan de travail minutieux et un découpage ; les dernières, plus dispersées, nous renseignent sur les idées, les principes et les intentions du romancier.

1. Mots comme *chemin ferré*, *grenons* (« moustaches »), *avaler* (« descendre »), *grailes* (« trompettes au son aigu »), *plessis* (« enclos ») ; proverbes : « Le besoin qui fait vieilles trotter » ; tours formulaires : le « méchant nain » ou le « puant nain » pour qualifier Renard, Pinte « qui pond les gros œufs », ou encore « grave comme un prêtre au synode », ou « ça lui pendait à l'œil ».
2. Pour retrouver les références au roman médiéval, consulter la table des concordances, p. 329.

en fait un fils et une création d'Ève, un animal diabolique et féminin, et que Paulin Paris avait reprise dans le prologue de son adaptation, comme, d'ailleurs, Léopold Chauveau. Il a négligé aussi la scène de Renard tombé dans la cuve du teinturier et teint en jaune, sans doute après avoir hésité, puisque nous lisons dans son dossier de travail cette note : « Peut-être retenir épisode de la cuve du teinturier : thème du *déguisement* qui sera bien à sa place dans ce cycle. »

Il a écarté les scènes trop connues du corbeau et du renard (autour du fromage), du coq et du renard (du moins la ruse par laquelle le goupil s'empare de celui-là), toutes les allusions à l'actualité et surtout tout ce qui peut ralentir le rythme de l'action, le rappel des mauvais tours du héros qui convenait, au Moyen Age, à une déclamation ou à une récitation fragmentées de l'ensemble du roman — encore que Maurice Genevoix y recoure brièvement au moment du procès quand Renard plaide sa cause — et le redoublement de certaines scènes qui, dans l'original, sont annoncées et préparées, puis réalisées[1]. A l'ordinaire, il abrège, pour le plus grand plaisir du lecteur pressé : la longue poursuite du sanglier[2], encore bien détaillée par Paulin Paris, se réduit à quelques lignes.

Cet allégement constant du texte est, en revanche, compensé par toute la richesse de la vie campagnarde. Maurice Genevoix, écrivain de plein air, poète de la nature et du monde animal, a singulièrement enrichi le cadre de l'action. Il donne à l'univers

---

1. Dans la branche IX, Renart propose son plan (vers 645-719) qu'il applique ensuite (vers 741-936) et que Liétard, enfin, rappelle à sa femme Brunmatin. Maurice Genevoix, dans le chapitre VII de la deuxième partie, se contente de noter :
« Constant serra le poing et le brandit vers le fossé.
— A moins que..., souffla Renard, de sa voix la plus sucrée.
— A moins que ? répéta le vilain en ralentissant sa course.
— Écoute-moi, Constant, dit Renard. Tu ne le regretteras pas. »

2. Dans la branche XIII.

rustique du roman la dimension des choses naturelles. Ce qui, dans le texte originel, n'était que brève indication du décor ou rapide mention des circonstances, se charge d'un contenu concret, sensible, sensuel. La nature est systématiquement présentée en chaque saison, du début de mai à l'hiver et à la mi-septembre de l'année suivante, à chaque moment de la journée, de « l'heure d'avant l'aube » et du lever du jour au soir et à la nuit[1], par tous les temps, par la pluie et le vent, par l'orage qui monte peu à peu, par les brouillards des Avents, par un soleil éclatant, enfin dans tous les décors, « par les taillis, par les fourrés, par les landes et les futaies », dans une clairière ou une gorge rocheuse.

La nature apparaît aussi dans la profusion de sa richesse, que le roman médiéval se bornait à suggérer, avec les arbres, les oiseaux, les poissons, les animaux et les humains. *Le Roman de Renard* se transforme en bestiaire, devient une manière d'aide-mémoire, où, par des métaphores et des images très rares dans l'original, Maurice Genevoix multiplie les croquis et les esquisses, un peu comme Jules Renard dans les *Histoires naturelles*, non seulement des protagonistes comme le renard et le loup, mais aussi des comparses : « Pinçart, le grand héron pourpré, un peu bossu, le cou en volute », Grimbert le blaireau « aux larges et courtaudes pattes, qui marche à pieds plats comme l'ours », les deux béliers « au front rocheux, aux cornes annelées et striées, roulées en volutes énormes ».

A travers ces nombreux ajouts, on découvre un fin travail de recréation, qui remanie en profondeur le texte original. Tantôt Maurice Genevoix lie dans un même chapitre deux aventures séparées : dans le chapitre V de la première partie, *Comment Tybert le chat fit prendre Renard dans le piège et mangea les*

---

1. Ainsi : « La lune pleine, de son regard d'argent, les hulottes et les chevêches, de leurs yeux ronds et maléfiques, suivirent le courre acharné des deux fauves. »

deux parts de l'andouille, il reprend deux épisodes distincts des branches II et XV, qu'il unit par un récit de son invention, puisque le forestier Lanfroi se saisit du goupil qui, pour s'enfuir, ronge le sac où il a été jeté. Paulin Paris avait déjà rapproché les deux péripéties dans les seizième et dix-septième aventures de son texte, comme Léopold Chauveau, mais, à la manière du roman médiéval, Renard était délivré du piège par la hache d'un paysan anonyme, et les deux compères se déplaçaient à cheval, ce qu'on ne voit jamais dans l'œuvre de notre auteur. Plus tard, celui-ci, aux chapitres III, IV et V de la seconde partie, ne reprend pas exactement la succession des aventures de la branche III — Renard vole les anguilles, puis tonsure Isengrin, avant de le faire pêcher avec sa queue dans l'étang — il élimine la tonsure, qui appartient au registre humain, et la remplace par un épisode de la branche XIV, où le loup Primaut, pour son malheur, s'efforce d'imiter Renard pour se procurer des anguilles[1].

Tantôt Maurice Genevoix allège un ensemble pour demeurer en accord avec son dessein général. Dans la première partie de la branche XIV, l'auteur médiéval avait donné l'avantage au chat dans son duel avec Renard : Tybert buvait son saoul de lait, puis renversait le pot ; frustré, son compagnon se vengeait en laissant retomber le couvercle de la huche qui coupait la queue du chat ; mais celui-ci avait le dernier mot : il conseillait au goupil de se saisir du coq qui, par ses cris, alertait le paysan et ses chiens, et Renard était malmené. Or, dans la seconde partie du *Roman de Renard* de Maurice Genevoix, le héros, une fois ses classes faites, va de succès en succès, au détriment des autres bêtes. Il est donc impossible de conserver les premier et troisième épisodes : seul, le chat est berné,

---

1. Paulin Paris avait repris exactement le schéma de la branche III dans les septième, huitième et neuvième aventures, et il n'avait parlé de la mésaventure de Primaut que dans la treizième aventure.

en perdant sa queue. Paulin Paris n'avait, dans sa vingtième aventure, gardé que les deux premières péripéties.

Tantôt notre romancier glisse dans le récit une anecdote auparavant autonome. Au moment où le loup et le renard s'engagent dans la chasse d'où ils rapporteront le jambon de Constant Desnoix, le premier raconte au second la mauvaise plaisanterie de la jument Ferrante qui lui a fracassé la mâchoire[1]. Dans un ensemble plus important de la seconde partie, la poursuite du goupil par le loup, que scandent les cris : « A mort ! A mort ! », Maurice Genevoix insère différents épisodes : l'affaire du puits des moines de Tyron (chap. XII), la rencontre avec le lion Noble et la lionne Fière (chap. XIII), le partage des proies (chap. XIV), la poursuite du seigneur de la Fuye qui oblige Renard à se cacher parmi les peaux (chap. XV), le courre d'Isengrin et d'Hersent, le goupil profitant de la louve coincée entre les jambes d'un chêne.

Sur cette scène, à la différence du romancier médiéval, Maurice Genevoix, comme Paulin Paris, demeure discret et pudique :

> « Que fait Renard ? Les geais se penchent, battent des ailes et criaillent. Ce ne sont plus jacassements, mais grands rires, insolents, interminables, rires pour la honte de Dame Hersent. »

De même il élimine toute mutilation de prêtre ou de vilain, tout épisode scatologique : Renard ne compisse plus les louveteaux, il ne se soulage plus sur le visage d'un paysan[2], mais lui jette des poires blettes, toutes bourdonnantes de guêpes. Paulin Paris était resté fidèle au texte ancien.

La modification s'explique parfois par le souci de bannir des stéréotypes que l'auteur juge faux et déva-

---

1. Branche XIX du *Roman de Renart*.
2. Branches II et XVI.

lorisants. Le lièvre ne s'appellera plus Couard comme dans l'œuvre médiévale et l'adaptation de Paulin Paris, mais Gutero, à l'exemple de l'*Ysengrimus*, car le lièvre, pour Maurice Genevoix, est malin, infatigable, courageux, plus brave cent fois que Belin le mouton et que Bruyant le taureau, un adversaire digne du goupil, capable par sa vigueur d'échapper aux crocs des renards.

Le plus souvent, il s'agit d'éviter les invraisemblances les plus criantes. Aussi le loup pêchera-t-il avec sa queue, et non avec un seau attaché à ladite queue, et le romancier de s'amuser, par la bouche de Renard, à rejeter l'affabulation traditionnelle :

> « Certains prétendent qu'il convient d'attacher à la queue que l'on trempe, un seau. Mais outre que je ne le pourrais, — ne sachant point faire nœuds avec mes pattes —, comment penser qu'un seau de bois mort attirera les poissons mieux qu'une bonne queue vivante et chaude, queue de loup à longs poils où carpeaux et gardons viendront s'accrocher à l'envi ? »

Comment emporter les anguilles ? Non plus en enfilant autour de son cou et de son corps trois chapelets de ces poissons dont le goupil est recouvert en s'en allant, comme dans le roman médiéval[1], mais en les entraînant à la suite de leur reine.

Le lion n'apparaît qu'au terme de la seconde partie, dans toute sa majesté et sa force (comme dans le texte de Paulin Paris), après une longue accoutumance au monde animal et à certaines conventions auxquelles l'auteur s'est plié. Sa cour se trouve dans un cirque de collines assez sauvage et reculé ; c'est un « potentat que tous vénèrent, mais de loin, quand il reste à Bréviande, ou qu'il n'y convoque personne[2] ».

1. Branche III.
2. Dans son dossier préparatoire, Maurice Genevoix avait noté : le lion est « un dernier survivant, un spécimen un peu dégénéré (*il a toujours froid*). Il apparaît déjà comme condamné : il n'a pas d'enfants, et le goupil le sait bien, et il agit en conséquence ». Toutefois, dans son roman, pour préserver la fable du partage des proies, notre auteur parlera d'un lionceau, « juste sevré ou sur le point de l'être ».

La recherche d'une certaine vraisemblance peut s'accompagner de tout un jeu d'explications retardées. Ainsi le violent orage, qui se déchaîne pendant le combat du loup et du renard, permet à celui-ci de s'échapper, « comme si la foudre l'avait emporté, consumé dans son voile aveuglant ». Un peu plus loin, nous apprenons que son fils Rovel avait préparé sa fuite.

Si l'on poursuit l'enquête, on découvre que Maurice Genevoix a recréé en profondeur *Le Roman de Renard* qu'il a placé en plein XXe siècle (n'est-il pas question, au détour d'un chapitre, d'automobile?), fidèle à un certain nombre de principes dont la lecture du dossier préparatoire confirme l'existence.

Il convient, d'abord, de ménager la progression dramatique. Il ne s'agit plus d'une accumulation d'épisodes qui s'additionnent un peu au hasard, mais de la reconstitution d'une vie : de l'apprentissage et des humiliations du début aux règlements de comptes, au couronnement avec le procès et le combat dans une atmosphère de fin du monde, au triomphe final, où Renard, libre de toute contrainte, annonce la dislocation de la communauté animale et passe le flambeau à ses fils. L'auteur lui-même l'a rappelé dans son *Bestiaire sans oubli* :

> « C'était le héros des vieux dits, venu vers moi du fond des temps à travers les continents et les âges. D'abord naïf et "gabé" à l'envi, je l'ai montré faisant ses écoles, mûrissant, gabant à son tour et méritant sa liberté. »

C'est ainsi que Maurice Genevoix place dans la première partie tous les échecs de Renard et que des débuts, qui étaient racontés dans la branche XXIV du roman médiéval, se retrouvent au premier chapitre de la seconde partie, « Comment Renard, pour son coup d'essai, vola les jambons d'Isengrin », au moment où le goupil, qui a fini son apprentissage, a juré de se venger et de se servir des armes de ses adversaires. C'était la première aventure dans l'adaptation de Paulin Paris.

L'ensemble comprend trois parties : la première et la troisième s'équilibrent par le nombre de pages, la première et la deuxième se répondent en écho, la vengeance effaçant l'humiliation, sans qu'il y ait pesante et stricte correspondance : c'est ainsi que les chapitres VI, VII et VIII de la première partie trouvent leur conclusion dans le chapitre X de la seconde. Nous avons donc successivement :
1. les écoles de Renard (9 chapitres);
2. les gabets de Maître Renard (16 chapitres);
3. le plaid de Renard (10 chapitres), suivi d'un épilogue où le goupil adoube ses fils « chevaliers de Renardie ».

Cette composition permet de suivre et de reconstituer l'évolution du goupil, d'abord « jeune goupil, naïf goupil, innocent goupil, un peu niche... faisant rire à ses dépens », plein de pitié envers le paysan Constant Desnoix quand il « le vit pâlir comme hostie, le sentit mollir comme chiffe », victime des ruses des hommes et des bêtes, soumis à rude école, se sentant jeté, jour après jour, hors de ses voies, se révoltant contre les humiliations qui lui sont infligées, endurci par les épreuves, peu à peu formé, devenant méchant et fourbe même si un reste de pitié l'émeut un instant, presque seul contre tous, toujours animé par un farouche et irréductible instinct de liberté.

L'auteur a introduit des séries de trois épisodes, sur le modèle, d'ailleurs, du roman médiéval et de ses prédécesseurs. Ainsi, dans la deuxième partie, les chapitres I, II et III racontent comment Renard vola les jambons d'Isengrin, le vin de Constant Desnoix et les anguilles d'Autran-le-Roux, tandis que les chapitres V, VI et VII s'intitulent « La queue du Loup », « La queue de l'Ours », et « La queue du Chat ». Dans la troisième partie, les chapitres V, VI et VII rapportent, d'après la branche I du vieux roman, comment Renard fut semoncé par Brun, par Tybert et par Grimbert. De surcroît, la deuxième partie comporte une plaisante alternance de scènes où

Renard affronte le loup[1] et de scènes où il se venge d'autres adversaires.

Ensuite, il s'agissait pour le romancier de « bien particulariser les personnages, les animaux animalièrement, Renard et Isengrin compris, mais en se défendant d'un tabou trop superstitieux, et pareillement d'une humanisation excessive[2] ». Ainsi, pour se débarrasser définitivement de Constant Desnoix, le goupil monte-t-il sur un arbre, comme dans le roman médiéval, mais c'est un vieux poirier dont les branches touchent presque terre ; il sera successivement chat pour grimper, bélier pour frapper du front le derrière du paysan, chien pour rabattre le taureau, la vache et le veau vers le lion. Constant Desnoix continue à s'humilier devant Renard et Brun.

Plus de goupil à cheval, plus de goupil qui prétend baptiser les petits du moineau, comme c'est encore le cas dans l'adaptation de Paulin Paris, mais un renard et un loup redevenus des fauves, aussi cruels et aussi redoutables l'un que l'autre. Par petites touches se dégage peu à peu le portrait de Renard :

> « Son poil roux, ardent mais sombre, gadrouillé de noir sur le dos comme s'il se fût roulé dans le fraisil des charbonniers, se confondait exactement avec le dur lacis des lianes pourpres, des feuilles violacées... C'était un jeune mâle, splendide, à la poitrine ample et profonde [...] Son nez noir, si froid, si brillant à la pointe du museau aigu, ne cessait de frémir, de quêter, et les conques jumelles des oreilles, roidement tournées vers l'avant, de se tendre aux bruits de l'espace ».

Métaphores et métonymies se succèdent et se répondent pour imposer au lecteur l'image du malicieux goupil, *flèche rousse allongée sur la plaine, flamme rouge, démon à museau pointu, rouge comme un diablotin d'enfer, lutin roux penché sur l'abîme.* Le

1. Dans les chapitres I, IV et V, VIII et IX, XI, XII, XIII et XIV, XV.
2. Citation tirée du dossier préparatoire.

voici en chasse, dans l'attitude que le texte médiéval suggère par le verbe *coloier* :

> « ... les pattes fléchies, le ventre rasant l'herbe, le col tendu, les oreilles droites, le nez frémissant, et les yeux... vifs, brillants, happant à la ronde, yeux de goupil en chasse, c'est tout dire » (p. 139).

Ailleurs, observant le loup emprisonné dans la glace, « Renard, à petits coups, caressait son museau de sa queue, touffue, soyeuse, empomponnée de noir », ou, pour tromper l'ours, il feint de manger « à menus bruits de mâchoires, puis à glissants clappements de langue, à doux grognements du bord des lèvres ». Enfin, de retour dans sa tanière sans qu'il ait jamais oublié la prudence, il manifeste son affection à sa femelle Hermeline qui le lui rend bien.

Ce goupil, qui parle comme les bêtes des fables et qui plaide même — ce qui a permis à Maurice Genevoix de retenir le long épisode du procès sans s'abandonner aux facilités d'une totale humanisation — a un côté ruffian, fanfaron ; de là son succès auprès des femelles, d'Hersent la louve, de Fière la lionne et même de Florie, la femme du seigneur de la Fuye. Toujours charmeur : « si habile en son dire que ses tromperies les plus effrontées deviennent farces anodines, ses forfaits les plus noirs justes vengeances d'un innocent », il aime à mimer ses aventures, conteur, danseur, « trouvère de soi-même » ; il se plaît au succès : « c'est le défaut de son armure, au point juste où la peau lui démange » ; mais son instinct veille, qui jamais, d'un œil au moins, ne dort. Capable aussi du plus grand et du plus beau courage : quand il ne peut plus se dérober, il se recueille et fait front sans supplier.

Souvent seul contre tous, réfractaire, il symbolise la force de la vie et la joie de vivre, la volonté farouche de survivre et la ténacité, la bravoure et la liberté[1].

---

1. Comme le souligne l'auteur : « Une fois pour toutes, en sa dernière métamorphose, Renard enfin se connaît lui-même, libre dans le monde qu'il choisit, libre enfin et libre vraiment, sans

Quant au chat Tybert, qui n'est pas « l'un de ces matous de ferme auxquels Renard, à l'occasion, cassait volontiers les reins, mais un sauvage, un puissant fauve des bois », Maurice Genevoix, merveilleux animalier, développe les suggestions du texte médiéval, qu'il s'agisse du chat jouant avec sa queue et ronronnant au soleil, ou de la sourde complicité qui l'unit au goupil, dans une mutuelle admiration.

Le loup, de son côté, est la bête dangereuse, inquiétante, fière de sa force, impitoyable, « silencieux, couleur de brouillard, avec ses yeux d'un jaune verdâtre, au regard glacial et cruel », énorme, la patte musculeuse et griffue, « la gueule bavante et de fétide haleine », si vigoureux qu'il serait capable de porter un veau sans plier, cachant ses victuailles et son jambon sous un lit de ramée, et non plus sous le toit d'une maison, comme dans le texte de Paulin Paris[1]. Redoutable : « Les prunelles jaunes d'Isengrin, ses oreilles couchées en arrière, le hérissement de poils qui le crêtait comme d'un cimier avaient bien de quoi le glacer. »

Monde terrible que celui de ces bêtes : féroces, brutales, rancunières, promptes à mordre et à griffer, et depuis qu'elles savent parler, aussi dangereuses de la langue que de la patte ou de la dent.

Dans son dossier de travail, Maurice Genevoix a aussi noté : « Il me semble qu'il y aurait intérêt, aussi, à bien localiser les scènes, à construire, à *cohérer*. » Aussi avons-nous une forêt sauvage où vit une faune libre, courageuse, ayant ses us et ses coutumes inspirés de la nature, un village avec son église et sa cure, et toujours les mêmes moines blancs de Tyron, le même curé Everard et sa femme Gillain, le même seigneur Jean de la Fuye et son maître-piqueux Débû

(suite de la note 1 page 18) contrainte qui vienne de quiconque, homme ou bête, ami ou ennemi, sans autres lois que les lois éternelles où se rejoignent la vie et la mort. »

1. Première aventure.

cher, le même vavasseur Robert de la Marlette qui remplace Constant des Granges du roman médiéval (branche III), la même Croix des Liesses qu'on retrouve d'épisode en épisode. Un seul loup : les aventures d'Isengrin ne sont plus redoublées par celles de son frère Primaut, comme dans les textes antérieurs[1].

Cette recherche de l'unité a amené Maurice Genevoix à redistribuer les rôles, à préciser la personnalité de ses personnages, et en particulier d'un trio de vilains.

Constant Desnoix, dont la forme du nom vient de Paulin Paris, en est le principal, synthèse des paysans du *Roman de Renart* médiéval : du riche Constant des Noues de la branche II, de Liétart de la branche IX, de Bertaut et d'un anonyme de la branche XVI. Constant, « long visage... molles et blafardes joues », apparaît dès le premier chapitre, avec son âne Baudouin et son vieux coq Chanteclerc. Et tout de suite, dès le chapitre II, Renard aura affaire à lui et à son mâtin Morhout, puisqu'il essaie de se saisir de son coq. Riche, ladre et miteux, Constant ne saurait imaginer que le goupil, après son échec, revînt dès le lendemain dans la basse-cour. Comme Bertaut de la branche XVI du roman médiéval, il essaie de capturer Renard avec un filet « bleuâtre et couleur de fumée » qu'il lance maladroitement, « car il n'avait, en vilain qu'il était, chassé ni oiselé de sa vie ». Mordu à la main et au pied, il est obligé de s'humilier devant le goupil, qu'il trompe ensuite, conseillé par sa femme Brunmatin (qui était celle de Liétart dans la branche IX) et contre qui il lance son chien Morhout, ce qui lui vaudra d'être surnommé Foi-Mentie, et de subir la vengeance de Renard, puisqu'il perdra successivement son jambon, le vin qu'il avait acheté au seigneur de la Fuye, le lait que lape le chat. Pour finir, le goupil le met à mort, comme le vilain anonyme de la branche XVI, en lui jetant sur le visage des poires

1. Voir la branche XIV du *Roman de Renart* et les 10e, 11e, 12e, 13e, 14e et 15e aventures de l'adaptation de Paulin Paris.

bourdonnantes de guêpes, puis en le précipitant dans la rivière et en l'empêchant de rejoindre la berge.

Un autre vilain, Autran-le-Roux, avait subi le même sort, victime de la ruse de Renard, noyé dans la rivière en crue. C'était un tueur et non pas un chasseur pour reprendre une distinction chère à Maurice Genevoix (dans *La Dernière Harde* et *La Forêt perdue*), un dangereux braconnier qui cherchait, d'arbre en arbre, les bêtes surprises par l'inondation, « Autran-le-Roux et sa flambante tignasse, basse sur le front jusqu'au ras des yeux gris, le braconnier de pêche et de chasse, noueux, tordu, souple comme l'aspic rouge, l'homme de l'ombre, l'homme sans odeur », toujours accompagné de son redoutable chien Rechigné, « à moitié dogue, à moitié loup, si hargneux qu'une pointe de croc lui dépasse toujours à la gueule, comme le couteau à la poche d'Autran ». Bouvier à l'occasion, « braconnier le reste du temps, des plus sauvages et hardis, ou tâcheron de Desnoix-le-Riche, il se rebaptisait alors honnête marchand et poissonnier », et c'est lui qui livre les anguilles aux moines de Tyron.

Aux antipodes de Constant et d'Autran, le bûcheron Lanfroi, large d'épaules, « gai comme le merle du printemps, siffleur, chanteur, rieur à tout venant », fredonnant un vieil air de chasse, « comme un salut au goupil invisible dont les yeux ne le quittaient pas :

> « *C'est un Renard, c'est un matois,*
> *Poursuivons-le au fond des bois !* »

Entre lui et le goupil existe une secrète complicité : Renard refuse de piller sa musette comme le lui conseille Tybert ; de son côté, Lanfroi, loin de chercher à détruire le goupil, l'admire et l'encourage ; il refuse d'aider ses ennemis :

> « ... il faisait pirouetter sa cognée pour bien montrer qu'il n'avait pas le temps, ne savait rien, n'avait rien vu, qu'il n'était que Lanfroi le bûcheron...

Mais quand, aux rives de la futaie, entre les troncs puissants des charmes, il voyait la flamme rousse du goupil qui filait en flairant la neige, il lui faisait de loin des signes et riait en montrant ses dents blanches ».

Il intervient pour l'aider à se venger de Brun, et c'est lui qui coupe la queue de l'ours. Il reparaît au début de l'épilogue où sans doute il exprime les sentiments de Maurice Genevoix :

« Il connaissait le goupil roux à la queue empomponnée de noir. Renard allait chasser, appelant sa femelle ou ses fils. Lanfroi pensait à lui avec une amitié obscure, profonde et chaude, qu'il ne distinguait pas de sa tendresse pour la forêt, le taillis de printemps et la futaie d'automne, la harde qui saute une allée, le pivert au cri sonore, le rouge-gorge d'hiver qui sautille sur les feuilles engivrées. »

Lanfroi n'était pratiquement qu'un nom dans la branche I du roman médiéval : c'était le forestier qui avait fendu le tronc dans lequel Renard emprisonnait Brun et qui poursuivait l'ours avec sa hache. Sans doute Maurice Genevoix a-t-il incarné en lui l'un de ces êtres simples qui l'avaient initié aux secrets de la nature, comme il nous le rappelle dans *Jeux de glace* :

« J'y ai été aidé par des hommes sans détours, candides et purs, en vérité pareils à des enfants. Bûcherons, pêcheurs, veneurs, charbonniers, valets de chiens, incultes et rudes par ailleurs, il se peut, ivrognes peut-être à l'occasion, mais patients, francs de toute vanité, soumis à l'ordre du monde, attentifs aux "signes magiques", et de la sorte voyants privilégiés [...] Ils m'ont été, ces humbles, comme des intercesseurs. Et c'est ainsi qu'ils m'ont, amicalement, peu à peu guidé vers moi-même, vers ce qui fait écho à ce rythme à moi-même consonant, à ce chant qu'il m'appartient d'entendre dans ce monde qui nous est commun »[1].

---

1. Dans les *Œuvres complètes*, Genève, 1973, t. 23, p. 142.

L'on a pu mesurer la liberté de l'écrivain, qu'il n'a cessé de préserver, tout à la joie de créer et de conter. Il joue avec les mots qu'il emprunte à tous les registres — termes anciens ou régionaux comme *bahuler* et *groumer*, termes techniques comme *linaire, cymbalaire* ou *se raser*, à propos du gibier qui s'étend à ras le sol — dans une extraordinaire efflorescence verbale : les poules *cotecottent, coclorent, gloussent*... Il multiplie les croquis, de la petite Agnès gardant ses brebis et de Pâquette à la fontaine. Il amplifie les motifs, comme celui du mois de mai, qui revient à plusieurs reprises dans le roman médiéval, et qu'il entrelace habilement à la présentation du goupil. Il lui arrive d'introduire, par le truchement de son héros, des réflexions sur le recul de la nature sauvage et sur la domestication du monde animal. Il modifie l'histoire à son gré : l'ours n'est pas tué au chapitre VI de la deuxième partie (comme dans la branche IX), afin qu'il puisse perdre sa queue comme le loup et le chat, et servir de messager dans la troisième partie ; au chapitre IV de la première partie, le loup avale même la ficelle du jambon, qu'il abandonnait à Renard dans la branche V ; ce sont des paysans qui boivent le vin répandu, et non plus le chien Morhout ; la fin du roman est tout à fait originale, puisque le goupil échappe au loup par ses propres moyens et avec l'aide de son fils, alors que Paulin Paris avait repris l'épilogue de la branche VI où Renard était sauvé par le frère Bernard de Grandmont, qui l'emmenait dans son couvent.

Aussi n'est-il pas étonnant que *Le Roman de Renard* de Maurice Genevoix soit sinon le plus riche, du moins le plus proche du réel, le plus envoûtant, le plus poétique de tous les romans consacrés au malicieux goupil. D'ailleurs, notre romancier n'a-t-il pas écrit dans ce livre de confidences qu'il a intitulé *Jeux de glaces* : « Chasseur d'instinct, de vocation, c'est la poésie que je guette (...) J'aime les bêtes, on aura pu s'en aviser à seulement feuilleter ces pages. Elles s'intègrent naturellement à l'univers où nous vivons : comme nous, comme l'arbre et la source »[1] ?

Par ce jeu de reconstruction poétique, la mosaïque hétéroclite et parfois incohérente des récits médiévaux devient un roman au sens propre, une sorte d'épopée animale, une tapisserie de haute lice. Maître du bestiaire enchanté, Maurice Genevoix nous restitue les clés d'un trésor méconnu, où la bête est rendue à elle-même, en face des autres bêtes et de la nature, où Renard est pour l'éternité un renard, sympathique mais cruel, étonnamment vivant. Il a fait pour *Le Roman de Renard* ce que Joseph Bédier avait réalisé pour *Tristan et Iseut* — un roman fidèle, vivant, accordé à notre temps mais gorgé de la sève du passé, grâce à la rencontre d'un merveilleux animalier et du plus insaisissable des héros qui ait surgi dans notre littérature, reflet plutôt que porte-parole, et qui est, « dès sa naissance, le trouble-fête... qui nous force à ouvrir les yeux sur tous les faux-semblants, les flatteries, les masques, par quoi le mal espère gagner » (Pierre Daix). Si Maurice Genevoix a ajouté au vieux sujet tout ce qui lui appartient en propre, « son sentiment profond de la nature, sa connaissance de la campagne et de la forêt, ses instincts de chasseur et d'homme à l'affût, son humour narquois d'homme de la terre » (Emile Henriot), son roman ne témoigne-t-il pas de la force extraordinaire de l'histoire que Pierre de Saint-Cloud, vers 1175, pour la première fois, mit en roman ?

---

1. *Ibidem.*

AVANT-PROPOS

Ce *Roman de Renard* répond à un dessein qu'il me faut brièvement expliquer.

Il m'a paru à peu près vain de tenter et de proposer, après d'autres, un nouvel arrangement des vieux récits moyenâgeux. On sait que ce sont là des contes, ou *dits*, mis en vers par des *trouveurs* du XIIe au XIVe siècle, d'inspirations, de langues, d'accents et de qualités divers en dépit du fonds commun, très ancien et très vénérable, « vieux comme le monde », où puisaient ces « arrangeurs ». Les traduire en langage actuel n'en efface pas les disparates et non plus les incohérences. Les disposer, les coudre bout à bout tels quels, si ingénieusement qu'il se puisse, implique et impliquera toujours une kyrielle de partis pris d'où l'arbitraire, en fin de compte, ne sera jamais absent. On pourra toujours disputer, — Dieu sait si on l'a déjà fait ! — et proposer des classements différents en alléguant les meilleurs arguments, d'exégèse, d'érudition ou de critique des textes. Autant s'en remettre au hasard, faute d'un accord jamais réalisé et d'ailleurs irréalisable.

Mon dessein a été délibérément autre. Ecrivant pour des lecteurs, je veux dire pour des gens qui lisent, dans un monde qui a oublié les conteurs des carrefours et des foires, des châteaux, des granges paysannes, je n'aurai vu dans les vieux poèmes, dans leurs « branches » touffues et mêlées, qu'un prétexte ; ou, si l'on veut, qu'un thème donné. J'y aurai puisé à ma guise, en retenant chemin faisant les épisodes où j'avais goûté la plus durable ou la plus vive saveur, mais soucieux sur toute chose de garder constamment ma propre liberté d'écrivain. C'est cette liberté-là qui aura été mon guide.

Je l'eusse souhaitée sans entraves d'aucune sorte. Il en est une, toutefois, que je n'ai pu entièrement écarter, j'en dois faire ici l'aveu. J'avais projeté, au fil de mon récit, d'animer des bêtes *et* des hommes ; des bêtes qui ne seraient que bêtes, des humains menant leurs vies d'hommes, et non plus, comme les vieux trouveurs et à leur suite leurs traducteurs modernes, des créatures hybrides, tantôt bêtes et tantôt hommes, ou les deux simultanément.

Je devais vite m'apercevoir que pareille ambition, si elle ne relâchait rien de son initiale rigueur, me condamnait de proche en proche à des abandons déplorables. J'ai pensé alors être quitte au prix d'un sacrifice mineur, que j'acceptais, cette fois, d'un cœur d'autant plus léger qu'il s'avérait peu à peu, à l'épreuve, qu'en fait il n'en était pas un : renoncer, en effet, à des allégories encombrantes, à des symboles refroidis, laisser les allusions, les références conjecturales aux historiens dont elles sont le domaine, et du même coup éliminer ces substitutions continuelles, ces mutations de l'animal à l'homme, si rebutantes et si déconcertantes pour des lecteurs d'aujourd'hui, je voyais là un double avantage plutôt qu'une option méritoire. Et, surtout, je recouvrais ainsi ma pleine liberté d'écrivain au regard de ce que les siècles ne changent pas, ou si peu : la nature des êtres, leur tempérament, leur caractère individuel, leurs instincts et leurs passions.

L'essentiel ainsi restant sauf, il m'importait moins désormais de me plier à certaines conventions. Mes bêtes parlent, comme dans les fables. Elles plaident même, à l'occasion. Faute d'entrer franchement dans ce jeu, comment aurais-je pu, par exemple, retenir des épisodes comme ceux du Procès de Renard ? Aussi bien, qui donc serait tout à fait dupe ? Et qui n'accepterait, à ce prix, d'entendre encore « les bestes parler » ? Du moins ai-je essayé, même alors, de ne jamais fausser le ton ni rompre le train du récit, en refusant les facilités d'un transfert résolument anthropomorphique.

Tel qu'il est, ce *Roman de Renard* ne saurait donc être tenu pour une version littérale et fidèle, respectueuse des textes « originaux ». Rapetassage et respect ne vont pas forcément de conserve, si tant est, — je l'ai déjà dit, mais le répète en connaissance de cause, — qu'on puisse jamais s'y reconnaître dans le fatras des manuscrits.

Mais on aura compris qu'il s'est agi et qu'il s'agit d'un jeu, d'un libre jeu qui me tentait depuis longtemps, où je me suis exprès accordé le plus large champ pour m'y amuser davantage, et d'aventure mon lecteur.

PREMIÈRE PARTIE

LES ÉCOLES DE RENARD

I

Où l'on fait connaissance avec Renard le Goupil, sa litée, son château dans les bois, le plaisant pays alentour et quelques hommes, ses voisins.

Le goupil se tenait assis à l'extrême bord du roncier. Mais bien malin qui l'eût pu voir, homme ou chien, en passant par la laie forestière. Son poil roux, ardent mais sombre, gadrouillé de noir sur le dos comme s'il se fût roulé dans le fraisil des charbonniers, se confondait exactement avec le dur lacis des lianes pourpres, des feuilles violacées, dans les jeux d'ombre et de soleil dont l'aurore déjà glorieuse caressait le fort broussailleux. Il se tenait assis à l'aise, vraiment chez lui, la queue roulée sur les pattes de derrière, celles de devant pesant des plantes sur le terreau, la houppe d'argent d'une clématite chatouillant le poil blanc de sa gorge.

C'était le commencement de mai, le temps où l'épine rose fleurit, où le chêne épaissit son ombre, où le coucou chante dans les combes. Sur la tête du goupil, à ses flancs, des traînées de brise matinale émouvaient par instants les feuilles, les faisaient cliqueter une à une : dures ronces, presque aussi farouches dans ce sourire de la lumière qu'aux mois âpres où elles résistaient aux morsures des flèches de grésil, au poids de la neige sur la neige. Mais elles remuaient, elles palpitaient doucement, tandis que l'animal demeurait immobile, les oreilles droites, les paupières presque closes.

Un frémissement parcourut ses pattes, en mordora le duvet brun. Il bâilla, il ouvrit les yeux. C'était un jeune mâle splendide, à la poitrine ample et profonde, au ventre fortement harpé sous un râble gonflé de muscles. Quel bâillement, toute la denture offerte, éblouissante, aiguë, serrée, et au milieu cette longue langue fine, roulée comme une volute de sang! Les paupières, à présent larges ouvertes, dévoilaient des prunelles sensibles, d'un brun chaud, limpide et doré, deux miroirs de lumière — miroirs ou sources — où brasillaient l'ardeur sauvage, l'intelligence du braconnier, et plus encore, avide, inépuisable, une prodigieuse vitalité.

Le coucou chantait en effet. La forêt s'emplissait de toutes les rumeurs du printemps : un fredon musical où vibraient des millions d'ailes, des tressaillements obscurs sous les feuillages, le tapement dur, régulier, d'un pic épeiche contre un chêne creux, le pétillement à fleur de sol, au vol d'une étincelle verte, d'une mouche cantharide en amour qu'une autre suivait aussitôt. Le goupil referma les yeux, reprit son immobilité.

Il respirait paisiblement. Il sentait le calme de l'espace, la tranquillité de l'air bleu, du vent nonchalant et léger dont les vagues n'apportaient jusqu'à lui, amorties par la distance, que des bruits familiers, rassurants. La clochette du moutier tintait les coups de l'angélus. Baudouin, l'âne de Constant Desnoix, poussait un long braiment d'allégresse. Chantecler, son vieux coq pattu, s'égosillait à si vive cadence qu'il semblait répondre sans trêve à l'écho de sa propre voix.

Quel bien-être! Une odeur d'églantier passait, si tiède qu'elle évoquait l'haleine du four où cuisent les pommes, derrière la maison du vilain. Toujours ce souffle égal et lent, comme si le sommeil, peu à peu, eût repris la bête immobile. Mais son nez noir, si froid, si brillant à la pointe du museau aigu, ne cessait de frémir, de quêter, et les conques jumelles des oreilles, roidement tournées vers l'avant, de se tendre aux bruits de l'espace.

Renard songeait. La même béatitude qui baignait sa chair jusqu'au cœur colorait ses songes du matin. Il y avait peut-être une heure qu'il avait émergé, tout seul, à la gueule de son terrier. S'il eût frappé de la patte sur le sol, à la place même où il se tenait, il en eût entendu la résonance creuse et profonde. Hermeline y était restée, allaitant leurs trois renardeaux.

Une puce courut sous sa fourrure, il darda son museau comme une lame, porta une botte à fleur d'incisives ; et dans le même instant il se figea de tout son corps, parut se rétracter, s'aplatir en reculant, sans qu'une feuille du roncier eût frémi.

Ses prunelles dilatées fixaient la sente forestière, sous les nappes de jeunes feuilles qu'étalaient des charmes de futaie. Une voix d'homme, là-bas, fredonnait ; un pas d'homme approchait, solide et franc, qui ébranlait le terreau sous les feuilles et fouettait les broussailles au passage. Quand apparut, dans un nimbe de soleil, la haute silhouette à la souquenille rougeâtre, aux braies serrées par des courroies, Renard savait : c'était Lanfroi le forestier, le grand Lanfroi large d'épaules, gai comme le merle du printemps, siffleur, chanteur, rieur à tout venant. Il fredonnait un vieil air de chasse, comme un salut au goupil invisible dont les yeux ne le quittaient pas :

C'est un Renard, c'est un matois.
Poursuivons-le au fond des bois !

Mais Lanfroi ne le poursuivrait pas, ni ce jour-là, ni les autres jours. Il allait, une fleur à la bouche, sa lourde cognée sur l'épaule, déjà s'éloignant sous les charmes vers la coupe où il bûcheronnait.

Renard gronda à fond de gorge, fronça le mufle

vers l'orée forestière. Il venait de penser à d'autres hommes qui, ceux-là, lui étaient ennemis : à Débûcher, le maître-piqueux du Seigneur, brousseur d'enceintes, toujours un vautre sur ses talons. Horribles, haïssables chiens, limiers de quête comme ce Trace-menu au front bourrelé d'énormes rides, forceurs aux gorges retentissantes, aux pattes dures et infatigables comme ces Clariaud, Clarembaud, Bahulard, ou ces lices plus ardentes encore, plus acharnées à la poursuite, ces Baude, ces Fauve, ces Maligneuse, que l'ours étrangle, qu'étripe le loup !

Encore un grondement retenu, une échine qui se hérisse, un rictus des sombres babines où éclate la blancheur des dents. Foin du Seigneur, de son piqueux et de sa meute ! Il y a plus dangereux pour Renard, un autre homme, un autre chien : Autran-le-Roux et sa flambante tignasse, basse sur le front jusqu'au ras des yeux gris, le braconnier de pêche et de chasse, noueux, tordu, souple comme l'aspic rouge, l'homme de l'ombre, l'homme sans odeur ; et son mâtin le Rechigné, à moitié dogue, à moitié loup, si hargneux qu'une pointe de croc lui dépasse toujours à la gueule, comme le couteau à la poche d'Autran ! Pourquoi faut-il que ce pays béni, plaine et bois, cette terre de paradis où chaque fossé abrite son lièvre, chaque raie d'éteule sa perdrix, où le grand brochet des douves se chauffe sous les nénuphars, où les anguilles se coulent la nuit dans les rigoles des herbages, pourquoi faut-il qu'il soit gâté par ces présences abominables, ces dents, ces flèches, ces pièges aux ruses diaboliques, aux traîtrises toujours renouvelées, collets, plateaux, pantières, chausse-trapes et trébuchets, toutes ces choses qui assomment ou mordent, ligotent, étranglent ou font saigner ?

Il cessa de gronder, gauchit un peu l'épaule et tourna le col à demi. Longue, svelte, plus blonde que lui de pelage, sa femelle était à son flanc. Sans la voir, sans l'entendre, il l'avait néanmoins sentie, à l'odeur de terre fade qu'elle ramenait du fond du terrier. Elle l'accola, lui mordilla l'oreille. Et lui, d'une patte appuyée sur le col, lui fit doucement plier la tête, la maintint un instant couchée sur l'épaisseur des feuilles mortes. Elle était maigre, ses tétines aplaties ballottaient ; mais ses yeux, aussi vifs que ceux de Renard, disaient comme eux la joie de vivre, la jeunesse ardente et fougueuse.

Le goupil retira sa patte, elle fut debout d'un coup de reins, se retourna en même temps que lui : derrière eux, à travers les ronces, deux menus corps dodus culbutaient, puis un troisième, dodelinant, cahotant ; et le trio gémissotait, chouignait, ouvrant à la lumière les mêmes yeux que ses père et mère, dorés, luisants, brûlants de vie. Le mâle les poussa du museau, de la patte, les fit rouler sous le roncier. Hermeline les léchait tour à tour. Elle le savait : ces bourrades n'étaient que pour jouer. Renard était content, les mouches dansaient, le coucou chantait, ils avaient trois beaux petits, la cognée de Lanfroi, là-bas, commençait de frapper dans les chênes.

Quelques instants plus tard un troglodyte, le bec et la queue hauts, pépiant juste au bord du roncier, saluait le jour nouveau à la place même où les cinq renards lui avaient fait hommage avant lui. Ils avaient disparu comme des ombres : d'abord Hermeline et ses fils dans la profondeur du terrier, la femelle aux flancs plats, aux mamelles presque taries ; puis le goupil dans la forêt.

Il avait flairé l'entrée où les siens venaient de se glisser, reconnu l'autre entrée au revers du petit tertre, tendu une dernière fois sa truffe à la coulée du vent de plaine ; et d'un saut bref, extraordinairement léger, il avait bondi sur la sente et pris sa course vers la lisière des bois.

II

Où Renard, gabé par Chantecler, fut moqué par Copette, la grosse poule.

Il s'était décidé d'un seul coup. Plus rien, maintenant, ne le ferait broncher : il fallait qu'Hermeline mangeât. Au moment même où il avait sauté, la fanfare de Chantecler, comme un signal, avait de nouveau résonné : « Viens, Renard ! »

Et il allait, Renard, il allait. Le besoin, « qui fait vieilles trotter », pousse aux reins le jeune goupil jusqu'à le faire galoper.

— Viens, Renard! Cocorico!
— Coq! Coq! Je viens! Bientôt! Bientôt!

Et d'aller, tout droit à l'orée, vers la grande clairière des hommes où sont les champs, les prés, les courtils, la vache qui broute et le mouton qui tond, le pigeon qui roucoule et le dindon qui fait la roue, et les crêtes rouges des grosses gelines qui grattent la terre du gelinier, Bise, Blanche, Roussette — de la patte et du bec — et Copette qui cotecotte sans cesse, large du croupion comme une lune, grasse, tendre, le capelet sur l'œil ; et Pinte qui pond les plus gros œufs ; et au milieu, allant, venant, la patte cambrée, bottée de plumes, le jabot avantageux, Chantecler, le coq à double crête, celle qui se dresse et celle qui pend, à l'œil rond, au col qui virevolte en tous sens, comme la girouette sur l'épi du toit.

A l'orée, Renard s'arrêta. Et Chantecler de nouveau chanta. Et Renard dit dans sa moustache, la tête entre deux touffes d'ortie : « Je t'étranglerai aujourd'hui. Je te prendrai par le jabot, à large gueule, et je serrerai, et ton bréchet craquera comme un coffre, Humph ! » Son nez tremblait, ses yeux jetaient du feu. Un long flot de salive lui coula dans la gueule, ruissela jusqu'à ses babines. C'était déjà comme le sang du coq, poisseux et chaud dans l'épaisseur des plumes.

Toute la clairière était verte et dorée. On voyait les maisons, le clocher, des tuiles rouges à travers des sureaux, la cloche dans sa logette sur un fond de ciel azuré. Bruyant le taureau noir paissait. Une petite fille gardait ses brebis : c'était Agnès, la fille du vavasseur Robert de la Marlette. Un vol de pigeons tournoyait, se déployait, se repliait, encore une fois se distendait longuement dans un papillotement d'ailes blanches, qui tour à tour se doraient au soleil ou bleuissaient à contre-jour. Le vol cingla vers la forêt, fit siffler l'air à la cime des chênes, retourna vers le colombier. Une plume abandonnée glissa, balancée sur la tête du goupil. Et elle disait, elle aussi :

— Viens, Renard !

Il fallait suivre le fossé de bordure, trotter le long de la haie vive qui joignait le plessis de Constant, l'enclos au revers de la ferme où poussaient le fenouil et la fève, où les canards barbotaient dans la mare, où les gelines grattaient de la patte.

Il y touchait déjà, sentait du coup son assurance croître et durcir dans sa poitrine. Pauvre Renard, jeune encore et naïf ! Sait-il ce qui lui pend à l'œil ? Ces choses-là, goupil ou vilain, l'heure vient toujours de les apprendre et d'en sentir l'aiguillon cuire. Mais qui sait en faire son profit ?

Ce n'était plus la haie de rameaux souples qui se tendait au museau du goupil, mais des pieux, solides et serrés, dont les griffes mêmes du roi Noble, le lion, n'auraient pu avoir raison. Si encore ils se fussent touchés ! Hélas, ils restaient à clairevoie, ménageant entre chacun d'eux des fentes de jour où passaient comme flèches les regards du pauvre goupil. Pauvre affamé, pauvre convoiteux, malade de désir et de faim ! Car il voyait maintenant les poules, une poule à la fente que voici, et c'est Bise ; une autre au pertuis que voilà, et c'est Blanche ; et aussi Pinte et Roussette, chacune gloussant, coclorant tout doux, du fond du cou. Et lui les suit derrière les pieux, baissant le col chaque fois qu'elles piquent du bec, griffant le gazon de la patte dès que Copette gratte devant sa fente, tout près de lui, la queue levée, la plume frisée par le vent vif, au plein soleil. Il va, Renard, du côté de l'ombre, revient, encense et suit les poules. Pour un peu, il glousserait à la manière des picoreuses, si attentif et si tendu qu'Autran-le-Roux pourrait le saisir par la queue, ou le Rechigné la lui mordre.

Passera-t-il ? Petitpourchas la fouine y coulerait sûrement ses anneaux. Lui, Sainte Mère, le maigre, l'efflanqué, il est encore trop large d'encolure. Grimpera-t-il ? Tybert le chat serait déjà en haut. Renard pense vraiment l'y voir ; il songe, une buée rouge sur les yeux : « Qu'il se tienne sur ma voie, ce Tybert, s'il a envie que je lui casse les reins ! » Encore une fente resplendissante ; et, dans cette gloire, la queue en faucille de bronze vert, le jabot d'or, l'ergot relevé, le coq... Renard, à cette vue, a gémi. Chantecler, une patte en suspens, les doigts pliés, pirouette du col une fois, deux fois, ses rondes bajoues tremblotant sous son bec.

— Ho ! dit Copette. Qu'est-ce, mon Seigneur ?
— Rien, dit Chantecler. J'avais cru entendre...
— Qui donc, mon maître ?
— Rien du tout.

Le cœur pourtant lui bat encore. Il vole vers le fumier, se juche au faîte en pleine lumière, redresse encore la crête, bombe le jabot comme un soleil. Mais bientôt la chaleur l'assoupit. Il glisse dans un somme bref, rouvre l'œil avec un grand cri, le cœur de nouveau en chamade.

— Qu'est-ce? dit encore Copette la Grosse, pour la première fois alarmée.

— Un très méchant songe, dit Chantecler. Que Dieu garde mon corps de trépas ou de geôle! Qu'il conserve un coq à mes poules!

— Quel songe, mon Seigneur? dit Copette.

— Je devais revêtir pelisse, rousse pelisse au poil en dehors, brûlante, taillée d'une pièce sans ciseaux. Au col un blanc collier d'ivoire par où il me fallait passer. Comment passer à travers tel collier, si étroit, ma Dame, et si dur?

— Las! dit Copette. Comme on passe par les dents du goupil. Car votre songe, j'en ai peur, est de Renard le méchant roux.

Elle parle et guette Chantecler de l'œil. Elle le chérit, mais ne déteste pas de le jeter, ce fanfaron, dans les transes d'une alarme secrète.

— Quoi? Quoi? balbutie Chantecler. Quel goupil, par mon plumet? Même de Renard, je me soucie comme d'un ver de terre. Deux renards! Dix renards! Allez me les quérir, Copette, si vous voulez voir belle bataille! Dix renards pour mes ergots, et les autres pour mon bec.

Et cependant, il jauge les pieux, leur épaisseur et leur hauteur. Quel danger le menacerait ici? Il tourne autour de Dame Copette, l'aile basse et raide frottant la terre. Mais Copette de crier soudain, de s'enfuir à toutes pattes en entraînant ses sœurs. Comme elles gloussent, claquent des ailes et s'affolent! Qu'ont-elles vu qui les bouleverse ainsi?

— Au Goupil! Au Renard! crie Copette. Fuyez, mon doux Seigneur! Fuyez!

Oppressée, la tendre et grasse. Repentante et marrie, la taquine. Et l'imbécile, qui maintenant se pavane, qui tend la patte dans sa botte emplumée!

— Je l'ai vu! halète Copette. Il a enfilé la rigole, sous le palis! Il est là, là, caché dans les choux!

— Un seul ? claironne l'aveugle coq. Il m'en faut dix, je vous l'ai dit, Copette !

Toutes les poules ensemble ont gémi, l'une : « Je meurs ! », l'autre : « Oh ! mon cœur ! », car le goupil vient de bondir, et des plumes volent dans un affreux tumulte, d'ailes battantes, d'appels désespérés.

— A moi ! A l'aide ! s'étrangle le coq.

Voici la vieille, la Marthon-des-Poules. Elle venait juste donner le grain. Elle a vu Renard, elle s'élance. Elle crie aussi en gesticulant :

— Au goupil ! Sus ! Il l'emporte !

Renard trotte, Chantecler à la gueule. Il enfile déjà la rigole, quand le vilain accourt dans le plessis. Il vocifère, il est furieux :

— Il t'échappe, Marthon ! Tape dessus !
— Avec quoi ?
— Ta quenouille ! Une pierre ! Au goupil, Marthon ! Attrape-le !
— M'attendra-t-il, Constant ? Vois-le...

Renard s'efforce et s'acharne au passage. Ce vieux Chantecler est belle proie, mais encombrante.

— Détache Morhout ! ordonne le vilain. Huche aux valets ! Les chiens du voisin ! Vite, haro, à la vue, au goupil !

Renard, aux soubresauts du coq, semble danser, se rejette en avant. On entend Morhout aboyer. Derrière les bâtiments résonne la voix puissante de Mauvoisin, le vautre du vavasseur. Voilà un chien : il affronterait le loup.

— Hardi, les gars ! Sus au goupil ! Il est nôtre, nous le tenons !

Les valets courent. Marthon, sur ses jambes maigres, trousse haut ses cotillons.

— Pille, Morhout ! Happe, Mauvoisin !... A la barrière ! Tous ! Il échappe !...

Renard a réussi à franchir le palis. Il rallie la haie, le fossé. On voit parfois sa fourrure sombre et fauve, une aile de Chantecler qui bat. Vilain, valets, vieille et chiens s'engouffrent, passent la barrière et galopent dans le pré. Que d'appels, que d'abois, d'injures et de lamentations !

— Il emporte la poule ! Il l'emporte !

Renard et le coq les entendent. Et Chantecler, soudain, se raidit :

— La poule ? s'indigne-t-il. Non, le coq !

Il sent le goupil tressaillir. Et, tandis que le trot de la fuite le fait danser dans la dure mâchoire, il répète, pour son ravisseur :

— La poule ? Pour qui nous prennent-ils ? Le coq ! Dis-le-leur, Renard : c'est honteux !

Encore une fois, Marthon glapit derrière :

— Ma belle poule ! Ha, Renard l'emporte !

— Ton coq ! Ton coq ! réplique Renard.

Adieu, Chantecler ! Le vent des ailes libérées a fraîchi dans la gueule ouverte. Voilà le coq juché au haut des pieux.

Tu peux refermer la mâchoire, beau Renard : ce qu'il fallait, c'était ne pas l'ouvrir. Le goupil est resté sur place, paralysé par la stupeur. Déjà Morhout, Mauvoisin piquent sur lui, le réveillent à distance, juste à temps. Mais avant de prendre son galop, le droit galop de fuite, à vie ou mort, il entend les frouements des poules qui s'enlèvent une à une, qui viennent jucher près de Chantecler, rangées à la pointe des pieux. Il entend la voix de Copette, qui le raille, le hue, le poursuit :

— Coq ! Coq ! Il emporte le coq ! Hi ! Hi ! Dix renards pour mon coq ! Reviens, Renard, quand tes fils seront grands ! Neuf grands fils, et toi dixième : dix ! Dix Renards, que mon coq les engeigne ! Où te sauves-tu ?... Reviens, Renard !...

III

Constant Desnoix, ou le vilain foi-mentie.

Il revient. Il revient tout seul. Il a chassé la nuit dernière sans relever une piste chaude. Il a guetté les perdrix rouges et sauté au milieu du vol, trop droit, sans feinte, et ses dents ont claqué dans le vide. Mais eût-il pris, cette nuit-là, chair de levraut ou de perdrix qu'il serait revenu quand même, de rage humiliée, par défi.

Lui, Renard, il a été gabé! Et par qui? Par le coq du vilain! Et de surcroît moqué par Copette, grasse, succulente, viande à goupil depuis qu'il existe en ce monde gelines tendres et goupils affamés!

Vingt fois, il a revécu la scène. Il s'est revu, Chantecler à la mâchoire, serrant assez pour le tenir captif, pas assez pour lui crever la peau. Quel bond d'attaque! Quel coup de maître! Chantecler à l'œil vigilant, la sentinelle, le héraut à la stridente trompette, il l'avait pris, il l'emportait, c'était fait. Et désormais, un jour l'une, un jour l'autre, il pouvait rafler les gelines. « Ah! Constant, ce n'est pas ta faute, c'est la mienne. » Le plus riche vilain du hameau, riche d'oisons, de canes, de chapons, si avare que pour rien au monde il n'eût offert à sa marmite le moindre de ses pigeonneaux, la plus coriace de ses couveuses! « Et pour qui les eût-il gardés, songeait Renard, sinon pour moi? »

Hermeline avait tout deviné. Les flancs haletants de Renard, la veille, quand il avait regagné Maupertuis, disaient assez l'âpre poursuite. Peut-être même avait-elle entendu le récri des chiens dans la plaine. Elle n'avait pas eu, non plus, la moindre plainte à l'aube de cette matinée, après la nuit de vaine chasse : c'était une femelle courageuse, vraie Renarde aguerrie aux dures lois de la nature sauvage, ardente aux repus pleines et stoïque aux temps de misère. En quittant leur terrier aux premiers chauds rayons du jour, Renard avait senti, du fond de l'ombre, son beau regard l'accompagner sur les voies de sa neuve aventure.

Ne pas tarder. Comment un Constant Desnoix, ladre et miteux, supputerait-il pareille audace? Au lendemain même d'une si belle suée, quel goupil oserait reparaître au voisinage des bâtiments et se reglisser au plessis? Renard avait calculé juste : les valets étaient aux champs. Brunmatin, la femme de Constant, ayant lavé le chanvre et la laine, était partie pour la villette vendre le fil embobiné durant l'hiver.

Renard retrouva la rigole, creusa les reins sous le palis. La chance secondait sa hardiesse. C'était comme un de ces heureux songes où vous poussent des ailes d'oiseau. Qui l'avait vu? Personne, il en avait la certitude. Chapons, poulets, gelines et coq se pressaient autour du fumier. Il était à bon vent. Il attendrait, mussé sous les larges choux, que la promenade de Chantecler le ramenât à portée de saut.

Attendre, toute bête sait cela, fût-elle bête de rapt et d'assaut : le juste instant, la distance exacte. L'ombre violette des gros choux éteignait sous son épaisseur les escarboucles des yeux aux aguets. Renard retenait son souffle, attendant. Toute la basse-cour picorait, caquetait, s'égaillait peu à peu autour du fumier au soleil d'où une buée chaude allait montant. Dans le grand pré voisin, Ferrante la jument trottait, faisant trembler les mottes, pour rejoindre et caresser son poulain caracolant.

Il y eut une ombre sur l'allée, un saut feutré, un crachement. Renard se fit petit, s'aplatit. Mais il était déjà trop tard : car le chat l'avait aperçu. Ce n'était pas Tybert le sauvage qui avait tué, cette nuit, dans la forêt (Renard avait vu ses laissées), mais le matou noir de Constant. Il feulait, le dos bossu, en reculant. Toute la volaille alertée piaillait. Le matou bondit en arrière et détala vers la maison. Quel tumulte! Et qu'eût pu faire Renard? Il balança un court instant, espérant que l'alerte se calmerait bientôt d'elle-même s'il demeurait ainsi de pierre, sous les feuilles étalées des choux. Mais un vent de terreur continuait de souffler, terrible. La basse-cour, à tire-d'aile, s'égaillait à la queue du chat, les poules en tête, les poussins derrière, puis les canes, puis les canetons, sibilant, culbutant, donnant du bréchet dans les mottes. Et tout cela criait pêle-mêle, et pourtant ce n'était qu'un seul cri au souvenir du drame de la veille, une clameur d'épouvante et de haine qui passait par-dessus les toits : « Au goupil! Au goupil! »

Renard prit son parti, s'élança vers la rigole.

— Qu'est-ce? dit alors une voix d'homme.

C'était Constant Desnoix lui-même, debout comme le mannequin du verger, mais qui marchait et parlait haut. Il avait un filet dans les mains. Renard put se raser encore avant d'être sorti des choux. A peine s'il avait bougé, mais Constant Desnoix l'avait vu. Il lança son filet, bleuâtre et couleur de fumée. Il le lança maladroitement, car il n'avait, en vilain qu'il était, chassé ni oiselé de sa vie. Renard sauta, se prit une patte, se débattit, se prit une autre patte, alors se coucha sur le flanc, la tête oblique, le col tendu, attendant l'attaque du vilain.

— Tu es pris! dit Constant Desnoix.

Et il posa son pied sur la gorge blanche du goupil. Que n'avait-il, le malheureux, avant de courir au plessis, pris le temps de chausser ses sabots, ses bonnes clopes en bois de bouleau! Renard mesura sa distance, choisit sa place, et crocha dur en plein talon.

— Miséricorde ! cria le vilain.

Il pâmait presque, tombé sur un genou. Renard serra plus fort et, pour délivrer son pied, Constant jeta sa main droite en avant.

— Humph ! dit seulement Renard, le temps juste de joindre au pied, entre ses dents, la main de Constant Desnoix.

Et de serrer, serrer, sentant joyeusement couler le sang chaud au goût de sel, sourd aux cris, muet aux prières, mais n'en pensant pas moins dans sa tête : « Maudite la bouche qui parle au moment où elle doit se taire ! A qui sera le premier fatigué... Pas moi, je gage, si j'en crois sa mine. »

— Seigneur goupil, gémissait Constant, ami Renard, bon Renard, par pitié ! Je suis votre homme lige, Renard ! Ma personne, mon avoir, tout est vôtre ! Mais desserrez, je vous prie, desserrez...

« Hon ! » grondait, du fond du gosier, le goupil. Et le vilain, pensant que ce fût : « Non ! », n'en suppliait que de plus belle :

— Par saint Clément, saint Rémi, saint Romacle, sainte Anne, sainte Luce et sainte Charité ! Par les saints qui sont vôtres, Renard ! Je me remets en votre grâce ! Ouille, ma main ! Houla, mon pied !

Renard le vit pâlir comme hostie, le sentit mollir comme chiffe, et la pitié lui vint au cœur.

— Est-ce vrai, vilain ? dit-il enfin, mais les dents encore découvertes, l'œil attentif et l'échine bandée. Dépêtre-moi, d'abord, de ce filet.

Le vilain obéit, plaignant son pied, sa main ensanglantés. Mais la couleur, déjà, lui revenait. Et Renard dit en se secouant :

— Je ne te demanderai qu'une chose, sache-le.
— Et quoi, Messire ?
— Ton coq Chantecler.

Le vilain se gratta la tête.

— Mon coq ?
— Tu m'as bien entendu.
— Pourquoi mon coq, si maigre et si dur ?

« Pas plus que toi, pensa Renard, une pointe de langue glissant sur ses babines. Le vilain tourne autour du pot, ce me semble. »

— Trois beaux chapons, plutôt, poursuivait Constant Desnoix, tendres, fondants comme la rosée...

— Ton coq ! Ton coq ! dit Renard en grondant. Ou de nouveau, si tu l'aimes mieux, ton pied.

— Bien, Monseigneur, dit le vilain. Mon coq. Vous l'aurez, par ma foi, dès demain.

— Sur l'heure. Je l'attends ici même.

Constant Desnoix se détourna un peu, pour cacher un furtif sourire. Quelque chose plana dans l'air, l'approche d'un danger, une menace. Mais le goupil, en même temps que l'homme, avait entendu dans la plaine claquer l'essieu de la charrette : les valets devaient rentrer, c'était pour eux l'heure de manger. Manger ! Qui donc allait ne pas manger ? Même Morhout, qui aboyait là-bas, dansant autour de la charrette, dans un instant Morhout mangerait. Les yeux du goupil flamboyèrent.

— Soit, dit-il. Demain matin. Tu m'as juré ta foi, vilain ! Porte ton coq à la Croix des Liesses, quand la cloche du moutier sonnera prime. J'y serai.

Et il fila.

Dès que sa femme rentra de la ville, Constant Desnoix lui raconta l'histoire. Et Brunmatin, accorte et jolie, vraie fille d'Ève en ruses et rouéries, l'écouta d'abord sans rien dire.

— C'était un si bon coq, ma mie ! se lamentait Constant Desnoix. Prompt, ponctuel, sans défaillance aucune. Toutes ses poules étaient contentes.

Et Brunmatin de soupirer, en tacite retour sur elle-même :

— Hélas !

— N'est-ce pas ? reprenait le vilain. Mais comment faire ? J'ai promis sur ma foi.

— Porte-le donc, dit Brunmatin.

— Fâchée ? dit le piteux mari.

— Porte-le ! Porte-le, mon ami ! Tu l'as juré : c'est la foi-Renard.
— Mais comment faire ? répéta le vilain.
Brunmatin, une fossette aux joues, se pencha contre son oreille, y chuchota un bon moment, à lèvres chaudes. Et Constant Desnoix sourit.
Pendant ce temps, à Maupertuis, Hermeline écoutait Renard.
— ... Et dès demain, achevait-il, demain matin, quand sonnera la cloche, je serai à la Croix des Liesses.
— Mais lui n'y sera pas, dit Hermeline.
— Il y sera. Il m'a juré sa foi.
— La foi-vilain, dit Hermeline.
— Paix ! dit Renard. Il a compris, car je l'ai bien mordu.
Et le lendemain, au lever du jour, Renard était dans le fossé bordier, surveillant le chemin de la plaine. A quelques pas la haute Croix des Liesses, dressée sur son socle de pierre, portait encore en son cœur ajouré les fleurs fanées des Rogations. Il vit de loin Constant paraître, juste comme s'égrenaient dans l'air les allègres tintements de prime. Le zénith était déjà bleu. Rarement avait-on vu plus radieux printemps par le monde ; et c'était dérision plus amère que cette malchance sur Renard et les siens, et cette faim qui les tourmentait. Mais Constant, sur son épaule, portait un sac bien rebondi. « A la bonne heure ! songea Renard. J'avais raison. »
D'aise, il se mit à balancer la queue. Constant Desnoix continuait d'aller, clochant un peu d'une jambe à cause de son pied meurtri.
« Quelle besace ! se disait le goupil. Plus rebondie, plus lourde encore qu'il ne m'avait semblé de loin ! Chantecler est membru, je le sais, mais mon homme aura fait bonne mesure, il aura mis les trois chapons avec. »
A quelques pas de la lisière le vilain, d'une virée d'épaule, balança son fardeau sur la mousse.

— Sers-toi, Renard ! cria-t-il. Et laisse-moi le sac vide, dont tu ne saurais que faire.

Renard sauta par-dessus les fougères, le museau pointé vers le sac. Ses yeux n'étaient pas assez larges pour le regarder sursauter. Il y touchait, quand un trait d'odeur l'arrêta, si violent que le poil lui frémit avant qu'il eût vraiment compris.

— Pille, Morhout ! cria le vilain. Au goupil !

Le mâtin jaillit hors du sac, bondit en flèche des quatre pieds. Trop tard ! Renard disparaissait au plus épais d'un fort épineux. Mais avant de s'y enfoncer il cria vers le rustaud, d'une voix perçante qui s'entendit du moutier jusqu'à Maupertuis :

— Constant Desnoix, Foi-Mentie ! Foi-Mentie ! Mais j'aurai ma revanche, vilain !

IV

Comment Isengrin le loup dévora, jusqu'à la ficelle, le jambon de Constant Desnoix.

Isengrin l'avait-il entendu? Renard le flaira dans les ronces, à trente toises de son terrier. Et soudain il l'eut devant lui, silencieux, couleur de brouillard, avec ses yeux d'un jaune verdâtre, au regard glacial et cruel.

— Bonsoir, mon bel oncle, dit-il.

Et il pensait : « Comme il est grand! Que sa collerette est large et fournie... pour mieux cacher, qui sait, la force de son cou, de ses épaules! Il porterait un veau sans plier. »

Il s'enquit humblement :
— Bonne chasse?
— Non, dit le loup.

Il tenait toujours le goupil sous le givre de son regard.
— Et toi?
— Hélas! soupira Renard.

Telle était la détresse qui lui remontait au cœur qu'il se prit à parler malgré lui. Il dit tout, la ruse de Chantecler, les railleries de Copette-la-Grosse, la traîtrise de Constant Desnoix. Il accusa sa propre candeur, sa confiance, son impardonnable bêtise. « Et justement la chasse au bois n'avait jamais été si maigre, Isengrin venait de le dire. L'équipage du seigneur de la Fuye, à son de trompes et à longueur de jour, la nuit Autran-le-Roux et son mâtin le Rechigné terrorisaient les bêtes des halliers : elles se rasaient au fond de leurs retraites, à croire que lui, Renard, avait perdu son nez, ou les lièvres des bois leur odeur. Faudrait-il donc se contenter de grenouilles, de taupes mortes sur le pré ? Et justement encore, Hermeline avait des petits, elle nourrissait... Isengrin savait. »

Et Renard, songeant à Hermeline, aux poursuites qu'ensemble ils avaient joyeusement menées, exhala d'amers regrets :

— Que n'ai-je ce compagnon de chasse ! Mais je suis seul, et je pâtis de l'être.

— Chassons ensemble, dit Isengrin.

Renard en demeura sans voix. Jamais il n'aurait, de lui-même, imaginé semblable pacte.

— Eh bien ?

— Je... Oui. Pardonnez-moi, mon oncle. Moi, chétif... Un si grand honneur... Est-ce vrai ? Et ne raillez-vous point ?

— Partons, dit le loup. Et en chasse !

Ils allèrent un moment de conserve, en retrait de l'orée forestière, mais assez près pour surveiller la plaine. Et, soudain, Isengrin le bourru, le hérissé, se mit à parler d'abondance comme Renard l'avait fait tout à l'heure, à gronder sa colère et sa peine : « Lui aussi, il avait des fils, trois louvarts que nourrissait Hersent la Louve. Bonne chasse ? Pour de tels appétits ! Tout le décevait, bernait, moquait. Renard parlait de ses méchefs ? Mais lui, le loup, si fort, si brave... La veille encore, comme il demandait à Ferrante, innocemment, par courtoisie pure, l'âge qu'avait son beau poulain, Ferrante lui avait répondu : "Viens le lire. C'est écrit là, sous mon sabot." Et, tandis qu'il s'approchait, Ferrante lui avait dépêché, à toute volée, sur l'occiput, une telle ruade que le poil arraché avait gardé, bien ronde, la marque du fer et des clous. »

— Regarde. J'en ai hurlé de rage. Qui ne l'a vu ? Qui ne se rit de moi ? Les moines blancs de Tyron l'ont vu. Et ils ont ri, criant que j'étais tonsuré, ordonné prêtre et que, Ferrante ayant sonné les cloches, je chantais à présent la messe avec l'étole et la chasuble. Autran-le-Roux l'a cru, et son mâtin le Rechigné, et Bruyant le taureau, Beaucent le sanglier, Tybert le chat, tout le monde. Et Tybert, cette méchante langue, le répète déjà sous les chênes, à Tiercelin, à la corneille. Ecoute rire les pies et les geais : ils savent, ils caquètent, ils clabaudent. Brun l'ours entend, Brichemer le cerf entend, et ses biches, Plateau le chevreuil, sa chevrette, et les faons, et les chevrillons. Il ne manque plus que Belin, ses brebis et leurs agneaux pour venir me tirer la moustache.

Jamais, de mémoire de loup, Isengrin n'avait tant parlé. Renard le sentait livré et prenait confiance peu à peu. Il pouvait à présent soutenir son impressionnant regard, pâle et fixe, sans qu'un malaise sourdant de tout son corps revînt lui chavirer le cœur.

— Que chasserons-nous ? dit Isengrin.

Ils étaient revenus non loin de la Croix des Liesses. C'était presque le milieu du jour. Renard, les paupières clignées, surveillait la grande clairière des hommes, et surtout le chemin ferré. Et tout à coup il tressaillit, en retenant un glapissement joyeux.

— Qu'est-ce ? dit le Loup.

— Notre déjeuner, dit Renard.

Il venait de reconnaître, sur le chemin, son ami Constant Desnoix, et son sang s'était mis à bouillir. Le vilain était seul. Il approchait d'un bon pas, quelque chose sur son épaule. Le goupil, de ses yeux aigus, voyait bien que ce n'était plus un sac, mais un jambon, presque un bacon, autant dire un quartier de porc, rose de chair, blanc de lard en épais ourlet, doré de couenne, magnifique. Et Renard dit, le museau frémissant :

— Il descend à ses prés du Tire-Bras, vers ses faneurs. Ils pensent festoyer sous les saules, boire frais au bord de la rivière... Mais le vilain n'y arrivera pas, si tu m'en crois.

— Si je l'étrangle ? dit Isengrin.

— Folie, dit Renard. Ecoute-moi.

Il exposa son plan de campagne. Et il put voir de près ce que c'était qu'un rire de loup : un antre aux profondeurs fumantes, des crocs à défoncer un foudre, des molaires à tordre un épieu. Cela se referma d'un coup et Isengrin dit :

— En avant !

Ils partirent, droit vers le vilain. Constant les aperçut, pensa d'abord que c'était quelque chienne poursuivie par un galant. Mais tout à coup, n'en croyant pas ses yeux, il les vit rouler à terre, le grand foulant le plus petit et les deux ne faisant plus qu'une bête, grise et rousse, à huit pattes emmêlées dans un tourbillon de poussière qui les déroba un moment. Quand il se dissipa, il ne restait sur le chemin qu'une pauvre carcasse aplatie, pantelante, et qui remuait à peine. Constant s'en approcha, se baissa, la toucha du pied, et soudain s'exclama joyeusement :

— Par exemple ! C'est mon goupil !

Pas de doute, il le reconnaissait, jeune et de belle fourrure sous la poussière qui le souillait, la gorge blanche, la queue fournie, mouchetée de noir au bout. Et le ladre pensait déjà : « Cinq sols au moins, peut-être six... Ou un manchon pour Brunmatin la fine, qui a sauvé mon coq Chantecler... Ou un gilet pour mon meilleur ami, Constant Desnoix-le-Riche, qui prend de l'âge et se fait frileux. » Et cependant il cherchait dans sa poche une ficelle pour lier le goupil par les pattes, son couteau pour tailler un bâton où il le pendrait tête en bas.

— Il t'a bien arrangé, le brigand ! Etait-ce le loup, pauvre goupil ? Rien de moins que le loup lui-même. Voilà la besogne faite, à cette heure. Bon débarras ! Et vivent mes poules !... Tiens ! Où est-il ?

Renard, pendant que le vilain parlait, s'était traîné vers le bord du chemin. La langue tirée, les reins effondrés, l'arrière-train inerte et pesant, il paraissait rendu, à bout de vie.

— Petit, petit! Mon beau goupil, mon joli goupil à six sols... Houp! Manqué! Attends-moi, Renard!

Renard l'attendait en effet. Mais chaque fois que Constant allait l'atteindre et le saisir, le rusé, toujours gémissant, clopinant, rampant, lamentable, néanmoins décevait sa main et s'affalait un peu plus loin.

— Suis-je bête! dit enfin le vilain comme ils touchaient aux premiers arbres. C'est ce jambon, ce gros jambon qui m'embarrasse. Je te laisse là, jambon, contre ce chêne, sur la mousse fine. Juste une minute, jambon, je reviens.

Et il s'élança, les mains libres, léger maintenant, agile et sûr de lui.

Ainsi poursuivit-il Renard, une fois, deux fois, trois fois fondant sur lui les mains ouvertes, et trois fois le manquant lorsqu'il pensait l'avoir saisi. Le goupil reprenait-il des forces à mesure que Constant s'essoufflait? L'homme vit briller, sous sa paupière, un œil si vif et si malin qu'il en fut soudain tout perclus. Au même instant, d'une détente de reins souveraine, Renard bondit et prit du champ.

— Ton gilet, vilain! Cours après!

Déjà il atteignait l'orée, les broussailles.

— Ton jambon! Ton jambon, vilain!

Constant se retourna, et vit le loup qui filait vers Renard avec le jambon à la gueule. Alors il se mit à crier, vers la forêt, vers les maisons, au ciel :

— Haro! Haro! C'est du loup, je l'ai vu!... Mon jambon! Mon cher jambon! Sus au goupil qui m'a mordu! A la main! Au pied! Au goupil! Aux voleurs, aux larrons, à l'aide! Mon jambon! Mon jambon! Hélas!...

Isengrin et Renard n'eurent pas besoin d'aller loin. Ils connaissaient assez les bois, l'un et l'autre, pour y percer en droite ligne, sans dévier ni broncher jamais. Ils trottaient l'un près de l'autre, Renard un peu en retrait, les yeux rivés sur le jambon, mieux lié ainsi à son compère que par le plus fort aimant. Ils filaient par-dessus les ronces, les broussailles, les arbres tombés, du même trot souple, coulant ses allonges et ses sauts, qu'il eût été merveille de voir. La faim, à tous les deux, leur tirait les pleurs des larmiers.

Isengrin s'arrêta dans une cépée de petits aulnes, déchargea son fardeau, posa dessus sa patte énorme.

— Ce fut bien joué, mon oncle, dit Renard. Bon appétit à vous et à moi !

Le malheureux ! Les mots lui rentrèrent dans la gorge. Les prunelles jaunes d'Isengrin, ses oreilles couchées en arrière, le hérissement de poils qui le crêtait comme d'un cimier avaient bien de quoi le glacer. Renard s'assit à trois pas de distance, la gueule baveuse, les yeux immenses, et regarda manger le loup.

Jamais n'avait-il vu, jamais ne devait-il revoir un jambon si vite disparaître. Il était là, rose et blanc, bien tranché, avec son os et sa ficelle. Et déjà, bloc à bloc, à gros paquets déchirés, engloutis, il n'y était plus qu'à peine : une ombre, une guenille, un débris. Renard s'en fût pourtant contenté. Par deux fois, irrépressiblement, une plainte lui avait jailli du museau, aussitôt refrénée par le terrible regard jaune. Comme Isengrin reprenait souffle, l'espoir revint, l'illumina. Mais déjà l'insatiable gueule recommençait à lacérer, à engloutir. Alors Renard n'y put tenir. Il se leva et se mit à danser, à tourner autour du loup, en glapissant d'une voix chantante qui semblait rythmer ses sauts :

— Assez, par grâce ! De vous, de *vous*, ayez pitié, mon oncle, non de moi ! Ce n'est plus Isengrin que voilà, c'est une outre, un ballon, il éclate ! Assez, assez pour aujourd'hui !

Isengrin releva le museau, bâilla, insolent et superbe.

— Pour aujourd'hui, c'est vrai, Renard. Que le reste soit donc pour demain.

Et il se remit à manger, brisa l'os, le grugea, le

broya menu, l'avala, se pourlécha de sa large langue pour ratisser les dernières miettes.

— Adieu, neveu, dit-il enfin, en se levant à grand ahan. Je te laisse la ficelle, et le goût du lard qui l'oignit.

Il fit un pas, revint, comme se ravisant tout à coup.
— Réflexion faite... dit-il.
Et il avala la ficelle.

V

Comment Tybert le Chat fit prendre Renard dans le piège et mangea les deux parts de l'andouille.

Pauvre Renard, il aurait le cœur dur, celui qui ne plaindrait ton sort! Tu as eu ta part de misères; et pourtant ce n'est pas fini. L'école est dure à qui veut, dans le siècle, mener sa propre vie et mériter sa liberté.

Quand Isengrin eut disparu, le goupil se roula sur le dos, dans les épines, mordant l'écorce au pied des arbres et pensant presque devenir fou. Mais sa révolte, dans sa fureur même, était encore élan de vie, refus d'abandonner la lutte. Il accumulait les rancunes, notait d'instinct en sa mémoire les circonstances et les visages: de ses griefs, de ses vengeances, il n'abandonnerait rien non plus.

Le sentiment d'une présence le remit soudain sur ses pieds. Il ne s'était pas trompé: Tybert le Chat était devant lui, tombé silencieusement d'une branche et l'observant à quelques pas.

— Bonsoir, Renard, dit doucereusement Tybert.

— Passe plutôt ton chemin, dit Renard. Truand, je ne te salue pas.

— Par ma queue, dit le Chat, pourquoi?

— Par la mienne, dit Renard, c'est ainsi.

Tybert, indolemment couché, ronronnait comme la

roue du rouet. Fourré, lustré, bien reposé, le mufle large et moustachu d'argent, il jouait avec sa queue dans l'herbe. La patte preste, la queue autant : tantôt l'une, tantôt l'autre attrapant, échappant, toutes deux avec semblable grâce.

— Queue, chère queue, ronronnait le Chat. Souple, annelée, glissante comme brise, juste aussi futée que moi.

— Fourrée la mienne, dit Renard, doux manchon, tiède à mes sommes, mouchetée au bout d'un si beau noir, et non de blanc, comme l'ont goupils ordinaires. Par mon museau...

— Par le mien, dit Tybert.

— Par mes dents, reprit Renard.

— Par mes griffes, susurra le Chat.

Il les faisait jouer dans leurs gaines, sorties, rentrées, les mirant au soleil. Ce n'était pas l'un de ces matous de ferme auxquels Renard, à l'occasion, cassait volontiers les reins, mais un sauvage, un puissant fauve des bois. Le goupil n'avait nul besoin de poursuivre son examen pour apprécier leur mutuelle condition. Lui-même, à jeun depuis des jours, n'eût peut-être pas eu belle bataille avec ce ruffian bien armé.

Il y eut un silence, où s'entendit le rouet du Chat.

— J'étais là-haut, dit enfin Tybert. J'ai vu ce dégoûtant, ce goinfre...

De nouveau un petit silence. Et Tybert poursuivit ainsi, épiant Renard du coin de l'œil et coupant son antienne de son ronronnement bien filé :

— ... Ce... brutal... goujat... coupe-jarret... briseur de chemins... voleur de jambon... Isengrin...

A chaque mot, Renard donnait un petit coup de tête, de bas en haut. Si bien qu'à la fin du chapelet, son col se haussait d'un empan. Ce que voyant, Tybert s'approcha :

— N'est-il pas mon ennemi, à moi aussi ? Associons-nous, Renard. Tout le poids de sa grosse caboche vaut moins qu'une once de nos cervelles. Et, soit dit sans te vexer, moi qui suis vieux, j'ai plus d'expérience que toi... Où allais-tu ? A Maupertuis ?

— Pas avant d'y apporter provende, dit Renard. Je tâcherai, cette nuit encore, d'attraper lièvre ou perdrix.

— La fin du jour est loin, dit Tybert. Cherchons ensemble d'ici là.

Et, tendant l'oreille vers une combe où sonnaient les coups d'une cognée :

— Qui abat, vers le Grand Fouteau ?
— C'est, dit Renard, Lanfroi le forestier.
— As-tu visité sa musette ?
— Je ne le volerai pas, dit Renard. Il est bon homme, et il nous aime.
— Nous ? dit Tybert.
— Nous, les bêtes, qu'il voit vivre céans. Sauf toutefois Brun, l'ours aux lourdes pattes, qui effondre ses ruches et pille son miel dans la clairière.
— A ton aise, dit Tybert. C'est donc moi qui fouillerai son sac. Corporé comme il l'est, il doit avoir rude appétit, et provisions en conséquence.

Renard se tut, de plus en plus outré contre Tybert. Sa rage de tout à l'heure recommençait à lui chauffer le sang, à croire qu'elle n'avait attendu que de trouver à qui se prendre. Et Tybert, cependant, méprisait la candeur de Renard qui lui avait fait dire, sur Lanfroi, les amicales paroles où le chat voyait trahison. Ainsi tels, qui se font benoîte mine, méditent mutuellement leur perte.

— Est-ce le bon chemin, Renard ?
— Je vais au bruit de la cognée.
— Elle sonne un peu plus sur la gauche.
— ... Et je cherche notre bon vent, de crainte que Lanfroi n'ait un chien.

Ils suivaient une sente très étroite, sinueuse, une de ces pistes que tracent les hommes des bois et que suivent volontiers les bêtes. Renard savait que ce sont nids à pièges et furetait des yeux alentour. Soudain, une souche de chêne apparut au bord de la sente, noueuse, bizarrement inclinée, barrant le passage à demi. Il aperçut à temps la fente, la clenche qui la maintenait ouverte, et s'effaça devant Tybert, souple comme un jongleur de lendit. Oh! les habiles, et comme ce fut bien fait!

— Après vous, Messire.
— J'en rougirais, Messire... Après vous.

Renard pivote, pensant cacher le piège. Tybert le voit, feint alors de buter; et de l'épaule il pousse Renard, si habilement que la patte du goupil touche la clenche et fait jouer le piège.

— Clac! dit le piège.
— Pardon! dit Tybert.
— Ma queue! dit Renard.

Il a sauté, réussi à garer sa patte. Mais alors qu'il se croyait sauf, il a senti la mâchoire de chêne le saisir durement par la queue.

— Qu'arrive-t-il? dit l'impudent Tybert. Vous me suivez, ami Renard?
— Ah! Méchant traître! dit le goupil. Ce qui arrive, tu le sais bien : je suis pris.

Alors Tybert de reprendre ses feintes : « Enfin, enfin, il s'avise, il comprend! Son compaing, Renard, son ami, le voilà pris! Et par sa faute, sa stupide maladresse! »

Il exulte, et Renard le voit. Ses yeux verts luisent d'une joie mauvaise. Il les dérobe, s'écarte un peu sur la sente assombrie.

— Ne m'aviez-vous un peu poussé? dit-il. Il m'a semblé, pardonnez-moi... Et c'est alors que j'ai buté, par malencontre... Ah! Renard, votre queue bien fournie, mouchetée au bout d'un si beau noir... Hélas! Il vous faudra la perdre, ou périr sous les coups de cognée de votre bon ami Lanfroi.

Et ce disant il saute, s'accroche des griffes au tronc d'un fayard, et crie vers le captif en s'enfonçant sous la feuillée :

— C'est son pas, le voilà, il vient. Adieu, Renard! Bonne chance toujours!

Lanfroi, en effet, avait entendu jouer le piège. Il accourait, pensant que ce fût Brun l'ours, sa cognée déjà brandie, sa longue, lourde, tranchante cognée, en éclair bleu dans l'ombre du sous-bois. Renard s'était rasé si étroitement contre la souche qu'au prime coup d'œil Lanfroi ne le vit pas. Il pensa : « L'ours a échappé. Il est malin, mais je finirai par l'avoir. » Et il s'approcha davantage, dans l'intention de retendre le piège. Renard retroussa le mufle, et Lanfroi vit alors ses dents luire.

— Ce n'est que toi, chétif, pour si gros piège ? Et par la queue, par la queue, Renard ?

Renard tirait désespérément, à vives secousses qui lui bandaient l'échine, l'une après l'autre brisées net, aussi raide qu'à coups de bâton. Et Lanfroi riait, riait devant Renard. Sa force, sa gaieté, sa jeunesse, tout débordait de lui à grands rires inépuisables, résonnant au loin dans le bois, attirant vers la sente tout ce qui vole, rampe ou trotte, la mésange et le pouillot, Carcar le geai, Tiercelin le corbeau, Tétras le grand coq de bruyère et Gutéro le lièvre de taillis, et Connin le petit lapin. « C'est le Goupil ! Lanfroi l'a pris ! »

Le forestier posa sa cognée, saisit d'une main Renard au museau, de l'autre main et du genou desserra juste assez la fente pour saisir la queue délivrée. Quelle muselière, par le Diable, dure comme l'anel du forgeron ! Le goupil y pesait moins qu'une plume. Balancé au poing du bûcheron, il disparut dans sa gibecière dont Lanfroi boucla les courroies.

L'homme ne savait, en vérité, ce qu'il allait faire de Renard : peut-être une surprise à Pâquette, sa jeune épouse, ou une attrape à la vieille Gillain, la femme du curé Everart et la mère de Martin d'Orléans. Peut-être le lâcher avant d'atteindre sa maison. Mais Renard, au fond de la gibecière, le savait encore moins que lui. Si grand que fût le sac, à la mesure d'un géant qui passait six pieds en hauteur, il s'y sentait presque étouffé, la tête en bas et le sang aux oreilles.

Lanfroi allait, chantant, sifflant, continuait de le balancer, non plus comme une fronde à son poing, de son long pas seulement, dans une nuit plus noire que la poix.

N'eut-il pas mérité mirifique, Renard, à garder ainsi sa tête ? Balancé, écœuré, aveugle, il se mit à ronger la toile : un petit trou d'abord, un coup d'air ; et déjà il respire, ça va mieux. De la canine encore s'escrimant, et de la patte élargissant, il besogne, il passe une épaule, il tombe soudain et roule dans l'herbe. Tapi, tout coi, surveillant la grande souquenille rouge qui s'éloigne, debout sur le soleil couchant. La cognée brille comme le soleil. Lanfroi chante, il n'a rien senti.

Renard étire une patte, une autre. Il fait presque plein jour encore, un jour doré. Les pattes sont souples. La queue est là, un peu meurtrie, mais intacte, sans un poil arraché. Seul tiraille ce ventre creux, « le ventre de Renard, mon ventre, maudit soit-il si je ne le garnis, ne le contente, et moi avec ! ».

Et juste comme il pense cela, une odeur l'atteint aux narines, haleine, baume, parfum, fumet, succulents à en défaillir. Qu'est-ce là ? Par saint Antoine, c'est une andouille dans l'herbe, chue du sac en même temps que Renard ! Il la saisit, va déjà l'engloutir. Mais il songe à Hermeline, considère la glorieuse andouille, ronde à pleine peau, grasse, luisante. Il veut qu'Hermeline l'admire avant qu'ils ne la mangent ensemble : tendres lippées à Maupertuis ! Ainsi va-t-il des jeunes mariés.

Il file, l'andouille en travers de la gueule, quand une voix le frappe et l'arrête :

— J'y ai part ! J'étais là, Renard.

Il pense voir trouble : c'est Tybert ! Tybert le Chat, qui a eu l'audace incroyable de suivre Lanfroi à la vue, l'audace plus grande, chaud encore de sa félonie, de réclamer part au festin.

Renard gronde, prêt à l'assaillir. Mais la fièvre lui fait voir mille dangers : lâcher l'andouille ? Se battre avec des yeux encore barbouillés de nuit, quand la vue de Tybert s'aiguise à mesure que décline le jour ? Subir quelque traîtrise nouvelle, perdre la face et garder ventre plat ? Mieux vaut feindre et gagner du temps, tout en tirant vers Maupertuis.

Ils trottent, flanc contre flanc, comme deux compères au retour du marché. Et le rusé Tybert de dire :

— Le cœur me lève, ami Renard, je vous le dis comme je le sens, à voir tel porteur d'andouille. Fi donc ! Ainsi à pleine gueule, par le milieu, bavant dessus, les bouts traînant dans la poussière !

Renard s'arrête :

— Et comment feriez-vous ?

En un clin d'œil, il trame son plan : l'andouille est lourde et le fatigue. Lanfroi l'a emmené fort avant dans la plaine. D'ici qu'il ait regagné le bois, il sera hors d'haleine, d'avance vaincu si Tybert veut se battre. Que Tybert porte donc l'andouille. Que Tybert se fatigue à sa place. Il ne le lâchera pas d'une ligne. A la lisière il reprendra l'andouille, et piquera vers son fort si droitement et si vite que Tybert n'y verra que du feu.

— Comme ceci, dit le chat, le vieux roué, le délicat.

Il pince entre ses dents la vaine peau de Dame Andouille, la collerette godronnée au-dessus de la ficelle, la balance avec grâce et hop ! l'envoie s'allonger sur son dos, nichée au creux de ses épaules.

— Voilà, dit-il, comme on porte l'Andouille, sans la mouiller ni la souiller. C'est de bon vouloir, croyez-moi : car vous l'aviez vue le premier.

Tant qu'ils vont, Renard le surveille. Il patiente, coupe à travers champs pour réduire, dit-il, la distance, mais réellement pour fatiguer Tybert à travers mottes et sillons. Enfin la forêt se rapproche. Il voit grandir au bord du ciel, sur son haut socle, la Croix des Liesses. Entre ses bras, dans un lac de clarté transparente où s'attarde la lueur du jour, l'étoile du soir commence à scintiller.

— Bon, dit-il, à présent c'est mon tour. Rendez-la-moi, ami Tybert. Et voyons à ce coup si je serai bon écolier.

Mais qu'est-ce encore ? Quel est ce prodige ? Voici que l'étoile s'est éteinte, qu'une forme noire se profile à sa place. C'est Tybert, encore Tybert ! Ou un sorcier ? Quelque démon griffu ? Non, c'est décidément Tybert ; et avec lui, hélas ! l'andouille.

Il a sauté comme le feu Saint-Elme, s'est perché sur un bras de la croix. Assis là-haut, il passe sa langue sur ses grenons, équilibre avec soin son dîner.

— Montez, Renard. L'autre bras est pour vous, prenez place.

Renard se dresse contre la croix, s'allonge à faire craquer son dos, son cou. Tybert mange. Non à la façon isengrine ; mais pour Renard, c'est pis encore : vite et menu, filant son rouet, soupirant d'aise, les yeux clos à demi.

— Ma part ! Ma part ! gronde le goupil. Jette-la, et je te tiendrai quitte !

— L'ai-je donc mangée ? répond Tybert. Parole reniée trouble les songes : j'aime dormir comme chaton nouveau-né.

— Trêve de railleries, parjure, coupe-jarret ! Jette ma part ! Je te casserai les reins, Tybert, quand tu descendras de là-haut !

— J'y resterai un mois, Renard.

— Et comment boire ?

— Dieu m'aime, dit onctueusement Tybert. La fraîche rosée des nuits se recueille au creux de la croix. C'est nectar.

— Dans sept ans, sept ans s'il le faut !

— Tu le jures ?

— Par mon museau !

Il saute, il jappe, il pleure, il glapit, enfin se couche au pied de la croix, ses yeux ardents ne quittant point le chat. Tybert se remet à manger, laisse tomber entre chaque bouchée une raillerie empoisonnée :

— Ah ! Quelle andouille !... Monte, Renard, je n'y

peux plus tenir, je sens que je vais la finir... Monte vite, que je ne pèche gravement!... Andouille, chère andouille, andela, angelica... Si je la mange toute, Renard, je te donne entière la prochaine, sitôt que nous l'aurons trouvée. Je te la quitte, la laisse, l'abandonne. Toute, totam, et ce sera justice. Toute, Renard, je le jure... par ma queue!

— Je te la couperai! gronde Renard.
— Encore un serment? dit Tybert. Par...
— Par mes dents, ma gorge et mes yeux!
— Et par le piège qui t'a mordu?

Il se pourlèche. Il achève l'andouille. Et cependant le jour s'attarde. On entend, tout là-bas, grincer le puits des moines blancs de Tyron, l'appel d'un charretier, l'aboi d'un chien, puis d'un second.

L'un d'en haut, l'autre d'en bas, Tybert et Renard tendent l'oreille. Mais Tybert seul, ainsi perché, peut découvrir au loin la plaine. Ce ne sont pas jappements de labrits, mais récris de brachets ou de vautres. Et ces voix vont se rapprochant, coups de gorge profonds comme de limiers qui rentrent au chenil et qui braillent déjà vers l'auge.

— Je les vois, murmure le perfide. Jamais bouche pleine ne m'aura fait l'œil bigle. Je suis un vieux chat, Renard!

Le goupil, malgré lui, l'écoute. Ces abois ne lui disent rien de bon.

— ... Je vois Messire Robert de la Marlette, le vavasseur, qui revient de chasse. Mauvoisin quête, le nez à terre. Il est au couple, avec son jumeau Espillart. Ils sont juste sur notre voie... Ils l'empaument... Ils rebaudissent...

Encore deux coups de gorge, si ardents que Renard tressaille.

— ... Robert se penche, poursuit Tybert. Il les découple. Ils viennent tout droit... Ils forcent le train... Ils arrivent!...

Renard n'attend pas davantage, il détale et s'enfonce dans le bois.

— Renard! Renard! appelle Tybert. Dans sept ans, l'auriez-vous oublié? Où courez-vous ainsi, Renard? Votre museau, vos dents, votre gorge et vos yeux, Renard! Que de parjures, pour moins que la peau d'une andouille!

VI

Pinçart, ou le bec du Héron.

Triste, on le serait à moins. Mais il n'a pas encore atteint, Renard, le fond de son humiliation. Homme, chien, loup, chat sauvage même, ce sont là des ennemis de taille, redoutables les uns aux autres autant qu'à Renard le goupil : haine et mépris ne sont pas couvés au même œuf.

Quand Renard, au seuil de Maupertuis, sous les ronces, médite ses dernières aventures et que le sang lui bout aux veines, ce n'est pas toujours de même sorte. Parfois, c'est comme une flambée dont son corps s'allège tout entier : ainsi quand il songe à Chantecler, à Pinte qui pond les plus gros œufs, à Copette juchée sur les pieux et à sa railleuse chanson. Il sait que le temps viendra où il pourra sauter de juste aguet, mordre à bonne prise et faire lippée franche : c'est de volailles et de goupil, dans le monde comme il va sous le ciel, d'heur en malheur, d'orage en éclaircie.

Mais d'autres fois, si le sang lui brûle, c'est tout mêlé de poix fondue, d'âcre fiel. Qu'il songe à Isengrin, et le voilà félin, hérissé comme chat sauvage ; à Tybert, et le voilà loup, prêt à mordre et à fouler. Il les hait assez l'un et l'autre pour ne savoir auquel des deux il souhaite le plus vivement male mort. Et pourtant, à travers sa rancune, tour à tour, il se sent obscurément solidaire de l'un, puis de l'autre : contre Isengrin, Tybert est son allié ; et contre Tybert, Isengrin. Et contre l'homme...

C'est ici que sa tête se perd. A Maupertuis, au plus sauvage de la forêt, il n'a pour voisins ordinaires que la chouette et le chat-huant. Il est habitué à leurs voix comme aux rires et aux plaintes du vent. C'est sa forêt, c'est son domaine. Il sait qu'il les partage, et que pourtant ils sont tout à lui. Sa place, son terrier, son liteau, c'est Maupertuis. Et à partir de Maupertuis, tout a sa place dans la forêt, la moindre feuille et le brin de chiendent comme le charme du Grand Fouteau, énorme, plus haut que le plus haut des chênes. Les bêtes aussi, celles qui se cachent et celles qui fuient, celles qui rusent et celles qui font tête, Brichemer le cerf à la ramure brillante, Beaucent le sanglier aux yeux violets qui luisent sous le poil, et Gutéro le lièvre, le malin, le courageux, l'infatigable. Et même, jusqu'à ces derniers jours, les hommes : Lanfroi le rieur, le bon géant, Débûcher le piqueux et le Seigneur son maître, le son des trompes, les bahulées des chiens, et le sinistre Autran-le-Roux, ses collets, son affreux mâtin, le Rechigné à la dent sortie, tout a sa place dans la forêt natale, la proie vive et l'âpre faim, la paix heureuse et le danger qui passe ; et au milieu, au cœur même de ce monde, stable et secret dans la bonne épaisseur du fourré, abritant sa femelle et ses fils, Maupertuis.

Naguère, du moins, il en était ainsi. Mais Renard, jour après jour, se sent jeté hors de ses voies. L'ordre du monde n'est plus le même, alors que lui n'a pas changé. S'il a, une nuit de la dernière lune, dévoré une hase pleine étranglée par un collet d'Autran, c'est que la faim le pressait durement.

Pourquoi les bêtes riaient-elles quand il se débattait, chétif, dans le piège tendu par Lanfroi ? Jusqu'ici, il n'en a voulu à personne. Il tuait selon le besoin, se gardant des courres, des embûches. Mais voici qu'une rumeur de rires le poursuit désormais où qu'il aille. Le monde chancelle. Isengrin, avant de le bafouer, se plaignait de pareille dérision. C'est à croire qu'il n'a berné Renard que pour reprendre conscience de sa force et, du même coup, de son prestige dans la forêt. Serait-il vrai que l'ancienne et bonne lutte, pour la provende et le liteau, fût moins simple que Renard ne l'a cru ? Et faudra-t-il enfin qu'il ne soit plus le goupil qu'il a été, mais un autre, un nouveau Renard, pour se retrouver lui-même et mener demain ses batailles ?

En attendant, il a perdu la paix. Il va, il vient, bat les passées et les sentes forestières, s'arrêtant, repartant, la tête jetée par-dessus l'épaule, le museau de nouveau pointé droit, le poil sans cesse frémissant. La peur l'accompagne sur ses pistes, et la fureur, le ressentiment et la haine, le désir d'échapper en même temps que celui de mordre, d'être sauf et de se venger. Presque autant qu'à Constant Desnoix, à Isengrin et à Tybert, il en veut à Brun l'ours pour qui Lanfroi tendit le piège, à tous les yeux qui l'ont pu voir se débattant, la queue prise dans la souche, sautant et glapissant au pied de la Croix des Liesses. Tous les regards qui croisent le sien lui sont à honte et dérision. Il grogne pour Tiercelin le corbeau, pour la mésange et pour la biche. S'il rencontrait Noble le lion, le Roi qui vit au loin dans les rochers de Bréviande et qu'il n'a encore jamais vu, il grognerait. Il a cherché Grimbert le blaireau, son parent et son ami, dans le dessein de se confier à lui, de requérir son conseil et son aide ; mais il l'a cherché en vain et déjà s'imagine que Grimbert lui retire sa foi.

Le voici par ce soir tombant, assombri de menaçante pluie, au bord d'un marécage où l'ont conduit ses pas hasardeux. Quelques grenouilles viennent de sauter, bruyantes. Il s'est tapi dans les roseaux. Il grogne pour les grenouilles, pour ces bonds élastiques et ces ronds élargis dans l'eau où il veut voir nique et défi. Il clôt sa gueule et pense grogner encore ; mais ce sont ses entrailles qui se plaignent comme futaille vide.

Un cri l'alerte, chu du ciel sur sa tête, aigre comme celui d'un jars sauvage. Et aussitôt, derrière les roseaux, il entend un bruit d'eau fouettée, rejaillissante, qui dans l'instant reflue et se calme. Le silence est déjà retombé quand viennent frémir jusqu'à ses pattes les ondes propagées par la chute. Il avance, de motte en motte, dans l'épaisseur des hautes tiges. Il s'y glisse comme une ombre, s'arrête dès qu'il entend chuinter les longues feuilles parcheminées. Ainsi la bête qui pêche devant lui croira que c'est la brise du soir.

Car il la voit, à quelques pas, les jambes plongées dans l'eau et marchant sur la vase du fond comme si c'était cailloux tranchants. C'est Pinçart, le grand héron pourpré, un peu bossu, le cou en volute. Son aigrette tremble sur sa tête. Il scrute l'espace de ses petits yeux durs. Le goupil est si près qu'il distingue leurs pupilles cerclées d'or.

Le pêcheur se rassure, hasarde un pas vers la frange des roseaux, un autre encore. Renard s'affermit sur sa motte, groupe ses pattes de devant sous sa gorge, balance l'arrière-train comme un chat. Il va sauter, l'occasion est trop belle : Pinçart, tourné vers l'étang libre, lui présente son large dos, gris comme le ciel mélancolique.

Renard bondit, la gueule ouverte... et la seconde d'après sent l'eau fade lui emplir les narines, ruisseler dans sa gorge et le suffoquer grièvement. Qu'est-il arrivé? Qu'arrive-t-il? Il a pourtant sauté roide et juste, est retombé sur le dos de Pinçart, pensant déjà refermer sa mâchoire sur le long cou brusquement érigé. Mais ses pattes ont glissé sur l'épaisseur lisse du plumage. Une volte du cou flexible, un éclair, une vive douleur à la pointe du museau, une autre juste au bord des yeux : et le voilà qui crache et patauge, frappé d'estoc par le bec en poignard qui soudain plonge dans l'eau bourbeuse, se referme sur son jarret arrière, cisaille, tire, roule Renard dans la fange, le lâche, feinte, se décoche de nouveau, d'estoc, de taille, encore lardant Renard déjà plus qu'à demi noyé.

Un moment, il craint pour sa vie : les vastes ailes, aux dures rémiges, le soufflettent avec une incroyable force, le culbutent de nouveau dès qu'il veut faire front et mordre. Enfin, dédaigneusement, comme s'il cédait à un caprice, Pinçart le lâche et l'abandonne. Il est, en vérité, plus terrifié que le goupil, mais Renard ne le sait pas. Il déploie ses énormes ailes, s'enlève d'un essor puissant. Côte à côte émergent ses longues pattes, pendantes jusqu'aux griffes des doigts, bientôt étirées en arrière par le vent de la croissante vitesse. Et il s'en va, plonge dans le ciel, aux battements lourds et lents de ses ailes, en poussant à travers l'espace, interminable, son cri lugubre et déchirant qui fait trembler jusqu'à la nue la tristesse et l'angoisse de la nuit.

VII

Comment Tiercelin le Corbeau, Rougebec la Perdrix et Drouin le petit Moineau gabèrent Renard à l'envi.

Après s'être traîné sur la rive, en terrain ferme, il s'est couché et il a clos les yeux. Il se sentait si las qu'il n'avait même pas le courage de lécher son jarret cuisant. L'estafilade devait saigner : quelle cisaille, le bec de Pinçart ! Autour de lui les grenouilles coassaient, commençant leur concert du soir. Quelques gouttes de pluie tombèrent, détachées d'une grosse nue violette au-dessous de laquelle, sur l'horizon occidental, s'allongeait une lame de lumière, toute d'or. Alors Renard laissa pendre sa langue, pour que la pluie rafraîchît sa fièvre.

Il resta longtemps engourdi, entre la pâmoison et le sommeil. Il entendait encore, cependant, les voix étranges des raines qui palpitaient autour de lui, chantantes les unes, rauques les autres, mais railleuses à l'envi sauf une seule, grave et douce, qui semblait plaindre le pauvre hère. Des ailes, par intervalles, venaient lui frôler le front. Alors il soulevait les paupières, reconnaissait une rousserolle de marais, un engoulevent au bec immense qui crochetait dans les vols de moustiques, et refermait lentement les yeux.

Qui l'eût pu voir en cet instant, croûtelé de fange, les poils collés, la langue chue hors de la gueule, l'eût pris pour une bête morte déjà promise aux mouches bleues. Mais réellement il se laissait reprendre force avant de retourner, bientôt, sur ses pistes de la forêt.

Il y eut de nouveau des ailes, plus promptes celles-ci, plus audacieuses : car aussitôt Renard sentit une piqûre lui percer la langue, aiguë comme une pointe de couteau. Son sursaut de défense le souleva d'une telle détente qu'il parut bien plutôt un élan d'attaque furibonde : peu s'en fallut que son agresseur ne se vît à ce coup happé.

C'était Tiercelin le corbeau. Il avait vu la langue rouge et pendante, et il avait fondu sur elle, son redoutable bec en avant. Deux plumes de sa queue, arrachées, restaient au museau de Renard. Il éternua pour les chasser, secouant la tête avec dégoût.

— A droite! A droite! lui cria-t-il. Sorcier de nuit! Vil charognard qui s'en prend aux mourants!

— Pour un mourant, tu ne sautes pas mal, dit Tiercelin.

Et il vola, exprès, vers la gauche, se posant d'un rebond élastique, s'éloignant d'un coup d'aile quand il voyait Renard bander ses muscles, et le raillant d'en haut, d'en bas, tandis que le clabaudement des grenouilles, autour d'eux, haussait son charivari.

— Je m'en souviendrai! dit Renard.

Et il tourna le dos à Tiercelin. Le corbeau étendit ses ailes en planant au-dessus du goupil : le temps de lancer sur lui un long jet de fiente, tiède et blanche, qui lui balafra le museau.

— Pour ta moustache, Renard! A demain!

Et il s'envola. Vers la gauche.

Le lendemain, Renard... Mais comment raconter ce jour noir, noir comme Tiercelin le corbeau, le pire de ceux qu'il eût vécus et dût vivre en sa longue existence? Car ce jour-là, il but la lie.

Hermeline l'avait réconforté, débarbouillé de sa

douce langue. Etendu à son flanc dans la bonne chaleur du terrier, aux vagissements des trois renardeaux, il avait à demi oublié son tourment et ses ennemis. Mais ils lui collaient à la peau comme la vermine à la fourrure, la tique au chien et la misère au pauvre monde.

Il sortit dès l'aube neuve, pour surprendre Rougebec la perdrix à sa remisée nocturne. La petite pluie de la veille n'était plus que scintillante rosée. La journée promettait d'être belle, sous un grand ciel de juin tout en soie.

C'était l'heure où s'éveillent les oiseaux, siffle le merle, piaille la mésange, où la chouette rentre à Maupertuis, où Lanfroi affûte sa cognée tandis qu'Autran-le-Roux attelle les bœufs de Constant Desnoix. Dans un moment, Brunmatin la Fine et Gillain la femme du curé descendront à la rivière. Et sonnera la cloche de Tyron pour les moines qui ronflent encore.

Ainsi chacun, sans le savoir, prendra bientôt une route qui le conduira vers Renard. Renard non plus ne le sait pas. Mais Tiercelin sait bien, le corbeau de mauvais augure, ce qu'il a préparé contre son ennemi le goupil.

Qui aime Tiercelin, dans la forêt? Personne. Et dans la grande clairière des hommes? Personne non plus. C'est la coutume, de détourner les coups sur plus faible ou plus malchanceux. L'oiseau du Diable, le sorcier des guérets, en voyant hier soir Renard souillé de fange et la patte rouge de sang, a cessé d'avoir peur de lui. Et ce matin, à l'aube, il s'est perché sur un sorbier pour le guetter et le surprendre au sortir de Maupertuis.

Quand il l'a vu enfiler d'assurance la trouée cachée sous les ronces, humer le vent et prendre le trot, il a volé à tire-d'aile jusqu'à la lande de l'orée, rose de bruyère, endiamantée d'aiguail, où dormaient Rougebec et ses sœurs. Il a crié quelque chose à Rougebec, est reparti vers la forêt, toujours tirant de l'aile plus haut que la cime des chênes, mais plongeant sous les feuilles par les éclaircies des futaies, des cépées et des taillis, dérivant sur ses grandes rémiges, de nid en nid, croassant tout doux au passage. Et, cela fait, il a gagné la plaine. Il a tourné au-dessus des maisons, à l'entour du pigeonnier, sur le plessis de Constant Desnoix. Et toujours ces croassements bénins, si doucement filés que c'était grande merveille de voir, pour si peu de bruit, pareil remue-ménage à la ronde.

Partout des cris d'oiseaux, des frouements, des ailes qui battent et prennent l'essor. Le pouillot des futaies, la fauvette, le loriot du verger, le bouvreuil, le merle de la haie et le friquet des champs, tous gagnent la lande rose de l'orée, se cachent dans l'épaisseur des feuilles, dans les broussailles des fossés. Voici Renard, là-bas, derrière des touffes de genêts. Il n'a pas l'air si déconfit qu'a semblé le dire Tiercelin : il a l'œil vif et la truffe fraîche. Les pattes pliées, le ventre rasant l'herbe, il se coule de touffe en touffe, par bonds glissants coupés de pauses. Il n'est que de suivre des yeux la flèche tendue de son regard pour découvrir dans les bruyères Rougebec la perdrix et ses sœurs.

Tiercelin les a-t-il averties? Savent-elles que le tueur d'oiseaux, le patient et sanguinaire goupil, les guette ainsi, peu à peu les approche? Oh! que ce jeu est dangereux! Et que vite il deviendrait cruel! Beaucoup de petits cœurs, sous les jabots aux vives couleurs, battent la chamade ou se serrent d'angoisse... Renard s'est arrêté encore. Ses prunelles fauves, si ardentes et si larges, ont rencontré l'œil de la perdrix, perle noire sertie de blanc. Et aussitôt il devient de pierre, rasé sur le sol de la lande comme une roche sous les lichens roux. Ses paupières aux cils raides s'abaissent, éteignant la flamme de ses yeux.

Un grand silence règne sur la lande. Le soleil monte dans le ciel. Tous les oiseaux, cachés, regardent. Et ils voient, tous ensemble, ce qu'on n'a jusqu'ici jamais vu dans la forêt ou dans la plaine : car c'est la perdrix, c'est Rougebec qui s'approche de Renard immobile. Elle s'approche en piétant, le cou haut, tenant pincée une longue tige de flouve, duveteuse, douce comme plume d'oiseau. Et soudain, mi-sautant, mi-volant, elle passe au-dessus de Renard, lui frôlant la moustache au passage avec l'épi qu'elle porte au bec. Ah!... Un long murmure, un frémissement ont couru dans le taillis : Renard, le goupil de pierre, a bondi verticalement dans l'air, s'est retourné en plein élan pour saisir Rougebec dans sa gueule. De toute part on a entendu le claquement de son coup de mâchoire. Dans le vide.

Que fait-il? Le voilà qui s'allonge, se roule doucement d'un flanc sur l'autre, agite une queue caressante. Rougebec revient, le refrôle de la flouve au passage. Et Renard de sauter encore, clappant de la babine et claquant du croc dans le vide.

Alors, sur la haie, dans les chênes, commencèrent à rire les oiseaux : « Bravo, Rougebec! Gabe au goupil! » Alors Tiercelin le corbeau, fondant soudain du haut du ciel, croassa de toute sa voix :

— Serre la queue, Renard! Ils arrivent!
— Qui? Qui? piaillèrent les mésanges.
— Les chiens! croassa Tiercelin.
— Hu! Hu! sifflaient les merles.
— Hi! Hi! les pies.
— Ha! Ha! les geais.

Renard froidit de toute l'échine, comme si son corps se fût vidé de sang. Et dans l'instant, il perdit la tête.

Non qu'il prît la fuite sous les huées : plût au ciel et à son Hermeline qu'il eût été plus vergogneux! Bien au contraire, la colère rouge le saisit et le contraignit à braver. Il croyait cependant, comme il arrive aux possédés, garder sang-froid et gouverner sa nef. Las! C'était au rebours, il allait bientôt le savoir.

« Les chiens? se dit-il. A d'autres! J'ai l'oreille fine et n'entends rien, que ces maudits braillards emplumés. A toi cette botte, Rougebec, pauvre sotte!

Manquée encore ! Non, ce n'est pas impunément que tu m'auras chatouillé les barbes ! Que je te saigne et de toi fasse exemple ! Qu'est-ce, vous autres ? Je suis Renard, vous m'entendez ? Renard ! Renard ! »

Et les oiseaux de rire de plus belle, répétant à l'envi : « Renard ! Renard ! » comme si c'eût été là nasarde, plaisante injure ou nique-à-Jeannot-l'Innocent.

— Où est-il ? fit une voix frêle.

On entendit ronfler de menues ailes, et aussitôt un petit oiseau brun s'abattit à deux pas du goupil. C'était Drouin, Drouineau, le Pierrot, le moineau de ferme, l'ami de la cour et du toit, celui qui niche sous les solives et s'ébat dans les jambes des chevaux. Renard lança une patte, pensant le déchirer de l'ongle. Mais une nuée bruyante l'entourait, un tourbillon d'ailes vives dont il était ébloui, suffoqué.

— A moi ! Place ! disait Drouineau. Ce goupil est à moi, à moi petit, le plus petit. Est-ce là le terrible Renard ? Tout juste habillé en Renard : la pelisse vaut plus que la bête. Place, vous dis-je ! Ecartez-vous, vous autres !

Et toujours se tenant à deux pas, bombant la gorge et le bec relevé, vaillant comme l'Amadis de Gaule et plus fier que Fierabras, il chanta :

— A nous deux, Renard !

VIII

Comment Renard eut la queue caressée par les dents du Rechigné, le mâtin d'Autran-le-Roux.

Ici commence le combat de Renard et de Drouin. Les vieux trouvères et chanteurs d'épopée en eussent sonné longues fanfares, comme de Goliath et du roi David. Mais Drouin, lui, ne fut pas seul.

Sauf du filet de Constant Desnoix, sauf d'Isengrin, sauf de Tybert et du piège de Lanfroi, de Pinçart et de son bec, dégringolant de héron en corbeau, de corbeau en Rougebec et de perdrix en Drouineau, peu s'en fallut que Renard le goupil ne vît la fin de ses aventures par la ruse d'un petit moineau. Mais tel, dont la nature est vive et drue, semble ne choir plus bas que pour remonter plus haut. Ainsi de Renard le goupil.

Drouin voleta autour de lui, toujours menant ses menus ronds d'ailes, toujours pépiant sa railleuse chanson parmi les caquetages et ramages de ses grands frères emplumés. Grands et petits, car ils étaient là presque tous : la buse des bois, les vanneaux de la lande et les courlis de la rivière, le roitelet aux pattes fines et les hardies mésanges, plus petites encore que Drouin. Et tout cela l'enveloppait de guirlandes, de festons, tout un ballet d'ailes diaprées qu'accompagnait la plus stridente musique. Mais si perçante était la voix de Drouineau que Renard ne perdait pas un mot de l'aubade qu'elle lui chantait.

Et il allait, le fol, ne le quittant des yeux ni de l'oreille, répondant à ses quolibets par des menaces épouvantables, à ses volètements en arrière par de furieux sauts en avant, la patte lancée, la gueule brandie, peu à peu bavant, s'essoufflant, la vue rouge et brouillée de sueur.

Et cependant ils délaissaient la lande, s'avançaient à travers la plaine, franchissaient les haies, les barrières, abordaient le chemin ferré et le suivaient en plein soleil, au mépris, pour Renard, de ses méfiances les plus aiguës et de ses prudences habituelles. Et les vilains, les femmes qui sortaient des maisons, voyant de loin flotter et papilloter toutes ces ailes, disaient : « Quelle est donc cette bannière, là-bas, de si vermeille et changeante couleur ? C'est grand prodige que nous envoie le ciel ; mais signe de quoi, par Notre-Dame ? » Et eux aussi s'avançaient dans la plaine, les femmes en tête, tant la curiosité les point.

Elles furent au bord de la rivière, près du pont de pierre voûté qu'emprunte le chemin ferré. Tout passe par là, du village à la forêt et de l'abbaye au moutier. Everart le curé était là, sa femme Gillain, laide comme femme de curé, Brunmatin et la fillette Agnès, Foucher-Galope le roulier, Gondouin-Porte-Civière et leurs femmes, Tigerin-Brise-Miche, Corbaran de la Rue, Chailloux-l'Enclume, leurs femmes encore, Lanfroi et sa jolie Pâquette, et Picasnon-le-Puant qui fait tomber mortes les mouches, et à la traîne Constant Desnoix-le-Riche, ses charretiers et ses valets, et même la vieille Marthon-des-Poules.

Renard, l'ensorcelé, n'avait rien vu, aveugle et sourd. Mais le charme rompit brusquement lorsqu'il aborda le pont. Jamais il ne l'avait franchi. Son passage était au-dessous, en aval d'un bassin où s'élargissait la rivière et que marquaient les pierres d'un gué. La voûte creuse, au-dessus de l'eau, résonnait grave et profond. Ce bruit étrange le fit réellement s'éveiller, retomber d'un seul coup sur la terre et dans son corps vivant. Et aussitôt, du premier regard, il vit tout, les oiseaux et les hommes, le dérisoire Drouin tapant de l'aile dans la poussière et batelant pour l'attirer, le soleil éclatant, les faces hilares et les nez rubiconds, les bedaines secouées par le rire, tout cela grotesque et sinistre, tant le péril était pressant.

Et il advint, en cette extrémité, que le goupil abandonna du coup tout amour-propre et toute colère ; et, cessant de penser qu'il était Renard le goupil, ce fut assez pour qu'il le redevînt et retrouvât du même coup, de seul instinct, la voie sûre et son salut. Il partit comme une flèche, droit au bois, d'un galop franc et magnifique.

— Hardi, Renard ! cria Lanfroi.

Il l'admirait, et c'était en effet grande beauté que cette flèche rousse allongée sur la plaine, par le pré vert et la friche fleurie, sautant la haie de droit élan au lieu de passer par-dessous. Plus de ruses, de feintes inutiles. Rien que le vent de la vitesse qui fraîchit et siffle aux oreilles.

Renard se croit déjà sauvé. Il force encore. Il a bien entendu Lanfroi. Il entend... l'ouïe, l'odorat aussi lui sont merveilleusement rendus, il entend l'air gémir au froissement des ailes qui reviennent, le prennent en chasse et voudraient de nouveau l'étourdir et l'affoler. Arrière, Drouin ! Arrière, Rougebec ! Ces dettes se régleront plus tard. Arrière, Tiercelin le Noir ! Rien ne compte d'autre, en ce moment, qu'aller plus vite à la forêt, la forêt, ma forêt, Maupertuis !

Il a serré la queue avant d'avoir perçu clairement l'approche d'un nouveau danger. Mais cette fois, c'est la foudre qui tombe. Quand il croyait, déjà, être si loin... Hélas ! On n'échappe pas ainsi à une trame de si longue main ourdie. Ce qui arrive est presque instantané. A peine était-il parti qu'au cri chaleureux de Lanfroi faisait écho une autre voix d'homme, éraillée autant que puissante, qui dresse le poil comme la scie du carrier.

— Au goupil! Au Renard! C'est de lui!
Renard la connaît bien, cette voix.
— Pille, Rechigné! Happe, mâtin!
Autran-le-Roux rit méchamment, encourage et pousse son bâtard. Et déjà un galop de pattes tambourine aux grègues de Renard, le relance d'un élan forcené.
— C'est de lui, le goupil à queue noire! Pillard! Détrousseur de collets!... Mords au pompon, mon chien! Déchire!
Renard vole, le cœur dans la gorge. Il y va de sa vie, il le sait : le Rechigné, s'il croche de la dent, ne lui fera pas de quartier. Déjà, dans le vent de leur course, il a senti par deux fois son haleine lui brûler la plante des pattes. Il se rue en avant, à grandes saccades de l'encolure. Le mâtin ne donne pas de la voix : toute sa vigueur, il la jette à sa course, à son train de forceur sans pitié.
— A la vue! Pille! Hardi, mon chien!
— Hardi, Renard!
C'est Autran, puis c'est Lanfroi. Mais qui ne crie, hommes et femmes sur le pont, gesticulant, suivant des yeux le courre enragé?
— Il le tient!
— Non!
— Le poil a volé!
— Il l'a, cette fois...
— Pas davantage!
Et de trotter, étirant sur la plaine un sautillant et criaillant cortège, sous la guirlande d'oiseaux qui tourbillonne dans le ciel frais, des toits roses jusqu'à la forêt. Autran-le-Roux soudain exulte, il vocifère à pleine poitrine :
— Bien planté! Tiens ferme, mon beau!
Renard, au passage d'une haie, a balancé imperceptiblement. Et le Rechigné l'a saisi. Par la queue, au ras de la houppe noire. Renard se rue sous les épines. Lancé, le chien n'a pu bloquer ses pattes, il a suivi en serrant les dents, assez pour donner du

museau sur les longues et noires épines. Elles sont comme dents aussi, plantées au mufle du bâtard. Elles s'enfoncent et déchirent cruellement. Renard tire, le Rechigné gronde. Tirer. Tenir. Tirer encore. Qui lâchera ? La dent du chien ? La queue de Renard ? Les épines ? C'est la queue, saisie juste à sa pointe, déchirée de la peau, veuve d'une touffe de poils noirs, mais sauvée.

La douleur aiguillonne Renard. Il distance le forceur, engagé loin dans le blessant fourré. Il reconnaît la lande, le fossé, ses passages. Il touche au fort, s'aplatit sous les ronces, s'engouffre, enfin s'abat, haletant, contre Hermeline, dans la nuit chaude et le divin silence.

IX

Comment Renard devint Renard et prononça son grand serment.

Renard, il l'était devenu, ses écoles étaient finies. Mais ce fut le lendemain de la terrible et folle journée que tout fut en place dans sa tête. Ainsi, après longue maladie, le patient encore rompu de fièvre se sent, tout dolent qu'il demeure, bienheureusement ranimé aux sources de sa propre vie. Ainsi encore, au renouveau, l'arbre nu retrouve toutes ses feuilles et frémit d'aise à la caresse du vent.

Renard, dès son réveil, étira ses pattes, puis son cou, fit jouer chaque muscle sous sa peau, cliqueter ses dents dures et brillantes. Hermeline le regardait. Leurs yeux, habitués aux ténèbres, y allumaient des lueurs dorées, plus vives maintenant que le soleil brillait à l'entrée du terrier.

Renard bâilla, posa d'un geste familier, autoritaire et tendre à la fois, sa patte sur le cou d'Hermeline. Percehaie, l'un des renardeaux, poussa son nez contre le ventre maternel, aussitôt bousculé par Malebranche, non moins vigoureux que lui. Le plus chétif, Rovel, un instant esseulé, se mit à geindre à petits coups. Hermeline écarta sa cuisse pour qu'il trouvât aussi sa place, dans le creux chaud de son giron.

Alors, pour sa femelle, pour lui-même, pensant aussi aux renardeaux, trop tendres encore pour comprendre, mais les liant dans son âme à ses desseins, à son serment, Renard se mit à parler :

— Femme, dit-il, j'ai bien dormi. Après telle journée, c'est bon signe. J'ai faim, mais nous mangerons ce jour et tous les jours qui le suivront. Quelles proies ? Je ne le sais encore, mais épaisses et non point rogatons. Fais-moi confiance et chasse toute inquiétude.

Il bâilla de nouveau, puissamment ; et de la langue, délicat et menu, entreprit de lustrer sa fourrure. Une heure encore il demeura ainsi, près d'Hermeline et de leurs fils, faisant toilette longuement et soigneusement, le poil bientôt souple et brillant, la collerette large, les yeux assurés et hardis. Et cependant, tantôt parlant, tantôt méditant, il dressait de Renard le goupil comme une image figurée, plus vraie que la nature elle-même, un portrait de neuve ressemblance, non pareil et de haute couleur. Et Hermeline au fond d'elle-même, heureuse et remplie de fierté, y reconnaissait son Seigneur.

Qu'importaient les déboires passés, sinon comme leçons et gages ? Qu'importaient les traîtrises d'autrui, les fois-menties, les dénis de justice, les injures et les risées, sinon — brûlantes — comme coups de masse forgeant le fer, ou — glacées — comme l'eau du bain où s'affermit sa trempe ? Renard, jour après jour, s'était confié à Hermeline. Et elle se réjouissait maintenant de voir que de toutes ses épreuves, à travers chagrins et colères, plaintes et hargnes, rien n'avait été perdu. Et Renard dit, en promenant par-dessus son épaule ses regards sur son échine brillante, sur sa queue fourrée comme jamais :

— Je suis Renard, qui ai lâché le coq et qui ne le lâcherai plus. Je suis Renard, qui me suis fié à parole de vilain et qui n'en croirai plus personne, ni homme qui pleure, ni loup qui gronde, ni chat qui ronronne. Je suis Renard, qu'hier encore a gabé la perdrix, que le moineau a entraîné par ruse vers la dent du Rechigné. Je te rends grâces, Drouineau, si petit, pour ta faiblesse et pour ta ruse ensemble.

Il se secoua, tourna le front vers l'entrée du terrier. La forêt, dense et bleue, s'animait de tous les murmures de l'été. Il émergea, debout en plein soleil, et sa femelle vint près de lui.

— Par mon liteau... dit gravement Renard.

Hermeline appuya le museau sur la ronde épaule musculeuse, et chaque parole du serment vibrait dans son propre corps :

— ... C'est par moi d'abord, Hermeline ; par toi aussi et par ta vie ; par nos trois fils, Malebranche, Percehaie, et Rovel le plus petit...

» Je jure que plus rien en ce monde ne m'arrêtera sur ma route. Sachant tromper mieux que bœuf ne laboure, contre menteur je mentirai, contre brutal serai cruel et devant suppliant sans pitié. A chacun j'emprunterai ses armes pour m'en servir à mon seul gré, dur au faible, flatteur au fort pour le mieux réduire à merci ; mais de merci, je n'aurai jamais plus.

» S'il est vrai qu'on a ri de moi, les rieurs seront de mon côté. En ce royaume où le juste est scandale, où la faveur vole au succès sans jamais lui demander compte des chemins ni des moyens, la foule criera : "Vive Renard!"

» Car Renard suis, désormais et toujours.

» Que je meure, si devant le Roi même j'en démords et m'en démens !

» Et que chacun, bête ou homme qui vive par la plaine et par la forêt, apprenne enfin ce qu'est Renard ! »

DEUXIÈME PARTIE

LES GABETS DE MAÎTRE RENARD

I

Comment Renard, pour son coup d'essai, vola les jambons d'Isengrin...

Quand il eut quitté Hermeline, il enfila droitement un layon qui s'enfonçait à travers les charmes. C'était, au seuil de Maupertuis, un canton de la forêt qu'il aimait pour le jet altier des arbres, leurs fûts lisses, frottés d'argent clair, et leurs nappes de feuillages suspendues et balancées.

Mais il entra bientôt dans une région plus farouche, de petits chênes sombres et rabougris, de fourrés âprement hérissés. Les branches basses des chênes, desséchées, rongées de lichens blêmes, se brisaient et tombaient à leurs pieds, se mêlant au lacis des viornes, des ronces et des nerpruns noirs.

— Qui va là? grogna une voix rogue.

Renard eut tout juste le temps de composer son personnage. Isengrin était devant lui, déjà montrant les dents jusqu'aux gencives, avec cette brosse de poils sur le garrot et sur le cou que Renard connaissait bien. Il s'avança, humble et tremblant, le pelage terne, l'œil éteint, le nez sec.

— Bonjour, mon oncle.

La tanière du loup était proche, il le savait. Mais ne l'eût-il point su qu'une odeur de sang fade et de rude venaison l'en eût amplement averti. Sans parler d'un si gracieux accueil.

— Que viens-tu faire dans ces parages? dit Isengrin. Passe ton chemin. Je suis ici chez moi.
— Par charité! dit le goupil. J'ai faim.
— Rien du tout! repartit le loup. Et si tu t'imagines — car je te vois fouiner des yeux, toi qui te crois malin et qui me prends pour un benêt — si tu t'imagines repérer mon garde-manger, tu y perdras ton astuce et ton temps.

« Parbleu! pensa Renard. Brave benêt, qui vas me conduire toi-même, comme par la patte, au point où gît le lièvre — lièvre, chevreuil ou mouton, il n'importe — de ton regorgeant charnier! Car tu as tué, cette fois, il n'est que de te regarder, bien séjourné, la bedaine en bon point, et d'entendre Dame Hersent la louve jouer, là derrière, avec tes grognonnants louvarts. »

Et il se réjouissait grandement, car il voyait qu'Isengrin, en effet, d'abord louchait vers un point du fourré, ensuite et presque malgré lui s'en rapprochait insensiblement comme pour en interdire l'accès. Mais il n'en affectait que plus piteuse et grelottante mine, reniflant et larmoyant à attendrir un cœur d'usurier.

— Arrière! gronda Isengrin en faisant un saut en avant.

Et Renard, en son for intérieur : « Merci. Car le plus dur est fait. »

C'était donc là, derrière ce buisson de houx. Les feuilles dont Isengrin avait recouvert la chair morte commençaient à se faner un peu. Le goupil détourna les yeux, recula vivement de trois pas, comme s'il eût obéi à l'ordre brutal d'Isengrin. Mais il avait exprès dérangé le rideau de broussailles, et il éleva la voix en plongeant maintes courbettes à la file :

— Adieu, mon oncle. Je passais. Je m'en vais... C'eût été grande bonté à vous de me donner seulement quelque peau, rien qu'un os, avec un peu de chair autour... N'en parlons plus! N'en parlons plus! Qu'on ait de moi amicale mémoire en votre gîte de

Gallerand, vous d'abord, Seigneur Isengrin, mais aussi Dame Hersent la louve et les trois jeunes Seigneurs, adorables louveteaux, qu'elle a mis bas quand fleurissait le saule.

— Est-ce toi, Renard, mauvais garçon ?

Voix de loup encore, mais plus douce. Les broussailles viennent de s'écarter, et Dame Hersent est là, grande, majestueuse, un peu grasse pour une si jeune mère. Elle a les mêmes yeux que son mâle, jaunes et pâles ; mais couleur ne fait pas douceur, car le regard est doux comme la voix. Où est le grelottant Renard, maupiteux et ravalé d'échine ? Il fringue, ses prunelles brillent, son nez frémit.

— Que vous êtes belle, Dame Hersent ! s'écrie-t-il.

Et celle-ci, vers Isengrin, comme une qui n'a rien entendu :

— Il a prié : « Quelque peau seulement ; rien qu'un os, avec un peu de chair autour... »

Et déjà, de la patte, du museau, elle fouille sous le lit de ramée.

— Goûte, Renard, pauvre affamé !

Si c'est un os, il est bien caché sous le rose manchon qui l'entoure. Renard, s'il n'en croit pas ses yeux, en croit sa langue et son palais : ce n'est point chair de bête forcée, mais du jambon, un peu salé, onctueux, fondant, translucide comme vitrail d'église.

— Et nous en avons à planté ! dit orgueilleusement Hersent. Trois encore, pareillement énormes. Tout le lardier du vilain y passe... Isengrin y retourne cette nuit.

Renard balbutie, la bouche pleine. Est-ce « merci » ? ou est-ce « encore » ? Isengrin grogne. On entend comme un cri d'oiseau : c'est le gosier de Renard, qui avale la dernière bouchée. Il hoche la tête. La gratitude lui humecte les yeux. Par deux fois, il murmure :

— Savez-vous...

— Savez-vous quoi ? disent le loup et la louve, chacun sur un ton différent.

— Savez-vous ce que je ferais, si j'étais vous ? Je les cacherais ailleurs, et je dirais qu'on me les a volés.
— Pourquoi ?
— A cause des voleurs.
— Qui sait leur place, hors toi ? dit le loup.
— C'est trop de moi déjà, dit Renard, tant ils sont tendres et moelleux. Sais-je moi-même si j'y résisterais ? Vous voyez bien... Mais qu'un des vôtres, ton frère Primaut par exemple, ou Brun l'ours, ou Tybert le chat, ou quelque rôdeur à deux pattes comme l'affreux Autran-le-Roux, sans parler de son Rechigné... Combien, dont je suis sûr qu'ils n'y résisteraient point ! Non, croyez-moi : les cacher d'abord ; et, cela fait, crier au voleur, crier, je dis bien : crier !

Il se répand en nouveaux mercis, en souhaits de liesse et d'abondance, et se retire, en attendant la nuit.

« Est-ce toi, Renard, mauvais garçon ? » Peut-être que Dame Hersent a rêvé tout haut cette nuit-là. Renard a dû faire trois voyages : un par jambon, tant ils pesaient. Il a suivi, en ce qui le concerne, un des conseils qu'il a donnés. Les jambons sont maintenant cachés, mais ils le sont à Maupertuis.

Et, dès le lendemain matin, bien avant d'avoir aperçu les chênes tordus de Gallerand, il a su que les loups, à défaut de son premier conseil, suivaient à présent le second. Quels cris, glapissements, hurlements, à mettre en alerte et glacer toutes les bêtes de la forêt ! Mais lui, Renard, allégrement, a précipité son allure. Vers Isengrin et Dame Hersent, menant à plein museau le deuil de leurs trois jambons, il a cligné de la paupière :

— Je vous entends depuis Maupertuis. C'est bien crié, mon oncle, et juste sur le ton qu'il faut ! Qui ne croirait, à vous ouïr, que vos jambons ne se soient envolés ?

— Envolés ? rugit Isengrin. Volés ! C'est volés qu'il

faut dire! Bel et bien volés, cette nuit même! Mais le voleur, je le trouverai, l'étranglerai de ces dents que tu vois, lui romprai les vertèbres du col, lui arracherai les tripes du ventre!

— Il le mérite! clame Renard. Tripes et vertèbres! Par les dents du loup! Ha! Ha! Ha!...

Et de cligner encore de la paupière, de chuchoter à coin de museau :

— Est-ce bien crié moi aussi, mon oncle? Est-ce bien entré dans votre jeu?

Mais Isengrin hurle de plus belle :

— Volés, volés, volés, te dis-je!

Et Dame Hersent lamente et pleure :

— Volés! Volés!

Et vagissent aussi les louvarts :

— Volés! Volés!

Renard en saute de joie sur place :

— Qui oserait dire maintenant, mon oncle, que vous êtes fort, mais d'esprit mousse? Je le vois, vous l'avez de droit fil, bien aiguisé, à gaber Renard même. Volés! Volés!... Je quitte la place... Je n'y tiens plus, je pouffe, j'éclate, tout va rater par ma balourdise... Volés, volés, c'est la vérité. Je le jure : volés! volés!

II

... Puis le vin de Constant Desnoix...

L'automne vint. Renard tenait parole : on mangeait gras à Maupertuis. Le Seigneur Jean de la Fuye vendangea ses vignes du coteau, et l'odeur du moût qui bouillait se répandit jusqu'à la forêt.

Le Seigneur, un soir d'octobre, manda en son château le roulier Foucher-Galope.

— Foucher, dit-il, prends deux de tes meilleurs chevaux, l'un aux limons et l'autre en flèche. Attelle avant qu'il ne soit jour. J'ai là un muid de vin nouveau que m'achète Constant Desnoix et que j'entends livrer demain. Je te donnerai deux de mes valets pour faire garde et te relayer : car je tiens à préserver ce vin de malencontre... ou de baptême. Je compte sur toi. Bonne route, Foucher.

Le roulier, son bonnet à la main, s'en alla à reculons. Passé le pont et le fossé, sur le chemin, il remit son bonnet sur sa tête et partit à rire à la muette, comme il arrive à ceux qui volontiers parlent tout seuls et confient leurs secrets au vent.

Renard musait du côté des douves. Il vit Foucher la bouche ouverte, et, se doutant qu'il allait radoter, il le suivit le long du chemin, dans le fossé.

« Baptême ? dit Foucher-Galope. C'était pour moi : bien envoyé ! Mais tout un muid... Un coup de foret dans la douve. Ça pisse : tu tends ton gobelet. Le temps de boire, un doigt sur le trou. Encore un gobelet, deux gobelets. Le doigt dessus. Tu recommences... Quand tu n'as plus soif, une cheville, jusqu'à ce que la soif revienne. Avec moi, ça n'attend guère. Jusque chez Desnoix, y a le temps. »

Renard n'en perdait pas un mot. Foucher-Galope ramassa un caillou et, le faisant sauter par jeu, d'une main dans l'autre, il poursuivit son soliloque :

« Boire le vin frais, ça ne chagrine pas le bon Dieu. S'il ne voulait pas qu'on en boive, il l'eût fait ch'ti, aigre ou amer : à preuve... Deux valets, qu'il a dit. Je d'manderai Tigerin et Gondouin. On est habitué ensemble, on a toujours soif en même temps... Queu'ques pintes d'eau dans un plein muid d'vin, ça s'connaît pas, c'est pas possible... »

Renard en savait plus qu'assez. Il fila par une traverse, courut en diligence vers un cormier où il savait trouver, à cette heure, quelqu'un de sa connaissance. Le soir tombait. Les cormes mûres, dans le feuillage, rougissaient comme de petites lampes.

— Holà, Drouin! appela Renard. Ne te cache pas, je sais que tu es là. Comment vont tes moinillons d'automne? Bien drus, ou éclos trop tard? Drouin! Drouin!

Le pauvre moineau, sous les feuilles, tremblait de tout son petit corps. Il essaya d'abord de rester coi, sans même un battement de paupière. Mais comme Renard s'installait, assis dans l'herbe au pied de l'arbuste, il désespéra aussitôt d'échapper à sa vigilance et il implora sa pitié.

— Epargnez-les, Messire Renard! Ils sont si jeunes et si menus...

— C'est donc vrai? ricana le goupil. Le nid est plein, pauvre et fol Drouin? Car c'est folie de couver en août.

— Veux-tu des cormes? reprit le moineau. Elles sont à point, juste un peu blettes. Je vais te jeter les meilleures.

Un fruit, deux fruits vermeils, pleins et lourds, vinrent choir dans l'herbe devant Renard. Il ne daigna même pas les voir.

— Descends, Drouin. C'est toi que je veux.
— Sire Renard...
— Drouin, que vas-tu penser là ? Que j'ai envie de te croquer, peut-être ? C'est mal me connaître, Drouin, gentil Drouin, compère Drouin. Non, Drouin. J'ai besoin de toi. Descends.

Et il se mit à secouer le cormier, doucement d'abord, et de plus en plus fort, si violemment enfin qu'une grêle de cormes rebondit alentour. Drouin, de plus en plus tremblant, le vit sauter légèrement de côté et gober en hâte quelque chose.

— Compte tes enfants, ami Drouin. Car j'ai peur de m'être trompé et d'avoir croqué, par erreur, un moinillon tombé de ton nid.

L'instant d'après le pauvre Drouin, l'aile basse et toute frémissante, vint s'abattre à ses pieds dans l'herbe.

— A la bonne heure ! dit Renard. Ne tremble plus. Reste à quatre pas si tu veux, mais assez près pour bien m'entendre.

Il dit alors ce qu'il avait à dire et le quitta sur ces dernières paroles :

— J'ai ta promesse, ami Drouin. Foin des menaces et du vain bruit qu'elles font ! J'ai déjà su te retrouver, Drouin.

Lorsque le pont, dans la brume d'aube, au grincement des chaînes de la herse, s'abaissa le lendemain sur la douve profonde de la Fuye, ce fut un grand et puissant arroi qui en fit résonner les poutres : fracas de fers, craquements d'essieux sous le poids de l'énorme futaille, cris des rouliers, pétarades des fouets, hennissements. La lanterne, restée allumée à l'avant du fardier, luisait comme un gros œil trouble.

Les trois rouliers n'avaient qu'une pensée : être assez loin pour puiser leur dîme et se réchauffer l'estomac. C'étaient gens simples et grossiers, à mentons bleus et fortes pattes. Foucher-Galope marchait en avant, à la tête du cheval de flèche, Gondouin au flanc de l'attelage et Tigerin-Brise-Miche à la queue.

Ce fut Tigerin qui, le premier, aperçut Drouin le moineau. Ils arrivaient, à ce moment, à la hauteur des maisons du village. Un moineau sautillant sur une route, derrière deux percherons dont il espère crottin bien avoiné, ce n'est pas chose qui puisse étonner Tigerin. Ce qui l'étonne, c'est de voir ce moineau lui voltiger autour de la tête. Il le chasse de la main, comme il chasserait un taon dans la forêt. Mais Drouin, harcelant comme taon en effet, revient, tournoie, ronfle de l'aile, l'oblige à cligner des paupières, à s'abriter derrière son coude levé, l'énerve, lui échauffe la bile, enfin le fait bouillir comme chaudron au landier et sacrer comme Sarrasin.

Gondouin Porte-Civière l'entend.

— Qu'est-ce ? dit-il.

— C'est ce maudit moineau ! crie Tigerin. Je te le... Par la mesnie du Diable, le voilà qui vole à toi !

Il détache son fouet de son col, fouet de roulier à lanière de peau, et en dépêche à toute volée un coup qui vise Drouineau, mais qui cingle Gondouin au visage. Gondouin crie comme un porc égorgé.

— Qu'est-ce ? dit Foucher-Galope, en tête.

— C'est, dit Gondouin, ce maudit Brise-Miche ! Ou ce moineau qu'il a manqué. Il vole à toi !... Attrape, moineau !

Et c'est Foucher qui reçoit au visage le coup de fouet que le furieux Gondouin a fait claquer vers Drouineau.

Foucher en voit trente-six chandelles. Il braille, plus aigu encore que Gondouin. Ces coups de fouet, ces cris affreux viennent piquer les deux chevaux. Ils se cabrent, ruant sous leurs traits, tirent ensemble à hue et à dia, engagent un limon de travers, la pointe dans une porte de grange, hennissent, l'œil fou, font éclater les chaînes...

— Gare ! crie Foucher en se baissant.

Un bout de chaîne libre, en sifflant, tournoie dans l'air comme une masse d'armes ; et, tandis que le fardier se coince, que le cheval de flèche part au galop et fait voler les mottes et que le limonier s'abat, la chaîne frappe et ne manque point son but. Car la futaille, quoique pleine, a sonné comme une cloche d'église et, par le joint d'une douve brisée, le vin vermeil jaillit en bouillonnant.

— Arrête ! Arrête ! crie le maître roulier.

Entre le vin qui coule et son cheval qui galope, il gesticule, à hue et à dia lui aussi. Il arrache son bonnet, le jette à terre, adjure le ciel, appelle à l'aide :

— Etoupe la fuite ! Aveugle-la ! Ou c'est la route qui va tout boire !

Foucher-Galope ne le veut pas ainsi, tire son gobelet, se met à boire, ce qui s'appelle boire, à la limite, à s'en couper l'haleine.

— J'y fournis pas, dit-il, bâillant comme carpe et rappelant son souffle. Vous pourriez m'aider, fainéants !

Et Gondouin, et Tigerin de l'aider. Et, avec eux, deux, trois, dix, trente vilains apparus, riottant, dansant, baisant et rebaisant le goulet de la rouge fontaine. Il y a presque autant de monde qu'il y en eut, sur le pont voûté, le jour où le Rechigné mena Renard en si beau courre. Mais si Renard est là maintenant, s'il voit et reconnaît son monde, c'est de profonde et sûre cachette, un soupirail à rideau de lierre, sous le perron du vavasseur Robert. Il y a, par-derrière, un couloir souterrain qui aboutit au revers des maisons, près du cormier où niche Drouineau.

Renard, entre les feuilles du lierre, regarde la grappe humaine qui se trémousse et patauge dans le vin. L'odeur l'en saisit à la gorge, lui pique les yeux et l'étourdit. Les vilains dansent. Les coiffes des femmes sautent et vacillent. Seilles de bois, terrines de terre s'emplissent et passent de main en main. Voilà qu'ils commencent à chanter.

Renard songe au petit Drouin. Il a dû regagner son nid et retrouver ses moinillons. Un de plus, un de moins... Drouin a eu tant d'enfants entre Rameaux et vendanges qu'il n'en sait même plus le compte... Sur la route, c'est un sabbat. Et qui le mène? Renard murmure dans sa moustache : « Que tu es puissant, Drouineau, pour faire ainsi danser tout un village! Mais que dire de Renard, qui a fait voler Drouineau? »

Et ses yeux se mettent à briller. Car le silence vient de tomber soudain, et la troupe des vilains s'écarte, et, sur la chaussée maintenant vide, pâle comme la mort, courant et trébuchant comme le plus ivre des buveurs, seul pourtant à n'avoir rien bu, voici venir Constant Desnoix.

III

... Puis les anguilles d'Autran-le-Roux.

Tout restait en place dans sa tête. Et c'est pourquoi, s'il s'était quelquefois donné fête, il n'était pas pleinement content. Ainsi, cette liesse des villageois autour du tonneau jaillissant, ce n'était pas ce qu'il avait voulu. Les hommes étaient déconcertants. En haine des rires affreux qu'il avait vus sur leurs visages quand il pensait perdre la vie, il s'était promis et juré de leur faire faire d'autres grimaces. Le désespoir de Constant Desnoix, le foi-mentie, n'avait pas effacé la joie qu'il avait vue danser dans les yeux de tous les autres.

— Femme, dit-il à Hermeline quand il lui eut, comme d'habitude, raconté l'aventure du fardier, ces jeux-là ne sont dignes que des hommes : gabets de laides et sottes créatures. Renard vaut mieux et saura le montrer. Mais avant de retrouver — j'y compte bien — Isengrin mon compère et les autres, je veux encore tâter de l'homme.

— Et de quel homme ? dit Hermeline.

— De celui qui me fit le plus peur, de l'affreux Autran-le-Roux.

— Mon Seigneur, dit Hermeline, laissez là, si m'en croyez, cette maligne et dangereuse engeance. « Bête », disent nos villageois, quand ils veulent signifier qu'un des leurs est un peu court d'esprit. « Homme », dirai-je, pour signifier même chose et pis des lunatiques, des benêts et des fous en notre gent de poil ou de plume. Contentez-vous de ces *hommes*-là : Isengrin, Brun, Tiercelin ou Tybert... Oubliez cet Autran-le-Roux.

— Mais lui ne nous oubliera pas, dit Renard. J'en sais maintenant assez des hommes — à deux pattes et à peau nue, j'entends — pour emprunter à l'occasion un peu d'eau à leur moulin. C'est accommoder à ma mode leurs maximes et leurs proverbes. Ainsi disent-ils : « Mieux vaut prévenir que guérir. » Et moi, Renard : « J'aime mieux rendre les coups avant de les avoir reçus. » Voilà des mois que j'ai à l'œil cet Autran, que la male peste étouffe, ce « Roux » qui ose se faire gloire du même surnom que moi, Renard ! Il est roux, en effet. Mais comparez, ma chère Hermeline.

Là-dessus, caresses et lèchements : car c'est ainsi que se terminent toujours, à Maupertuis, les entretiens du couple Renard.

L'année glissait vers son déclin. On atteignait aux brouillards des Avents. Temps de loups, de brebis ravies par surprise, mais aussi de vigilance accrue pour les bergères à l'orée des bois. « Même pour le loup en temps d'Avent, dit le proverbe, il y a souvent grand encombre entre la cuiller et la bouche. » Isengrin, cet hiver-là, devait s'en apercevoir.

Or, c'est aussi la saison de l'année où l'on pêche boires, étangs et pièces d'eau. Carpes, tanches, brochets, anguilles sont bénédiction de jeûneurs. Anguilles surtout, au dire des moines blancs de Tyron. Ils en gardaient en un vivier de l'abbaye, qu'ils réapprovisionnaient à l'automne par les soins d'Autran-le-Roux.

Braconnier le reste du temps, des plus sauvages et hardis, ou tâcheron chez Desnoix-le-Riche, il se rebaptisait alors honnête marchand et poissonnier. Avec Picasnon-le-Puant, c'était tôt fait de lever la bonde des étangs qu'il prenait à ferme et, pataugeant dans la vase clappante, dans le dernier filet d'eau bourbeuse où grouillait le peuple écailleux, de rafler tout dans leurs aveiniaux, de remplir les corbeilles d'osier, de les charger sur un charreton et — fouette la rosse aux paturons enflés, aux salières derrière les yeux ! — d'aller tout vendre de porte en porte, de village en village, jusque dans les rues d'Orléans.

Mais pour Autran-le-Roux, le jour faste, la fierté, la bourse pleine, c'était Tyron. Il en avait d'avance, ce grand pendard blasphémateur, la bouche beurrée. Quelques brochets pour les bons moines, quelques mères carpes aux flancs dorés ; mais aussi perches à chair ferme, grasses tanches vertes aux yeux de rubis pour la matelote et pour le four ; et surtout, ah ! surtout, anguilles !

Autran choisissait les plus belles, non point couleur de limon sur le dos et laidement jaunâtres du ventre, mais d'un beau gris sombre, bleuté, et le ventre couleur de lait. Il les glissait dans les corbeilles sur un lit d'algues mouillées, sous édredon de souples rouches, bien drues, bien vives, lisses et coulantes, sans jamais en écorcher une. Ainsi ne souffraient-elles point du voyage.

Autour de ce tyronien voyage, Autran menait assez de train pour que Renard en fût averti. Il était donc à bon poste de guet, quand le charreton et les deux hommes apparurent au bout de l'allée qui donne accès à l'abbaye. C'est une longue et spacieuse allée, plantée d'une double rangée d'ormes, quiète, creusée d'ornières velouteuses et feutrée de gazon follet.

Renard s'alla coucher, ou plutôt affaler au flanc de la plus large ornière, sur le dos, les pattes écartées, l'échine lâche, la gueule bée, la langue retraite au bord des dents. Jamais corps de goupil mort ne parut plus mort que celui-là. Le charreton approchait, se dandinant d'une roue sur l'autre, avec un cahotement étouffé.

— Qu'est-ce là, Picasnon ? dit le Roux.

— C'est un blaireau.
— C'est un goupil. C'est même...
Autran lâcha le bridon du cheval et courut quatre pas en avant.
— C'est même le goupil à queue noire? *De profundis*, Renard! J'eusse voulu t'expédier de ma main.
— Hoo! cria Picasnon au cheval.
Tous deux penchés, les mains derrière le dos, ils regardaient l'animal à leurs pieds.
— Il est mort? dit Picasnon.
— Autant que le hibou cloué sur ma porte de grange. Beau goupil, par ma foi! Gorge blanche, poil d'hiver déjà fourni... La saison sera froide, Picasnon. Mais lui ne s'en souciera plus.
— On l'emporte? On l'écorche ce soir? Combien sa peau, à ton estime?
— Six sols au moins... Embarquons-le.
Renard pendit entre les mains des poissonniers, les côtes serrées, retenant son haleine, car il voyait, dans l'air humide et froid, la buée fumer aux narines des hommes.
— Hééé... Youp!
Renard s'envola, retomba, plus flasque et ballant que jamais.
— Hue!
Et le charreton reprit sa route.
Il restait, jusqu'à l'abbaye, autant dire toute l'allée encore, un bon quart de lieue pour le moins. Mais Renard ne perdit point de temps. Le charreton portait deux grandes mannes, l'une contenant brochets et carpes, et l'autre anguilles seulement. C'est de celle-ci que le goupil, s'étant coulé entre les deux, souleva doucement le couvercle. Autran et Picasnon, gagnant au pas sur le vieux cheval, prenaient une croissante avance, criant seulement de loin en loin et sans même se retourner :
« Hue!... Hue donc! »
Renard, à la fente du couvercle, poussa la pointe de son museau. Quelle odeur! Violente et fraîche, suffo-

cante et saine en même temps. Toutes ces anguilles enroulées, entassées, coulant et tortillant leurs nœuds, leurs orbes, leurs serpentins entrelacements, ne formaient qu'un seul bloc glissant, gluant, une seule anguillerie à cent nœuds que nulle fileuse n'eût su démêler. Et Renard dit :

— Vous êtes bien, là-dedans? Il vous plaît d'aller à Tyron, dans le vivier où les moines blancs vous repêcheront une à une, pour vous tronçonner et rôtir? Où est la reine?

— C'est moi, dit une des anguilles, longue, nerveuse, plus bleue et plus blanche que les autres.

— A mon cou, vite! dit Renard. En collier bien fermé, la queue libre. Avez-vous, oui ou non, dents solides autant que fines? Savez-vous cheminer dans l'herbe quand la brume ou la rosée la mouillent? Vous plairait-il de retrouver, cette nuit même, la douce vase et les joncs de l'étang?

— J'ai compris, dit la reine des anguilles. Une par une, nous mordant la queue... En avant, et que personne ne lâche!

Déjà elle s'était enroulée à la collerette du goupil.

— Va, dit-elle. Et grand merci, Renard!

Le goupil joignit les deux pattes, sauta dans l'herbe si doucement qu'il put.

— Ça suit? dit la reine des anguilles.

Ça suivait, glissant à la file, dents à la queue, jusqu'à la dernière. Quelle longue, interminable anguille! Renard gagnait l'ornière la plus herbeuse, hors du passage, à la rive de l'allée. Et la file des anguilles, rampant sous sa verte enfilade, y enfilait sa vivante aiguillée, jusqu'à la queue, la queue de la dernière anguille.

— Hue! Autran! cria Renard de toute sa voix. Hue donc! Combien pour ta panerée d'anguilles? Autant que la peau du goupil?

IV

Comment il fit battre Isengrin par les moines blancs de Tyron.

Abbaye de Blancs-moines, c'est richesse : greniers, celliers, lardiers, tout à planté. Voilà pourquoi Isengrin le loup rôdait par là volontiers et souvent ; pourquoi aussi notre Renard ne fut pas autrement surpris de se trouver avec lui nez à nez. Les anguilles d'Autran-le-Roux avaient filé vers les rigoles des prés, et Renard était content.

Quant à Isengrin-le-loup, il avait dû jeûner, car il avait beaucoup maigri. Mais cette maigreur ne faisait qu'accuser l'énormité de sa tête grise, aux longues mâchoires, et l'épaisseur ossue de ses pattes. Il fixa sur Renard son regard le plus glacial, et, faisant frémir son nez :

— Tu sens le poisson, dit-il.
— Il est bien vrai, mon oncle : l'anguille.
— L'anguille ! s'écria le loup.
— Et les plus belles qu'il se puisse voir : luisantes et le dessous crémeux ; ensuite flairer : car mon fumet de goupil, j'en ai honte, en aura gâté l'odeur ; goûter enfin, si j'en crois à présent mon ventre, où je les ai cachées. Mais...

Ce « mais », venu à point, arrêta l'élan d'Isengrin, prêt à fouler Renard entre ses pattes.

— Mais ? reprit-il, comme s'il eût mordu.

— Regardez là-bas, dit Renard.

Il montrait le charreton, les deux hommes, à peine distincts dans l'air brumeux, tout petits au milieu de l'allée, sous les ormes. Car Autran, après maintes invectives et menaces, jets de gourdin et poursuites feintes contre un goupil qui courait mieux que lui, avait repris sa route vers l'abbaye à cause des poissons qui restaient.

— Ce sont braves poissonniers, dit Renard. Ils ont encore brochets et carpes. Et il ne tient qu'à vous, mon oncle, qu'ils vous les offrent... comme ils m'ont offert les anguilles. En quatre sauts vous les aurez rejoints.

— Pour qu'ils crient haro? dit le loup. Et que toute la moinerie me tombe dessus et m'étrille jusqu'aux os? Il n'y aurait que peu à faire, ajouta-t-il avec mélancolie, car la peau et les os se touchent.

— Ah! dit Renard, que n'avez-vous confiance en moi!

Isengrin lui jeta un regard de travers et grogna dans sa pelisse :

— Comme pour les jambons, je suppose?

— Quels jambons? dit Renard. Celui de Constant Desnoix?

— Bon, dit le loup. Que faut-il faire?

Renard, grave comme prêtre au synode, mais riant d'aise au-dedans de soi, lui raconta la ruse dont il avait, l'instant d'avant, gabé Autran et Picasnon.

— ... Ainsi ferez-vous, mon oncle. Mais courez vite, acheva-t-il. Si vous lantiponnez encore, ils toucheront aux portes avant vous.

Isengrin partit comme une flèche, dépassa le charreton en se détournant de la voie comme les loups ont coutume d'agir, revint en coupant vers l'allée, loin en avant des poissonniers. Mais il n'avait pu si vite faire que le long mur blanc de Tyron et le guichet du Frère portier ne fussent plus proches qu'il l'eût voulu.

Le voilà couché dans l'ornière, efflanqué, ne remuant œil ni patte, retenant son haleine comme

Renard lui a dit de faire, mais à grand'peine, ayant ainsi trotté.
— Par le Diable, dit Picasnon, qu'est-ce?
— Par saint Loup, dit Autran, c'est un loup.
— Mort?
— Il semble.
— Comme le goupil de tout à l'heure?
— Hum!... Attends, attends un peu.

Autran va au charreton, prend deux lourds bâtons d'épine noire, en offre un à son compagnon.
— Tape-lui dessus.
— Après toi, Autran.
— Alors, ensemble?
— Si tu permets.

Ils s'approchent, le bâton levé, qui leur tremble au bout du bras. Isengrin demeure comme une souche, mais la sueur lui fume hors du poil.
— Attends! Attends! répète le Roux.
— Il a bougé?
— Tu l'as vu, toi?
— Non. Le cheval!
— Quoi, le cheval?
— Il tremble...
— Attends, je te dis, Picasnon!

Autran retourne à la voiture, prend cette fois un levier de fer, retrousse ses manches, crache dans ses mains. Isengrin n'en peut plus de tenir ainsi son haleine. La peur qui point le vieux cheval le fait sentir comme un chevreuil forcé, l'odeur forte énerve le loup, il bave maintenant à longs fils de salive.
— Une! annonce Autran-le-Roux.

Il lève le pesant levier, il se cambre de toute l'échine.
— Deux!...

Non, ce n'est pas encore pour cette fois. Ses bras retombent avec mollesse, il cligne de l'œil, chuchote vers Picasnon :
— Cours au guichet, mande le portier... Si ce grand hérissé-là remue, qu'il sonne la cloche et le branle de bataille!

De nouveau il crache dans ses mains, brandit sa masse... Et cette fois — une, deux, trois! — il tape. Les côtes d'Isengrin craquent au coup et le souffle lui fuse hors du corps. Et derechef, à toute volée, Autran frappe et frappe encore. Et tout en frappant il braille :

— La cloche! La cloche! Haro! C'est du loup! Pendard, qui pensais m'engeigner comme a fait Renard le goupil! Haro, les moines! Au loup! Au loup!

V

La queue du Loup.

Si le loup Isengrin n'y laissa pas la vie, c'est que les moines de Tyron, l'ayant battu devant leur porte, l'abandonnèrent comme charogne dont la peau même ne vaut plus rien. Ils y avaient mis si bon cœur que l'abbé à la fin avait lâché sa crosse, les frères jardiniers leurs bêches, le frère portier son trousseau. Et, s'escrimant du doigt, de l'ongle, pinçant la peau, tirant le poil, ils avaient fait de la longue fourrure grise une guenille miteuse et pelée dont un ladre n'eût point voulu.

Clopin-clopant, à grand martyre, Isengrin avait pu se traîner jusqu'à sa tanière de Gallerand. Et là, pendant des jours se léchant, laissant aussi bonne Nature y pourvoir — car il était dans le plein de l'âge et d'une vigueur de sang non pareille — il avait repris des forces et recouvré, rude et dru, son pelage.

Grand besoin s'en faisait sentir. L'hiver devenait très cruel, la terre des champs gelait comme pierre, sous un ciel gris de plomb que l'aurore éclairait à peine et qu'un soir tôt venu rendait à la nuit sans étoiles.

Vint un matin, pourtant, où la nue plate et livide se colora d'une lueur rosâtre ; et vers le milieu du jour, dans un air inerte et dolent, les premiers flocons voltigèrent. Bientôt ils emplissaient le ciel de leur immense chuchotement. Les toits des maisons blanchirent, puis les revers des fossés, des sillons, les branches des pins, les buis d'hiver. Et enfin la plaine entière, à l'aube du matin suivant, apparut blanche sous un ciel bleu où le soleil répandait, à longs traits, une clarté éblouissante dont les rayons ne chauffaient point.

La neige, sa blancheur, son silence ensevelirent le monde pour des semaines. Seules, les fumées au-dessus des toits révélaient la vie recluse des hommes. Toute la forêt paraissait morte, aussi longtemps que la lumière du jour, du rose doré de l'aurore au rose gris du crépuscule, faisait tourner l'ombre bleue des arbres sur l'épaisseur immuable de la neige. Mais sitôt que les premières étoiles scintillaient au fond du ciel, lointaines à travers les hautes branches, c'était à travers les taillis, le long des fossés, aux lisières, des frémissements, des souffles, des trépignis de pattes menues, des ébrouements, des grognements profonds. Et l'aube nouvelle éclairait sur la neige les larges sillons que Beaucent y avait fouis de son boutoir, les empreintes profondes de Brichemer, les traces de Gutéro le lièvre, tout un lacis où des yeux avertis pouvaient lire les drames de la nuit : l'embuscade et la poursuite, la peur, la détresse et la faim.

Autran rôdait, Débûcher relevait les enceintes, et dans chacune les forts et les repaires. Quand Lanfroi les apercevait, toujours un chien à la botte ou au trait, Autran son Rechigné et Débûcher son limier Tracemenu, il faisait pirouetter sa cognée pour bien montrer qu'il n'avait pas le temps, ne savait rien, n'avait rien vu, qu'il n'était que Lanfroi le bûcheron. Ses abeilles dormaient, l'ours aussi. Il abattait et fagotait, qu'eût-il fait d'autre ?

Mais quand, aux rives de la futaie, entre les troncs puissants des charmes, il voyait la flamme rousse du goupil qui filait en flairant la neige, il lui faisait de loin des signes et riait en montrant ses dents blanches.

— Ta queue, Renard! lui criait-il. Relève-la, elle marque sur la neige! Par deux fois, tu faillis la perdre.

— Merci, Lanfroi! répondait Renard. Tu as vu qu'elle était solide. Mais j'en sais d'autres, qui perdront la leur avant que le mai refleurisse.

— Et qui ceux-là? disait Lanfroi.

— Tybert le chat, il va de soi.

— Et qui encore?

— Ton ami Brun, qui l'a trop longue.

— Et qui encore?

— Isengrin le loup, mon bon oncle, pour que les chiens de meute aient moins de prise à la lui mordre, comme le Rechigné la mienne.

— Adieu, Renard. Et bonne chance!

— Adieu, Lanfroi. N'en dis mot à personne.

Renard filait, suivant ses propres pistes. Souvent maintenant il rencontrait le loup. Sans se cacher ni dévier de sa route, mais sans non plus chercher à le saluer.

Il l'avait d'abord évité, s'en remettant à son cousin Grimbert, le blaireau placide et malin, de l'informer véridiquement. Et Grimbert lui avait dit la fureur effroyable d'Isengrin, ses menaces et ses grincements de dents : à croire que la male rage allait s'emparer de lui, le lancer à travers la campagne en mordant toute créature vivante. Mais, à l'étonnement de Grimbert, cette flambée n'avait point duré. Peut-être parce que le loup s'était fait opinion nouvelle; peut-être parce que le dur hiver, rendant toutes les bêtes misérables, faisait régner par la plaine et le bois la pâle Trêve de la neige.

Il semblait, depuis la veille, que le temps dût bientôt changer. De blanches et molles nuées ternissaient le bleu du ciel. Le troglodyte sous le roncier, par deux fois, avait pépié de sa voix pure. Mais dès le soir le froid était revenu, terrible.

— Renard! Renard!

— Qui m'appelle?

— Moi, Isengrin.

Le loup était devant Maupertuis, dans la lueur qui, tombée des étoiles, irradiait de la neige vers elles. Grand, gigantesque, plus maigre et ossu que jamais. Il contint sa voix rude et rauque et, sur le ton de la prière, comme Renard un soir, il dit :

— J'ai faim.
— Qui n'a faim ? répondit Renard.
— Mais moi, repartit Isengrin, c'est faim de loup.

Déjà, le ton avait changé. Renard, qu'une obscure pitié avait un instant ému, ne fut plus qu'à la joie méchante de tenir le loup à merci.

— Pour les anguilles... dit Isengrin. Si je t'en ai voulu, Renard...

Et tout à coup, pointant vers les étoiles son museau démesuré, il se prit à gémir, à crier :

— C'est de ma faute, de ma seule faute ! Je n'ai point su tenir mon vent, faire le loup mort dans l'ornière du chemin. Toi, Renard, tu as su, tu sais tout, tu es malin. Et moi je ne suis qu'un balourd. Oui, j'ai confiance en toi, Renard ! J'y vois clair, balourd que j'étais, dégoûtant goinfre qui ai mangé le jambon du vilain sans te laisser même la ficelle ! Si ! Si ! Je m'accuse, c'est ma faute, ma seule faute, encore ma faute ! J'ai confiance !... Et j'ai faim, Renard.

— Viens, dit Renard.

Ils partirent dans la nuit étoilée, chacun agitant ses pensées. « C'est trop facile, se disait Renard. Je tirerai chaque fois sur la corde, hardiment, jusqu'à ce qu'elle casse. Mais il faudra, je le vois, tirer fort. » Et Isengrin : « Je l'ai gabé encore : à malin, malin et demi... Au pire, je l'étranglerai, car je suis plus fort que lui. »

Ils contournèrent les murs de l'abbaye et parvinrent bientôt au vivier. C'était une belle et régulière pièce d'eau, comme il convient à des moines blancs, un petit étang approfondi de main d'homme qu'alimentait une source vive. Mais il dormait présentement sous une couche de glace très épaisse, que recouvrait de surcroît la neige. Sauf toutefois en une place, près de la rive, où les vilains du voisinage venaient puiser l'eau pour leurs bêtes. Ils y avaient balayé la neige et ménagé dans la croûte de glace un trou carré chaque jour entretenu.

— Voici votre revanche, mon oncle, dit Renard, achevant de guider Isengrin. Ces poissons désormais sont vôtres : vous allez les pêcher vous-même.

— Pêcher? dit Isengrin.

— A la queue, dit Renard. Comme la loutre et, m'a-t-on dit, le bièvre.

— Bien, dit le loup. Que faut-il faire?

— Tremper votre queue dans l'eau.

— Est-ce là tout?

— Vraiment tout. Certains prétendent qu'il convient d'attacher, à la queue que l'on trempe, un seau. Mais outre que je ne le pourrais, — ne sachant point faire nœuds avec mes pattes, — comment penser qu'un seau de bois mort attirera les poissons mieux qu'une bonne queue vivante et chaude, queue de loup à longs poils où carpeaux et gardons viendront s'accrocher à l'envi? La queue au trou, compère! Et patience! Ne la tirez que si vous la sentez très lourde, appesantie de vos captures. Je reste là pour vous aider, s'il est besoin.

Renard s'alla coucher, la tête allongée sur les pattes, à l'abri d'un buisson qui le protégeait de la bise. Il ne se sentait point d'aise. C'était plaisant spectacle, en effet, que celui d'Isengrin s'accroupetonnant sur la glace, tâtant l'eau du bout de la queue et gémissant à voix de fausset : « Brrr... Qu'elle est froide! »

— D'un seul coup! Carrément! dit Renard. Dans un instant, vous ne sentirez plus rien.

C'était l'heure d'avant l'aube où le froid est le plus vif. Renard, à petits coups, caressait son museau de sa queue, touffue, soyeuse, empomponnée de noir. Aussi belle était la queue du loup, également et de toute part fourrée, avec certaine ondulation de poils dont Renard était jaloux.

— Que sentez-vous, oncle Isengrin ?
— Plus rien.
— Ne vous l'avais-je pas dit ?

Au trou d'eau libre des éponges de glace montaient, molles et poreuses, que le pâle clair d'étoiles et le froid du dehors durcissaient dans l'instant et soudaient les unes aux autres.

— Puis-je tirer ? demandait le loup. Il me semble à présent que ma queue est devenue très lourde, chargée comme un goujonnier.
— Encore un instant, mon oncle.
— Et maintenant ?
— Bientôt, bientôt !

Renard guettait le ciel à l'orient, et la première lueur de l'aube. Il n'attendrait pas le soleil pour regagner le couvert des bois ; mais il voulait, auparavant, être sûr que certain pressentiment ne l'aurait pas faussement averti. Alors ses traces fraîches sur la neige n'auraient plus beaucoup d'importance : si chasse il devait y avoir, ce serait à la vue et par corps. Il se leva enfin, se secoua pour se dégourdir, sauta sur la glace du vivier.

— Tirez, maintenant ! Hardi ! A pleine queue !

Il y eut un silence, puis un très long soupir du loup.

— Je ne peux pas, dit Isengrin.
— Est-ce donc si lourd ?
— Comme un âne mort.

Le jour naissait. Il faisait maintenant assez clair pour que Renard vît bien la queue du loup, prisonnière jusqu'au ras des cuisses. Des fumées s'élevaient des toits. Un coq chanta. Et soudain, ardents et joyeux, éclatèrent les abois de mâtins que l'on détache.

Renard, comme égaré, se mit à sauter sur la glace, à tourner autour d'Isengrin :

— Ce sont Espillart, Mauvoisin ! Je reconnais leurs voix, mon oncle. Tirez ! Plus fort ! Mais tirez donc !... Le voilà qui glisse, qui tombe... Hélas ! Qu'allons-nous devenir ?

Si bien joué, le faux désespoir ! Si gémissante, la voix perfide ! Isengrin halète sur la glace. Une trompe sonne dans le jour naissant. Noires et nettes sur l'étendue neigeuse, les silhouettes des veneurs apparaissent.

Renard, avant de filer par le revers de l'abbaye, a eu le temps de reconnaître le vavasseur Robert de la Marlette, ses deux valets, ses deux mâtins. Il entend les appels des hommes, la trompe qui sonne de nouveau, non au goupil mais au loup, le récri exultant des chiens. Arrêté à l'angle d'un mur, il voit le vavasseur, une longue épée à la main, courir derrière ses mâtins, sur l'étang. Isengrin mord, un des chiens hurle. L'épée scintille, voilà le vavasseur par terre, relevé, encore par terre. Les valets s'élancent, dégringolent. Hommes, bêtes, la mêlée tourbillonne, gronde, jappe, sacre et vocifère, faisant voler une poudre de neige que le soleil levant irise.

Et soudain, le poil hérissé, Isengrin jaillit hors du tas, puis Mauvoisin, puis Espillart, puis Robert, puis les valets. Ils sonnent au loup, ils sonnent la vue. « Il leur échappera, songe Renard en léchant suavement ses babines. Mais après longue et brûlante chasse, car il n'y aura pas de change. Et sans queue, car je l'ai bien vu : la sienne est restée dans la glace. »

VI

La queue de l'Ours.

Le goupil fila sur la neige, brouilla ses traces à l'orée du bois, de nouveau les brouilla aux avancées de sa retraite, rentra chez lui au revers de la motte par un pertuis inhabituel. Il se sentait chaud et léger. Du museau, de la patte, de l'épaule, il bouscula tendrement Hermeline pour la convier à partager sa liesse.

— Et d'un! dit-il. Ou plutôt : et d'une! Car c'est bien de queues qu'il s'agit. C'est la mienne que le Rechigné mordit au passage de la haie, elle encore que Tybert fit prendre dans le piège tendu pour Brun l'ours. J'eusse voulu que celle d'Isengrin restât aux dents de Mauvoisin, en souvenir du Rechigné. Du moins l'a-t-il perdue, lui premier.

— Renard, Renard, dit Hermeline, fol, hardi et cher Renard, n'est-ce pas assez d'une queue de loup pour celle que vous avez... gardée ; que voici, toujours douce et touffue, toujours empomponnée de noir?

— Assez ? jeta Renard, les yeux luisants dans l'ombre du terrier. Assez ?

— Paix, là! fit la blonde Hermeline. Je vous accorde encore celle de Tybert le traître. Il la perdra. Il l'a mérité.

— « Souple, annelée... » susurra le goupil, imitant

le ronron du chat. Comme il jouait avec elle, le patelin ! Il la perdra, il la perdra ! Tout est marqué, tout est en ordre, tout se paiera.

Et il rit, la denture à l'air, parce qu'il revoyait la fuite d'Isengrin sur la glace, et ce peu glorieux derrière où nul panache ne flottait plus.

L'hiver perdit soudain sa rigueur. Le saule s'argenta de chatons, les pendeloques du bouleau se balancèrent à la brise tiède. Et Brun l'ours, dans sa grotte de Bréviande, ouvrit les yeux à l'aurore du printemps.

Sa fourrure, en épais bourrelets, pouvait encore faire illusion. Mais il flottait dans les plis de sa peau et il avait faim, une faim d'ours en avril, qui est plus même que faim de loup.

C'est pourquoi Brun, le prudent, l'énorme, osa baiser la lisière des bois presque à toucher la grande clairière des hommes. Et il vit un attelage labourant, huit bœufs, deux à deux sous le joug, les uns roux comme brioche au four, les autres d'un blanc presque rose. C'était là spectacle splendide, mais Brun l'ours n'en avait cure : il ne voyait des bœufs au travail que leur épaisseur de viande.

Hélas ! Deux hommes les menaient, le riche Constant Desnoix à leur flanc, l'aiguillon au poing, et son tâcheron Autran-le-Roux aux mancherons de la charrue. Autran jura : le soc, en labour profond, avait dû heurter quelque souche.

— Haha ! Roussel ! cria Constant.

L'un des deux bœufs de tête, le col bas, tordait le joug et piétinait, en soufflant à pleins naseaux.

— Roussel ! vociféra Constant en le piquant de l'aiguillon. Fainéant ! Bon à rien ! Que demain l'ours t'emporte et te mange !

Et aussitôt, poussant un grognement qui fit trembler et renâcler les bœufs, Brun apparut à la lisière, appuyé au tronc d'un chêne et debout sur ses pattes de derrière.

— Malheur à moi ! gémit Constant. Qu'ai-je dit ?
— Que Roussel était mien, dit l'ours.
— Demain, demain, reprit Constant, — car le sang-froid lui revenait et en même temps, en vrai foi-mentie qu'il était, l'astuce — j'ai dit « demain »... Ramène les bœufs, Autran, à leur étable. Je te suis.

Autran détela, prit l'aiguillon et fit comme Constant l'ordonnait. Cependant le vilain, détachant une trompe qu'il portait pendue au col, l'élevait lentement vers ses lèvres en guignant Brun du coin de l'œil. L'ours alors, toujours debout au pied du chêne et s'y appuyant d'une patte, fit jouer au bout de l'autre patte des griffes pareilles à des couteaux.

— Inutile de sonner, vilain. Ce n'est pas à ta vie que j'en ai. Mais, aussi sûr que l'aube suit la nuit, je reviendrai demain, ici même, quand tintera l'angélus de midi. Je compte t'y retrouver, toi seul. Ou plutôt avec ton bœuf. Ou plutôt encore : *mon* bœuf.

Et de nouveau, dans le soleil, il fit jouer hors de leurs gaines ses longues griffes acérées et tranchantes.

Constant, à reculons d'abord, se rapprocha du chemin de plaine. Là-bas, Autran menait les bœufs : huit paires de cornes sur le ciel, noires et blanches, aux larges courbes, une vraie musique pour les yeux du plus riche vilain du pays. Mais Constant restait sombre et chagrin : qu'une seule paire de cornes manquât, et toute sa joie prendrait le deuil. D'y songer seulement, il boitait.

— Constant ! Constant ! dit une voix à ses pieds.

Il sursauta. Dans le fossé qui bordait le chemin, une fourrure rouge avait glissé.

— Qui va là ? dit Constant Desnoix.

— C'est moi, Renard, reprit la voix. J'ai entendu : tu as donné Roussel à l'ours.

— Hélas ! dit Constant Desnoix.

Et il sauta sur le chemin, courant presque à présent vers le troupeau des maisons, là-bas. Mais la bête rouge, dans le fossé, glissait, filait, lui collait aux grègues. Et cependant elle chantait au vilain une chanson renardière qu'il eût voulu ne pas entendre ; mais il n'en perdait pas un mot :

— Foi-mentie, foi-mentie, ça ne sera plus si facile... A qui s'est ri de Renard le chétif, l'ours va faire verser des larmes : « Pille, Morhout ! Sus au goupil ! » Tu te rappelles ? Mais cette fois c'est ton Morhout, si toutefois il ose sortir du sac, que Brun mordra, griffera, foulera... Adieu, Roussel ! Adieu, mon bœuf !

Constant serra le poing et le brandit vers le fossé.

— A moins que... souffla Renard, de sa voix la plus sucrée.

— A moins que ? répéta le vilain en ralentissant sa course.

— Ecoute-moi, Constant, dit Renard. Tu ne le regretteras pas.

Il a fait des progrès, Renard. Il connaît à présent son monde. De l'un, de l'autre, il sait tirer parti pour réaliser ses desseins. Mais ses desseins ne sont que de Renard et chacun y aura son tour.

Quand Brun l'ours, le lendemain, sortit du bois aux tintements de la cloche, Constant Desnoix était au rendez-vous ; Roussel aussi, avec Barreau son compagnon de joug, tous deux attelés à une charrette. Le vilain retira son bonnet.

— Messire Brun, je vous salue, dit-il.
— Détèle Roussel, ordonna l'ours.

Constant, une expression de feint désespoir allongeant et tirant encore les traits de son blême visage, entreprit de dételer Roussel.

— Plus vite, dit l'ours. Je suis pressé !

Et juste alors, comme à point nommé, on entendit jaillir du bois le plus aigu, glapissant, discordant, frénétique et sauvage charivari de meute à mort empaumant une voie chaude. Quel équipage était-ce là, lancé sur la chair crue par quel enragé veneur ? L'ours, au vacarme, s'était jeté dans un sillon, sans y remuer désormais œil ni patte. Il se fiait à son pelage, de bure brun sale et terreuse, pour le dérober aux vues. Mais il était si gros de carcasse que son flanc débordait l'enrue, comme une souche tombée d'un fardier. Il murmura vers le vilain :

— Cache-moi derrière ta charrette.
— Bien, Messire, dit le vilain.
— Qui chasse? dit Brun, de la même voix.
— Le demandez-vous, Messire? C'est Débûcher, le maître-piqueux du noble Seigneur de la Fuye. Et le Seigneur le suit, je pense, et toute sa mesnie à cheval. Je reconnais ses enragés forceurs : Clariaud, Clarembaud, Bahulard, sans parler de ses lices encore plus acharnées au sang, Baude, Fauve, Maligneuse les bien-nommées... Quelles gorges, par saint Hubert! « Qui chasse? » dites-vous, pauvre innocent! Ah! Que j'ai grand'pitié de vous!
— Aide-moi, Constant, supplia Brun.

A ce moment, venue de la lisière du bois, une voix vibra vers la clairière, une voix d'homme à n'en pouvoir douter, et d'une force non commune :

— Holà, vilain! Qu'est-ce que je vois à ton côté, dans le sillon?
— « Une souche », dis-le-lui, souffla l'ours.
— C'est une souche! cria Constant Desnoix.

La voix reprit, impérative :

— Charge-la dans ta charrette!
— Elle est trop lourde, Monseigneur.
— Alors fends-la! Deux coups de hache!

Constant Desnoix se pencha vers Brun :

— Je vous demande votre pardon, Messire. Il va falloir que de cette hache...

Et il tomba sur son séant, tandis que Brun l'ours se dressait : tels deux jacquemarts battant la cloche.

— Taïaut! Taïaut! cria l'homme dans le bois. Rescousse, Constant! Sonne avec moi! A l'ours!

Et l'on vit bondir hors des arbres, écarlate, gigantesque, brandissant une lourde cognée, la silhouette de Lanfroi le bûcheron. Brun galopait à travers la clairière, tout droit vers le chemin ferré, les maisons, le pont de pierre. Car le charivari d'abois se déchaînait de plus belle sous les arbres. Renard, Hermeline, leurs trois fils glapissaient, clabaudaient à l'envi, menant le train de toute une meute, tandis que Constant et Lanfroi, embouchant leurs trompes, tête haute, soufflaient à décoller leurs joues.

— Je n'y tiens plus! gémit Renard. De rire, j'ai le ventre tordu. Demeurez là, vous autres, toujours jappant... Moi, mes enfants, je suis le train.

Et il fila, de haie en fossé, coupant la plaine par le plus court. Il arriva au pont de pierre juste comme Brun allait l'atteindre : essoufflé, flottant dans sa peau, hirsute, égaré, monstrueux. Renard eut le temps d'entrevoir la souquenille rouge de Lanfroi, toute une troupe d'hommes le suivant, mais pas un chien autant qu'il lui parut. Il se tapit au revers de l'arche, sous un rideau de cymbalaires. Des lavandières battaient leur linge, Pâquette, Agnès, Brunmatin, et Gillain la femme du curé. « Bon, songea-t-il, la moustache gaillarde, il va y avoir du monde ; presque autant que le jour où Drouin... »

Mais il n'eut pas loisir de songer davantage. Il entendit la clameur des hommes, leur piétinement, vit une grande ombre s'allonger sur le ciel ; et aussitôt, dans un désordre affreux, des cris de femmes retentirent, stridents, l'eau de la rivière rejaillit, une fois, deux fois et quatre fois, dans un vacarme de claquements, d'ébrouements, de cris encore, terrifiés et suraigus.

Le goupil hasarda son nez, son museau, et ses yeux se mirent à briller. Serré de près par les vilains, Brun avait dû sauter au milieu des lavandières, qui de terreur s'étaient jetées à l'eau. Elles flottaient, leurs larges cotillons étalés et soulevés en cloche. Et Brun nageait au milieu d'elles, grognant, soufflant, tirant vers l'autre rive, mais butant de croupe en épaule et finalement tournant en rond.

La dernière où il vint heurter se trouva être Gillain Déjà les hommes sautaient à l'eau, tendaient un bras une perche, repêchaient les lavandières. Mais l'ours, tout droit maintenant, gagnait enfin la berge opposée, poussant la vieille du museau plutôt que de s'en dépêtrer.

— Au secours! hurlait Gillain. Cent jours d'indulgence pour ma vie! Trois cents jours pour une femme de curé! Un an et un jour d'indulgence! A l'aide! A moi! L'ours m'a choisie! L'ours me noie!

Cependant elle se débattait, avalait l'eau, perdait la tête, aveuglément crispait ses doigts sur ce qu'elle pensait être une corde lancée à son secours. Mais c'était la queue de l'ours, qui la halait, ainsi crochée, prenait pied et grimpait, secouant sa fourrure ruisselante.

— A toi, Lanfroi! cria Renard. Le forestier, dans l'eau, se jeta en avant, la cognée haute. Il décocha son coup et la grande lame siffla dans l'air.

— Et de deux! dit le goupil.

Gillain, dans une gerbe d'eau, retombait à la renverse, vite repêchée à son tour parmi les éclats de rire. Brun l'ours fuyait vers la forêt. Mais Gillain, la main toujours serrée, n'avait pas lâché sa queue.

VII

La queue du Chat.

Tybert est méfiant de nature, mais il est aussi perfide. Depuis qu'il a gabé Renard du haut de la Croix des Liesses, le chat sauvage s'est arrangé pour tenir soigneusement ses voies hors de celles qu'a suivies le goupil. Or, le temps a passé, relâchant sa vigilance. Aussi bien sait-il, le vieux chat, que les voies se recoupent toujours et que les bêtes sur leurs parcours de chasse viennent à se rencontrer plus aisément que les montagnes.

Aussi ne fut-il guère surpris, le soir proche de l'Ascension où il se trouva, dans une laie, nez à nez avec le Roux. Il cracha, fit un bond de côté, mais se ressaisit aussitôt :

— Je ne t'avais pas vu, Renard. Excuse-moi.

— Et de quoi donc, ami? dit Renard. Par ma queue, j'ai grande joie à te voir! As-tu pâti du long hiver? Blessé? Malade?... Le temps m'a duré loin de toi.

— Pas plus qu'à moi, ami, tu le sais... Mais mon cœur te suivait de loin, se réjouissait de tes exploits.

— Mes exploits? dit Renard, la paupière à demi baissée. Quels exploits?

— La queue du loup, la queue de l'ours, dit Tybert.

Il se lécha la plante des pattes, fit onduler autour de lui, à droite, à gauche, sa queue annelée.
— Pour Brun, dit-il, ce fut bien joué. Lui du moins, le voilà sans queue.
Sur quoi, le ton patelin et la prunelle glissante :
— Mais celle d'Isengrin repousse.
— Que dis-tu ? fit Renard malgré lui.
— Elle repousse, reprit Tybert, plus guilleret que s'il eût lampé une pleine jarre de lait crémeux. Oui, elle repousse, ou plutôt son poil. La queue du loup était solide, Damp Renard ; ou la glace du vivier, autour d'elle, pas encore tout à fait assez dure. Pressé par le vavasseur et ses chiens, il a pu l'en arracher, à grands douleur et dommage, il est vrai : rabotée, saignante, pelée, minable comme la queue d'un rat. Honteux d'abord, ne sortant que la nuit, on l'a vu hier reparaître, plus arrogant et brutal que jamais. Ceux qui, comme toi, avaient cru que le loup avait perdu sa queue ont pu se persuader qu'il l'avait maintenant retrouvée, fournie, glorieuse, dressée comme un fouettant panache.
— Je m'en réjouis, assura le goupil. Si tu le revois avant moi, dis-le-lui.
— A Isengrin ? Au loup ? fit Tybert.
— A mon bon oncle, fit Renard. Car j'ai beaucoup changé, ami. La paix, la paix... Avec Isengrin ; avec Brun ; avec toi, mon franc compaing Tybert. Est-ce ma faute si Lanfroi, d'un coup de sa pesante cognée dépêché sur la queue de l'ours...
— Bon, bon ! interrompit Tybert. *In nomine Patris... Amen*.
Il entrait dans le jeu, le vieux chat, pensant toujours être le plus malin. Mais il était désormais loin de compte. Car si le cœur de Damp Renard l'entendait autrement que ne le prononçait sa bouche, la voix du maître fourbe avait dit la vérité : il avait beaucoup changé.
Il y eut entre eux un silence, l'un et l'autre toujours dans le layon, nez à nez. Ils le rompirent ensemble pour s'interroger d'une même voix :

— Où allais-tu ?

Et tous les deux, encore ensemble, répondirent :
— Chez Constant Desnoix !

Cet unisson les réjouit grandement : compères comme chanteurs au moutier.

— Allons ! dirent-ils, toujours ensemble.

Chemin faisant, ils devisèrent. Renard allait chez le vilain pour inspecter son poulailler : certaine Copette l'attirait par là, pour des raisons diverses, mais toutes également décisives, qu'il eût été trop long de dire. Quant à Tybert, il convoitait le lait de Constant. Fraîches, onctueuses, blanches et pures, telles étaient les pensées de Tybert. Aide mutuelle, jurée d'avance. Mais par quoi commencerait-on ?

— Par le lait, dit le vieux chat.
— Par les poules, dit le goupil.
— Le lait ne criera pas, dit Tybert.
— Les poules non plus, dit Renard. Je n'en étranglerai pas une : ce n'est qu'une reconnaissance.
— Voire, dit Tybert. Mais qu'elles crient, serait-ce en rêve, nous n'aurons eu ni lait ni poules.
— Il est vrai, reconnut Renard. Commençons donc par le lait.

La nuit était tombée quand ils parvinrent au village ; une nuit de jeune lune qui éclairait doucement les longs murs et les toits de la ferme. Chat et goupil allaient d'assurance, gagnaient sans broncher l'un ni l'autre la même brèche au palis du courtil. Vrais routiers, hardis coupeurs de bourses, ils en venaient de mauvais gré à s'entradmirer quand même.

— Par ici, dit Renard, qu'une odeur de plumes chaudes venait chatouiller au museau.
— Par ici, dit Tybert, en montrant un lucarnon ouvert sous la basse pente du toit.

Il sauta et Renard le suivit. Un pâle rayon de lune enfilait le lucarnon, luisait au flanc ciré d'une huche. En cet endroit, l'odeur était d'aigre caillé, avec un fade relent, glissé au filet de la porte, de vilains dormant sous la couette.

— Où est le lait ? souffla Renard.
— Dans la huche.
— Lourde huche, dit Renard. Nous ne serons pas trop de deux pour soulever pareil couvercle. Et comment boire ?
— L'un après l'autre, dit Tybert, chacun à tour de rôle soutenant pour son compaing le couvercle entrebâillé.
— A vous l'honneur, dit Renard.
— De boire le lait ? dit le vieux chat.
— C'est bien ainsi que je l'entends, dit Renard.

Il avait vu, tandis qu'il soupesait de l'œil, épais et large comme une dalle d'église, le couvercle de la huche, que ce couvercle était aussi ferré. D'avance il contracta ses muscles, emplit d'air sa poitrine profonde. Tybert, lui, ne pensait plus qu'au lait.

Tout se passa d'abord ainsi qu'ils l'avaient espéré. Bêtes et gens, dans la maison et les étables, dormaient de leur premier sommeil : pas un froissement de paille piétinée, pas un soupir. Tybert, déjà, lapait le lait du pot, à demi engagé dans la huche que Renard, roidement arc-bouté, du front et des pattes en même temps maintenait entrebâillée. Il patientait, maître de sa force. Tybert lapait toujours, à langue menue mais diligente, dans un petit bruit de baisers.

— Est-ce bientôt fait ? dit enfin Renard.
— Amm... dit Tybert.
— Et maintenant ? Je n'en puis plus...
— Amm... redit Tybert.

S'il s'était retourné, il eût vu dans le rayon de lune étinceler les yeux du goupil. Peut-être en perçut-il l'éclat ; car il se retourna en effet, si brusquement que de peu s'en fallut que Renard ne fût surpris. Mais non : il eut juste le temps de bander sèchement son échine, soulevant d'une poussée le couvercle aussi haut qu'il put, le laissant retomber soudain et s'abattre de tout son poids. Tybert à cet instant sautait. Il poussa un cri effroyable, se boula dans un coin, le dos bossu et le poil hérissé.

— Je vous avais averti, dit Renard... Pas trop de mal?

Et il serrait les dents pour réprimer les fusées de rire qui lui montaient de la gorge au museau, regardant au revers de Tybert se dresser un moignon ridicule, un petit tiers de queue d'où gouttelait un sang vermeil.

« Et de trois » songea-t-il, en épiant les bruits de la maison. Car au hurlement de Tybert, un grand remue-ménage s'était fait derrière le mur. Une lueur de chandelle mit une barre dorée sous la porte. Le chat sauta au lucarnon, se retourna, les yeux flamboyants, avant de plonger au-dehors.

— Traître! Te voilà du moins pris! Puissent Constant et sa femme te briser cette fois les reins!

— *Amen*, railla le Goupil, juste comme la porte s'ouvrait.

Et il bondit, entre les deux vilains en chemise, fit choir Constant et sa chandelle, pinça des dents, au vol, la ronde fesse de Brunmatin, et fila, léger comme une aile, par la fenêtre ouverte à la tiède nuit de juin.

VIII

Panse bien remplie ne fait pas toujours Loup béat.

Quelle paix de l'âme, pour le Goupil qui s'est vengé ! Renard n'en est pas encore au divin contentement qu'il espère ; mais déjà il le voit luire, comme le soleil au bout de l'allée forestière, le matin d'un glorieux jour d'été. Depuis qu'il a, devant Hermeline et ses fils, prononcé son grand serment et lancé son défi au monde, tout s'aligne à son avantage. Il lui semble que sa fourrure est autour de lui comme une soie, ou plutôt comme une tiède eau courante : pas un poil qui le pique ou le gêne.

Il est vrai, la queue d'Isengrin repousse. Mais l'ours a bien perdu la sienne ; tout entière. Le voici désormais, pour Renard et pour tout le monde, non plus Brun-l'ours, mais le Sans-Queue. Et que Tybert le vieux malin soit désormais le Courte-Queue, en l'honneur du tronçon dérisoire que la huche n'a pas avalé ! Renard, maintes fois au long du jour, rit tout seul dans ses grenons à des souvenirs qui soudain lui reviennent : Gillain barbotant, crachant l'eau ; Tybert filant son rouet tandis que sa longue queue annelée, à droite, à gauche, enroule et déroule ses volutes ; la cognée du géant Lanfroi qui siffle dans l'air et s'abat. Pour Isengrin, patience seulement : le jeu ne fait que commencer.

Renard n'a pas hésité davantage. Dès le soir du jour suivant, il s'est rendu tout droit à Gallerand, sous les petits chênes tordus, et il a osé appeler, le cœur lui battant bien un peu :

— Isengrin ! Isengrin !

— Qui va là ? fit une voix dans la profondeur du roncier.

— Moi, Renard, votre neveu.

Les ronces craquèrent et le loup fut devant ses yeux. Toujours aussi énorme, la patte musculeuse et griffue, la gueule bavante et de fétide haleine. Renard vit aussitôt que Tybert lui avait dit vrai : la queue du loup fouettait les broussailles, à demi dégarnie encore, mais nerveuse.

— C'est donc toi, méchant nain ? dit le loup.

Un silence tomba entre eux, assez tendu. Mais Renard sentit, le subtil, qu'il pouvait devenir dangereux de le laisser se prolonger. Il paya donc d'audace et dit, la mine apparemment contrite :

— Hélas ! Je le vois bien, mon oncle, Tybert a dû passer par là.

— Il est vrai, grogna Isengrin.

— Ce matin, je gage, dès l'aurore ?

— Il est vrai, grogna encore le loup.

— Et que vous a-t-il dit, mon oncle ?

— Que tu étais fâché d'apprendre que ma queue avait repoussé : ma queue, ma queue de loup, mon gris panache aux longs poils ondulés !

— Le traître... murmura Renard, comme s'il eût parlé pour lui-même.

— Que marmonnes-tu ? gronda Isengrin.

— Je dis : « Le traître », mon bon oncle. Car je soupçonne, à la bouche de ce chat, Dieu sait quels propos doucereux, empoisonnés, mais tous ainsi dosés qu'ils me nuisent en votre cœur, moi qui vous ai toujours aimé.

Isengrin fit un rire grinçant, glapissement, hurlement à la fois, dont Renard eut l'échine glacée.

— ...Toujours aimé, redit-il néanmoins, presque

léchant les feuilles mortes et rampant aux pieds d'Isengrin. Je crois l'entendre, ce chat de méchante race, ennemi de votre sang et du mien. Ne vous a-t-il pas dit ?...

Renard glissa un coin de prunelle, vit l'attention éteindre la colère dans les yeux jaunes d'Isengrin et, à partir de cet instant, il sut qu'il avait cause gagnée. Il reprit donc, imitant les mines de Tybert, peu à peu s'animant à ce jeu :

— Ne vous a-t-il pas dit que je vous avais, certaine nuit, une fois de plus et vilainement gabé ? Le vivier, la queue dans la glace, les chiens du vavasseur Robert... Eh ! parbleu oui, il vous l'a dit ! Vous croit-il donc si stupide, mon oncle ? Est-ce là le cas qu'il fait de vous ? Et pense-t-il de surcroît vous persuader, vous si malin, que j'avais averti d'avance mes bons amis le vavasseur, ses valets et ses mâtins ?

Il essuya un pleur qui venait fort à propos rouler le long de son museau.

— Ah ! mon oncle, seriez-vous ingrat ? Non, non, j'en aurais trop de peine ! Ne vous ai-je pas, au péril de ma vie, sur la neige blanche et la glace, assisté jusqu'au dernier moment ? Dans cette neige immaculée, n'ai-je pas exprès marqué mes traces, toutes droites et sans retour, dans l'espoir de me donner au change à Espillart et Mauvoisin ? N'ai-je pas...

Une autre voix l'interrompit, qui venait, elle aussi, de l'épaisseur touffue des ronces :

— Il dit vrai, Messire, il dit vrai.

Renard eut le temps d'entrevoir, grise et furtive à travers le feuillage, la silhouette de Dame Hersent. Isengrin, le touchant de l'épaule, le poussait vers le chemin.

— Allons ! dit-il.

Et, tout en marchant, il parla :

— Malin ? C'est toi qui es malin. Mais, tu le vois : je ne suis pas aussi stupide que l'a cru Tybert le perfide. Preuve en est que nous voici ensemble. Toutefois, écoute-moi bien, Renard... Engageons

mutuellement nos fois. Je suis fort, redouté, courageux. Toi... il suffit. Mais rappelle-toi...
— Oui, dit Renard, que vous êtes fort.
— A la bonne heure! dit Isengrin.

La nuit venait, aussi belle que celle de la veille. Renard avait seulement changé de compagnon de route. Il allait droit au village, guettant le lever de la lune et la pâleur blonde des murailles. De ce qu'avaient vu ses yeux, flairé son nez, jamais il n'oubliait rien.

Comme la veille encore, il résista — crottes et plumes chaudes — à l'odeur du poulailler. Il reconnut le lucarnon mais fila droit, le ventre au sol, le flanc gratté par le crépi du mur, vers un angle de la maison. Isengrin, silencieux, le suivait comme une ombre qu'eût agrandie, démesurément, la lune.

— C'est ici, souffla Renard.
— Ce n'est pas large, fit Isengrin.

Ils étaient devant la sangoigne, le trou d'évier par où s'en vont les eaux usées, par où aussi, les soirs d'hiver, on tend la chigne de pain au vagabond qu'on ne laisse pas entrer.

— Vous passerez, dit Renard, si toutefois la tête va outre; car vous avez, beau Sire, la taille fine et le ventre plat.

Ils passèrent en effet, le goupil vif comme une anguille, Isengrin à grand ahan, mais content. Car il sentait déjà la chair, reniflant, bavant et l'œil trouble.

— Où est le lardier, Renard? Je n'y vois goutte.
— Trois marches, dit Renard. Je touche le grès du saloir. Votre patte... Votre museau maintenant. Ce sont jambons de Constant Desnoix, les meilleurs que saleur ait salés. Vous en savez, s'il m'en souvient bien, quelque chose?

Mais Isengrin ne répondit pas. Il mangeait. Renard aussi.

Cela dura longtemps, aussi longtemps que le goupil l'avait malignement espéré. Enfin repu, pourléchant ses luisantes babines :

— Au trou, dit-il... Jusqu'à la nuit prochaine.
— Au trou ? Quel trou ? dit Isengrin.

Il titubait, ivre de lard, roulant presque d'un flanc sur l'autre selon que l'entraînait sa panse. Etrange loup, plus large que long !

— Compliments ! sifflota Renard.

Et il sauta par la sangoigne. La lune s'était voilée. Il faisait doux. Les gouttes d'une large pluie commençaient à rafraîchir la terre, la gouttière du toit à tinter. Renard remit son nez au trou :

— Mon oncle ! Mon oncle... Hé, doucement, de par Dieu !

Le nez du loup, dans l'épaisseur du mur, venait de cogner le sien. Ce nez pointa, sortit, l'interminable museau à la suite, jusqu'au ras des yeux jaunes qui luisaient à la lisière de l'ombre.

— Hardi, mon oncle ! Poussez ferme, dit Renard.
— Je pousse, je pousse, dit Isengrin, à en renverser le mur !
— Plus fort, donc !
— Que ne me hales-tu ? dit le loup. L'un poussant, l'autre tirant, il faudra bien, à la fin, que tout passe.
— Une oreille d'abord, dit Renard. Le chef juste un peu de côté, l'oreille repliée et couchée... Oui, ainsi. Bravo, elle passe ! Je la vois, je la... Ne criez pas, de par tous les saints !

De la canine, il crocha dans l'oreille, tira, lacéra, déchira.

— Est-ce bien, mon oncle ?
— Tire ! dit le loup. J'entends remuer dans la maison ! Tire, Renard, mon cher Renard, mon fidèle et dévoué Renard !
— Attendez ! dit Renard, je reviens. Vous passerez, quand le diable y serait !

Il sauta vers un pied d'osier qu'il avait vu au coin du plessis, arracha un long brin flexible, refit un saut vers la sangoigne. Il ne courait plus, il dansait. La seconde oreille d'Isengrin avait dépassé le pertuis. Le brin d'osier siffla, ceignit la peau du col en arrière des deux oreilles, la rebroussa en bourrelet vers le front.

— Poussez! Je tire! dit Renard. Bien ensemble!
Des pattes prenant appui au mur, de toute sa force il tira, tira; il tira et tira encore. Le loup geignait, l'osier se tendait et craquait, cédait par brusques saccades. L'osier? La peau? Les os d'Isengrin? Le loup saignait, la fourrure déjà rouge.

— Dévoué! Dévoué! criait cependant Renard. Dévoué jusqu'à la peau du cou... Jusqu'au garrot... Jusqu'à l'échine... Ça vient, courage! Jusqu'à la panse, mon bon oncle! Car la panse viendra, je le jure, quand elle devrait péter d'abord!

— Ouille! dit le loup. Je n'y tiens plus! Pardonne-moi, Renard, et sauve-toi. Car ils arrivent, car les voici. Je vais faire front, m'arranger d'eux, Renard! Rendez-vous à Gallerand, à Maupertuis, où nous pourrons. Mais sauve-toi... Et merci, Renard!

IX

La folle nuit des chasseurs chassés.

Ce fut un loup assez maupiteux qui parut sous les petits chênes : trempé, crotté et clopinant. Il avait plu la nuit durant et l'averse ne cessait point. Renard, lui, s'était mis à l'abri dans le tronc creux du Grand Fouteau. Il vint au-devant d'Isengrin :

— Que je suis aise de vous revoir ! Bravo, mon oncle, qui vous êtes arrangé d'eux !

— Tout est bien, dit le loup en s'affalant au pied de l'arbre. Ainsi du moins en suis-je sorti sans qu'il m'ait fallu éclater.

Il raconta la terreur des vilains, pensant voir un chétif goupil et ne découvrant rien de moins que le loup Isengrin en personne, leurs cris, leur fuite dans le fenil, leur grimpée quatre à quatre à l'échelle : c'était miracle que tout n'eût flambé. Isengrin s'en fût tiré sans dam, « si un pendard de rustaud d'escogriffe, presque aussi roux que toi, Renard », ne lui eût lancé aux trousses un horrible mâtin dont une dent sabrait le mufle.

— Le Rechigné, dit le goupil.

— C'est bien ainsi que l'homme l'appelait. Dent énorme, tranchante et perçante, je m'en suis d'abord aperçu... Mais le brutal n'en a pas eu le dernier mot : il me respectera désormais.

— Bravo, mon oncle! répéta Renard. Vous l'avez mordu, je pense?

— Mordu, roulé, foulé, griffé! Pour un doigt de peau qu'il m'a pris, j'en ai levé longue lanière. La prochaine fois, à la vraie façon isengrine, je lui fouillerai le fond du ventre et mesurerai la longueur de ses tripes.

— Que ne l'avez-vous fait, mon oncle!

— C'est ce rustaud, ce méchant Roux... Pardon, Renard! Si jamais je t'appelai ainsi...

— Bon, bon, mon oncle, dit Renard. Celui-là, ce n'est qu'Autran, que le Diable grille en enfer! Il y grillera, j'y pourvoirai... Vous disiez?

— Qu'il m'a lancé de loin sa fourche; et qu'il n'a pas mal visé.

— Vous aurait-il blessé, mon oncle?

— A peine, et seulement du manche.

— Je veux vous soigner, dit Renard : emplâtres d'herbes sur les plaies que voici; et plantain que vous avalerez. A l'occasion, je suis mire, vous savez...

— Je sais, Renard. Je t'aime, Renard. Si jamais...

— Bon, bon, mon oncle!

— Laisse-moi, je veux avouer mes torts, imbécile, balourd que j'étais... mais si, mais si... pour m'être ainsi méfié de toi. Pardon, Renard! Pour que la paix me soit rendue, il faut, Renard, que tu m'absolves.

— *Absolvo*, dit Renard, en baissant ses paupières sur des prunelles où pétillait la joie.

Il soigna Isengrin, pesant durement sur les meurtrissures et tiraillant le bord des plaies. Rien là, hélas! qui lui semblât de conséquence et qu'un loup de pareille vigueur ne pût guérir en quelques jours. Mais Isengrin, au moindre mal, avait dû beaucoup galoper. Il haletait, la langue sèche et dégueulée d'un pied. Son cœur faisait sauter ses côtes.

— Reposez, reposez, disait benoîtement Renard. Mon pauvre oncle, vous voilà rendu...

— Moi? dit le loup.

Un escargot, tout émoustillé par la pluie, glissait

sur la sente à leurs pieds. Renard le vit et acheva plaisamment :

— Rendu, mon oncle, à ne pas battre Tardif à la course.

— Quoi ? dit le loup.

Et déjà il était debout, la queue battant et l'œil furieux.

— C'est grande imprudence, dit Renard, de défier un limaçon. Mais vous l'aurez voulu, mon oncle.

— Où est Tardif ? cria Isengrin. Où est-il, ce Tardif qui veut battre le loup à la course ?

— Je ne veux rien, Seigneur, dit Tardif.

— Mais moi, à présent, je le veux !

Et il fouettait les ronces, cinglait les basses branches de sa queue, faisait voler les feuilles et l'ondée.

— Jusqu'où, mon oncle ? dit Renard.

— Jusqu'à ce bouleau, là-bas.

— En place donc ! dit Renard. Vous, mon oncle, au milieu de la sente. Tardif, le petit Tardif, aura toujours assez de place... Demeurez, je vais au bouleau, bien en vue. Je donnerai de là-bas le signal.

Il détala, toucha vite au bouleau, fureta des yeux alentour, vit aussitôt ce qu'il cherchait : tous les porte-coquille des bois avaient mis les cornes dehors et bavaient d'aise sous la pluie. Renard fit vite le signal, Isengrin partit comme la foudre.

— Perdu ! mon oncle, dit Renard.

Tardif était là, dans la sente, au bout d'un long sillage d'argent, les cornes hautes et faisant nique au loup.

— Revanche ! hurla Isengrin.

— Jusqu'au Grand Fouteau ? dit Renard. Demi-tour ! Une minute pour le signal.

Et il trotta jusqu'à l'arbre géant, retrouva le premier Tardif, en tous points semblable à son frère, blond de coquille et semé de brun, le poussa de la patte dans la sente et fit de nouveau le signal.

— Encore perdu, hélas ! mon oncle. Voyez Tardif, encore vainqueur.

— Revanche ! Revanche ! rugit le loup. Renard le fit ainsi courir, le poil fumant, le souffle hors du corps. Mais sa rage, son orgueil le relançaient de Fouteau en bouleau, de bouleau en Fouteau, de Tardif en Tardif, les flancs battants, la langue longue à s'y prendre les pattes, et les yeux non plus jaunes, mais rouges comme des soleils d'hiver.

Il galopa jusqu'au soir tombant. Tout autre y eût laissé sa peau, mais lui n'y laissa que son ventre. Il était, quand s'épandit la nuit, aussi plat des flancs que la veille à l'instant d'entrer au lardier.

Renard pensait l'y ramener : la sottise non-pareille d'Isengrin et la jouissance qu'il y trouvait le rendaient ivre, comme le roulier Foucher-Galope lorsqu'il but le vin de Constant. A ce moment, dans le calme de l'étendue, s'entendit un jappement lointain. Ni l'un ni l'autre ne s'y trompa : coup de gorge d'un chien sur une piste. L'aboi reprit, se rapprochant à vive allure. Renard connaissait bien cette gorge. Il sut ainsi que le Rechigné, s'étant mis à quêter pour son compte, avait retrouvé la voie et partait pour une chasse au loup. A moins que... Prends garde, Renard !

Il se mit à trembler, songea à fuir vers Maupertuis. Mais déjà il était trop tard : le Rechigné clabaudait sous les arbres et coupait la ligne de retraite qui l'eût ramené à son liteau. Loup et goupil, ensemble, déta-lèrent à la muette, percèrent à travers les broussailles. La pluie tombait toujours, si régulière et si tranquille que son bruissement ne s'entendait plus. Mais, très vite, leur pelage ruisselant pesa comme une éponge gorgée. Le Rechigné, lui, avait le poil ras.

Ils le devinaient derrière eux, silencieux à présent, menant de haut nez dans sa course, résolu et dange-reux. Renard, à son côté, respirait l'odeur d'Isengrin, aigre et chaude, odeur de bête à demi forcée, insup-portable, collante, odieuse. Il la sentait l'imprégner peu à peu, les vouer ensemble à une même menace, ou plutôt pire pour lui, plus chétif, et que le Rechigné détestait autant que le loup. Il chuchota, tout en courant :

— Fâcheuse affaire pour nous, mon oncle. Mais voici peut-être l'instant où vous allez enfin connaître ce que sont le Dévouement, l'Amour, la Fidélité-Renard. J'ai une idée...

— Adoptée d'avance, dit le loup. Je t'écoute.

— ... Mais il vous faut courir encore. Le pourrez-vous ?

— Toute la nuit, s'il le faut, dit le loup.

Renard, alors, dit son idée. Isengrin battit de la queue, parut rebondir dans sa course. C'était quand même un fier loup, un mâle dans le plein de sa force, capable de trotter quarante lieues. Renard fit un crochet très sec, revint sur sa voie d'assurance, crochetant encore avec tant d'audace qu'ils purent voir, cette fois, passer le Rechigné entre les baliveaux d'un taillis. Le loup, aveuglément, avait suivi le goupil nez en queue.

— Attention ! avertit Renard. C'est le moment. Droit à lui, n'oubliez pas ! Toujours collé de court à sa voie, quoi qu'il fasse et quoi qu'il arrive.

— Compris, souffla le grand loup gris.

Renard freina des quatre pattes et se rasa, immobile comme une souche. Isengrin poursuivit sa course, d'un long trot muet, alignant ses foulées exactement sur celles du Rechigné, le chien menant au nez et le loup, désormais, à la vue.

Renard surveillait le courre, écoutait, pointant ses longues et fines oreilles. Quand il lui paraissait qu'Isengrin bronchait un peu, il redressait d'un bref jappement qui ramenait le loup sur la voie. Le mâtin, peu à peu, perdait le flair et la tête à la fois. Muet toujours, s'assurant au sol et aux branches, désormais la truffe basse et quêtant à circuits embrouillés, il randonnait interminablement. Si le loup eût été plus malin, il eût pu s'allonger sur la terre et reprendre tranquillement haleine. Mais sa peur de perdre la vue le tenait lié au Rechigné, comme par la courroie qui lie les deux colliers d'un couple.

Et leurs ombres continuaient d'aller par les cantons

de la forêt, chasseurs chassant, chasseurs chassés, le loup haletant, le mâtin malgré lui geignant, gémissant, et repartant, tournant, perçant, revirant, bronchant, trébuchant, sautant les fossés, les allées, l'un devant l'autre, l'un derrière l'autre, pour toute cette nuit qui déjà déclinait ; qui sait ? jusqu'au Jugement dernier.

X

*Pinçart pincé, Rougebec, Tiercelin le Corbeau,
Autran-le-Naute, Isengrin et le Jeu des béliers,
ou comment Messire Renard sut régler
ses comptes sans lunettes.*

Renard n'attendit pas l'aube blanche. Jubilant de son double lancer, il secoua sa fourrure mouillée et partit, d'un pas léger, vers la clairière et la rivière.

La pluie avait enfin cessé. Un grand vent, véhément et salubre, bousculait les nuées dans le ciel et les chassait vers l'horizon. La journée s'annonçait lumineuse. Jamais encore Renard n'avait senti plus vivement, plus délicieusement aussi, la pente heureuse de son destin. Quoi qu'il entreprît aujourd'hui, il était sûr de le réussir : pas une place dans son cœur pour le doute ou la timidité.

Etait-ce déjà la rivière ? L'orient commençait à rosir, les coqs chantaient vers les maisons. Le goupil se trouvait dans des prés, d'ordinaire secs et sonnant sous la patte ; mais ce matin, les mottes tremblaient. Il avança encore, glissant le nez entre les luzules et les prêles. Une fauvette des roseaux s'envola devant lui, tournoya, se reposa derrière. Et aussitôt, tout à la fois, il vit l'eau briller sous les herbes, s'étaler un peu au-delà et miroiter à toute vue, il entendit, mêlé à l'ample voix du vent, le branle frais et glissant du courant.

Il venait de tant pleuvoir sur les collines et les champs d'amont que la rivière débordait, une crue de belle saison, soudaine et vive, qui passe allègrement et s'en va. Mais pour le moment, elle passait, attirant les oiseaux d'eau, courlis, hérons, hirondelles de mer, et avec eux les oiseaux pillards, buses, busards, corbeaux et corneilles. « Bon, bon, songea Renard, je vais retrouver des amis »; et, se léchant les barbes : « Sans avoir, je gage, à trotter autant qu'Isengrin mon compère. »

Il sautilla de motte en motte et gagna le bord du courant. Et voilà Renard quand il chasse ou qu'il médite un de ses coups : les pattes fléchies, le ventre rasant l'herbe, le col tendu, les oreilles droites, le nez frémissant, et les yeux... vifs, brillants, happant à la ronde, yeux de goupil en chasse, c'est tout dire.

C'est bien pourquoi il vit Pinçart le héron, Pinçart pêchant, les pattes dans l'eau jusqu'aux nœuds des cuisses. La tête haute, à déclics secs, il inspectait l'amont et l'aval, puis se baissait, le bec pointé, piquait soudain et ramenait sa prise : un carpillon à la queue claquante que Pinçart projetait en l'air, frétillant sur le bleu du ciel, et qui venait achever sa culbute entre les pinces du terrible bec. La crue passait, charriant d'épais paquets de foin arrachés à des meulons — foin grossier, de fougères sèches et d'ajoncs — que l'eau portait sans les engloutir. S'aidant d'une quenouille de roseau, Renard les fit dériver un à un vers l'anse où se tenait Pinçart. Au premier qui vint le frôler, le pêcheur eut un haut-le-corps, souleva ses ailes comme pour prendre l'essor. Mais déjà une seconde touffe passait, puis une troisième. Pinçart, à la pointe des cisailles, en fit voler quelques brindilles. Ce n'était que foin en voyage. Rassuré, il repiqua du bec et ramena un gardonneau.

Cependant, godillant du roseau, Renard continuait de guider les paquets de foin qui passaient. Vers lui, cette fois, peu à peu les amoncelant, entre-tissés en un flottant radeau. Il s'emplit d'air, souleva sa fourrure, goupil à jeun, goupil léger, os fins et duvet de goupil. Et le voilà parti sur le foin, une fois encore poussant de la quenouille pour dériver droit au héron.

Ah! Quel cri! Tous les oiseaux des rives en tourbillonnèrent sur les eaux. Ils virent seulement Renard traîner Pinçart mort sur le pré. Mais le bond, la blanche luisance des dents, et le coup de museau qui tordit le col du héron, qui les vit? Il saigna tout son sang sous un saule, abandonna une cuisse à l'appétit matinal de Renard : chair chaude, mais fade, qui sentait la vase des marais.

Il y eut un frôlement derrière le trognard de saule. Renard leva le nez, flaira dans une goulée de vent.

— Ho! Rougebec! On s'est mis à l'abri?

Il n'eût osé espérer telle aubaine. La violence même du vent venait de le servir si juste que sa confiance du matin s'en trouva tout illuminée. Mais la perdrix allait s'envoler. Vite, il parla, le malin Renard :

— Quelle bise, Rougebec! Comment y pourrais-tu tenir?

— Rien de plus facile, dit Rougebec.

— Mais encore?

— La tête sous mon aile, dit Rougebec. Et aussitôt c'est ombre douce, tiédeur et paix.

— Oui, dit Renard; si c'était, comme tu le prétends, facile. Mais je dis non : c'est impossible.

— Pas pour moi, Renard, dit Rougebec.

— Je t'en défie!

L'innocente, sous son aile, mit son bec rouge, son vif œil noir. Pour quelle tiédeur, hélas! quelle paix d'où ne se réveiller jamais? L'instant d'après...

« A la bonne heure! chantonna Renard en se pourléchant les babines. Cette fois, par mon museau, c'était bon. En voilà un qui ne me pincera plus, une qui n'essaiera plus de me chatouiller la moustache... A qui le tour? »

Et aussitôt, volant entre les cimes des peupliers,

vers la droite, il aperçut une paire d'ailes noires, étalées et planantes, qui dérivaient de son côté.

Chat échaudé craint l'eau, dit-on, mais Renard gabé n'oublie rien. En voici une preuve de plus. Se mettre sur le dos, les pattes raides, tirer la langue de côté, c'est déjà fait. Mais le goupil, cette fois, ne ferme point les yeux. Il les bascule à demi, les ternit, en retire la petite flamme vivante. Tour de goupil, qui lui laisse la vue bonne : le regard veille au fond des yeux.

Et il voit Tiercelin approcher, fondre sur lui, sur sa langue rouge. Comment peut-il fondre si vite sans que ses ailes aient le moindre battement ? Mais le bond de Renard est plus rapide encore : Tiercelin a le jabot percé, le bréchet effondré sur le cœur.

— Grââce ! implore le vieux corbeau.

Son croassement lamentable s'éteint dans un gargouillis. Ses yeux se voilent, ceux de Renard s'allument. Au partage qui n'a point de cesse, la Vie et la Mort ont choisi.

« Bon, dit Renard, cela fait trois. Mais je sens que ce n'est pas fini... A qui le tour ? »

Il écoute carcailler la corneille, médite la méchante ruse qui la mettra à sa merci. Quand Agnès, la fillette du vavasseur Robert, jettera sur le pré un cornet de sirop de noix (c'est friandise dont elle raffole, poissant ses petits doigts et sa frimousse jusqu'aux oreilles), Renard glissera au fond quelques vers blancs bien dodus. Du haut du peuplier, les yeux perçants de la corneille n'auront rien perdu du manège. Elle se posera, sautillera, tournera autour du cornet... Et soudain, elle y piquera son bec. Douce image ! Le cornet la coiffe et l'aveugle. Elle titube, danse, bat de l'aile, lève une patte, culbute sur un flanc. Le cornet colle, poisse, englue, encagoule. Ah ! la folle s'est envolée, elle monte tout droit, monte, monte encore, plus haut, plus haut, toujours plus haut. Elle disparaît... Retombera-t-elle ? Quand son cœur aura éclaté, pour s'assommer sur la terre dure ou se noyer dans la rivière.

Renard bat des paupières, bâille, s'endort. Il est repu, il est bien aise. Il a gagné un des meulons de foin que la crue a épargnés. C'est moelleux, profond comme un nid. Il s'y blottit, y disparaît. Que son Hermeline n'est-elle là! Pas de vermine, un air pur et vif, on est mieux qu'à Maupertuis même.

Il dort. Il rêve. Un long vol paisible l'entraîne. Il flotte, les ailes étendues. Il est bercé, souplement soulevé, si béat qu'il souhaite s'éveiller pour mieux savourer son bien-être; qu'il s'éveille en effet, se frotte les yeux, et soudain sursaute et s'alarme. Partout, autour de lui, de l'eau. La rivière a monté encore, sournoisement emporté le meulon où il s'était juché. Et maintenant le courant les entraîne, rongeant le foin brindille à brindille, l'imbibant, l'alourdissant. C'est un nid de canard, celui où Renard se pelotonne, les fesses au frais, le ventre gargouillant d'avance. Il s'efforce des pattes, grimpe tout au faîte, examine la campagne.

Où sont le pont voûté? Le village? Sur la droite, légèrement dépassés. Des maisons ont le pied dans l'eau, le bétail meugle dans les étables. Pas homme qui vive par l'étendue. Ou plutôt, si : venant vers lui, une barque; et, dans cette barque, un homme qui rame. Renard se rase, il a reconnu l'homme. C'est Autran, l'affreux Autran qui rôde, de meule en meule ou d'arbre en arbre, cherchant les bêtes perchées, lièvres des champs, perdrix, dindons au pré, que l'inondation a surprises. Il a dû voir bouger quelque chose sur le meulon qui porte Renard. Faisant force de rames, il approche, lance un coup d'aviron que le goupil évite de justesse. Mais il lui a fallu sauter, et le braconnier l'a vu. Il rit, découvrant ses chicots sous sa barbe rêche et flambante :

— Renard! Mon goupil à queue noire!

Et coups de rame de tomber. Renard s'est laissé glisser de l'autre côté du meulon. Il nage. Chaque coup tombe dans le foin. Parfois, Renard montre son nez pour animer Autran davantage. En est-il même besoin ? Dans l'échancrure de son tricot, son poil fume. Il sacre, crache dans l'eau, tape encore. Et, soudain, il saute sur le foin pour tromper la ruse du goupil.

Autran, Autran, que c'est mal connaître Renard ! Une ruse suit l'autre, et celle-ci te perdra. Tu sautes bien, mais Renard saute mieux : le voici dans ta barque ; et toi dans l'eau. Car le meulon, sous tes coups et ton poids, s'effondre.

— Adieu, le Roux ! crie le goupil. Fini, Autran ! Noyé, Autran !... *Le Roux*, vilain, c'est moi : Renard !

— Mon Rechigné te tuera ! crie Autran.

— Voire, dit Renard. Mais pour toi, c'est fait.

La barque va, suit le fil du courant. Autran barbote, Autran boit. Une fois encore sa rouge tignasse surnage parmi les débris de foin, de nouveau plonge, s'éteint au cœur de l'eau profonde.

De l'aviron resté dans l'esquif, vaille que vaille, Renard a godillé. Il a pris terre au bord d'un pré en pente dont le bord opposé touchait à la lisière des bois. Et aussitôt, dans ce pré-là, de cette journée plus ronde et plus rebondie qu'un œuf, il a vu sortir sous son nez la plus vive et corsée surprise qu'il eût connue depuis longtemps.

Il y avait du monde dans ce pré : Bruyant, le taureau noir de la Fuye, Petitpourchas la fouine, allongée sur la branche d'un chêne, deux béliers lourdement cornus, une blanche brebis un peu à l'écart, et des silhouettes entre les arbres où il reconnaissait la haute ramure de Brichemer, le grand cerf aux quatorze cors, et ses biches au long col flexible, et le pataud Grimbert son cousin, et d'autres, et d'autres encore. Toutes ces bêtes frissonnaient, renâclaient, regardant la plaine inondée. On eût dit que ces eaux mouvantes les effrayaient et les attiraient à la fois. Mais Renard n'avait d'yeux que pour une bête entre les autres, une forme grise couchée à la lisière, deux yeux jaunes fixés sur les siens et qui le regardaient venir.

— Salut, Renard! dit Isengrin.

Il semblait frais, reposé, comme s'il eût dormi toute la nuit en sa tanière de Gallerand. Renard, en l'abordant, admirait la vigueur merveilleuse qui lui faisait, après de telles épreuves, la prunelle claire et les muscles dispos. Mais qu'avait dû penser le loup? Dans l'ignorance où il était, Renard dit donc :

— Bravo, mon oncle!

Isengrin daigna sourire :

— Oui, oui, ce fut assez bien joué. Ce Rechigné, je l'ai grâce à toi écœuré, dessolé... Il a vidé le bois dès l'aube, ayant compris que j'allais le forcer. Il avait fui depuis longtemps que je continuais à courir... Mais nous le retrouverons, Renard?

— N'en doutez point, dit le goupil.

Un brouhaha, vers le fond du pré, leur fit alors tourner la tête : des bêlements saccadés — voix de béliers furieux —, des piétinements et des piaffements.

— Qu'est-ce? dit Renard.

— Belin et Menin, dit le loup. Il n'y a ici qu'une brebis, et ils sont deux. Voilà des heures que cela dure. Encore un peu, j'y mets la dent.

Il haussa le museau, jeta de sa voix la plus rude :

— Paix, vous autres! C'est le loup qui parle.

Mais les béliers n'en bêlèrent que plus fort, Brichemer le cerf et Bruyant le taureau réant et meuglant avec eux : « On les comprend! Pas de sang ici. Une seule brebis pour deux béliers... Qu'ils se battent! Elle est au mieux cornu. »

— Ecoutez-moi! glapit Renard. J'ai une idée...

— Adoptée d'avance, dit le loup.

— Brichemer et Bruyant ont raison. Pas de sang, pas même de bataille! Une joute pacifique, une course.

— Encore? murmura Isengrin.

— Pas pour vous, mon oncle, dit Renard. Pour les béliers.

— Mais quel but, dans ce pré ras?

— Vous-même, mon oncle, dit Renard. Juste au milieu du pré, Belin à cette extrémité, Menin à l'autre, distances égales, mesurées au pas. Le signal à mon commandement.

Belin, Menin, bêlant toujours à farouches saccades du menton, piaffant toujours et se défiant des yeux, gagnèrent chacun un bout du pré. C'était deux mâles au front rocheux, aux cornes annelées et striées, roulées en volutes énormes. Candide, la brebis au nez rose, cueillait une touffe de temps en temps, du bout des dents, comme si elle eût été à cent lieues.

— Ici, mon oncle, indiqua Renard. Bien au centre.

Il avait mesuré les pas, placé lui-même les concurrents, leur confiant au creux de l'oreille recommandations et consignes. Isengrin, au milieu du pré, se campa fièrement sur ses pattes, la tête droite et la queue en panache.

— Partez, Messieurs! dit le goupil en faisant trois pas en arrière.

La terre vola, et l'herbe, et les mottes. Quelle charge, de mémoire de bélier! Front baissé, cornes en avant, Belin, Menin, de part et d'autre, ensemble, ils arrivèrent et… paf! touchèrent au but.

On les vit rebondir sur place, dans un craquement plus sec et plus sonore que d'une masse d'armes sur un écu. Et tous les deux, chus sur les genoux, les naseaux bas et l'air stupide, soufflaient sur le corps d'Isengrin allongé entre eux dans l'herbe, plus plat que punaise écrasée.

XI

Dame Hersent.

Tout doux, sur le velours des pattes, Renard est rentré dans le bois. Il en avait, cette fois, à conter à son Hermeline ! Comme la rivière, sa jubilation débordait. Il ne pouvait résister davantage au besoin de la partager.

Il y avait, jusqu'à Maupertuis, un bon bout de chemin en forêt. C'était plaisir d'aller sous les ramures, par cette fin de journée limpide qui nimbait d'or le bout des allées. Le vent s'était calmé, les pouillots ramageaient sous les feuilles. Renard, d'abord, trotta le long de la lisière. De temps en temps, entre les fûts des arbres, il jetait un regard vers la plaine. Il lui parut que l'eau se retirait déjà. Elle aussi étincelait comme de l'or : crue d'été en effet, qui ne désolerait personne, sauf peut-être Picasnon-le-Puant pour la mort d'Autran son compaing.

La clarté s'obscurcit soudain. Renard crut que la nuit venait, mais ce n'était qu'un fourré d'épines noires sous des chênes rabougris et serrés. Il s'aperçut alors qu'il était tout près de Gallerand et aussitôt, venue Dieu sait d'où, une lune lui passa dans l'esprit, la plus méchante et perverse qui fût : il irait à Gallerand, il serait le premier qui annoncerait à Dame Hersent... Et le voilà plus joyeux encore, troublé aussi, une chaleur dans le sang, qui glapit à fond de gorge, qui appelle devant la tanière, qui gémit de sa voix de printemps.

— Est-ce toi, Renard?

A peine s'il en croit ses oreilles et ses yeux. Hersent est là, déjà et soudain apparue : grande, souple, plus grande que dans son souvenir, de voix plus suave encore et de regard plus tendre ; vraiment une très tendre louve, une longue femelle qui cajole et qui tremble doucement devant lui. C'est que lui-même ne sait pas comme il brille, quel lustre de triomphe allume toute sa menue personne, ses prunelles fauves, son pelage de gentil ruffian.

— Isengrin n'est pas là, dit la Dame. Entre, Renard.

Elle écarte les ronces et se coule à travers les épines. Renard la suit. Son cœur bat. Et cependant, à paroles trop rapides et d'une voix qui peu à peu s'étouffe, la louve occupe le silence :

— Il n'y a que les trois petits, Louvart, Louviot, Louvel. Quand ils me gênent, je leur dis : « Allez jouer... » Tu en as trois, toi aussi, Renard? Comment va l'heureuse Hermeline?... Isengrin? Il me néglige. Toujours parti. Sous prétexte que j'allaite encore... Les voilà, les beaux lascars! Allez jouer, mes petits, allez jouer... Tu me suis toujours, Renard?

Ils arrivent au plus dru du fourré. Qui les verrait? Il l'accole, il la mignote. Mais voici qu'une pensée l'arrête, met une sourdine à ses transports : il n'a rien dit, la nouvelle qu'il portait et qui moussait comme vin nouveau, elle pèse soudain et lui fait perdre cœur.

— Ah! Dame Hersent!... soupire Renard.

— Qu'as-tu? Que crains-tu, gentil Roux? S'il rentre...

— Il ne rentrera pas, dit Renard, en s'efforçant de se tirer un pleur. Pauvre Isengrin, noble Isengrin, mon oncle!

— Il est mort? dit la jeune louve.

— Hé! doucement, Madame! dit Renard. Mort, dites-vous? Enfin, c'est tout comme.

Et de conter l'histoire des béliers. A sa façon renardière, bien sûr, qui tait son rôle et ses méchants desseins. Simple histoire de femelle, qui les ramène à leur devis.

— Cette Candide! soupire Dame Hersent. Quelles mœurs en cette gent moutonnière! Deux béliers, voyez-vous l'engeance!... Que t'en semble, Renard mon ami?

Renard, l'instant d'après, a oublié ce qui n'est pas Hersent. Elle le caresse, elle le mordille. Elle gémit : « Enfin! Enfin! Depuis si longtemps que je t'aime!... Toi aussi, je le savais, Renard! » Le soir tombe, on entend les louveteaux qui grognonnent et se houspillent dans le roncier. Mais rien ne les ravît à eux-mêmes, à leurs jeux d'effrontés galants.

— Mort ou vif, s'écrie soudain Hersent, il devait l'être, ça lui pendait à l'œil!

Et de rire. Mais leur rire brusquement se glace. Ils n'ont rien entendu approcher. Et soudain c'est un fracas de branches, des craquements de ronces qui éclatent, un hurlement épouvantable qui résonne jusqu'au fond des bois.

— J'ai compris! hurle Isengrin. J'ai *tout* compris! A mort! A mort! A mort, Renard!

Galope maintenant, pauvre goupil! Tu sais comment court Isengrin. Mais tu vas le savoir pour ton compte.

XII

Le puits des Moines de Tyron.

Ils coururent par les taillis, par les fourrés, par les landes et les futaies. La lune pleine, de son regard d'argent, les hulottes et les chevêches, de leurs yeux ronds et maléfiques, suivirent le courre acharné des deux fauves. De terreur, les oiseaux de nuit huaient sous les branches à leur passage. Et de loin, dans le hameau de la clairière, les vilains anxieux se disaient : « Que se passe-t-il au fond de la forêt, pour que les huants crient tous cette nuit, et de cette voix qui sent la mort ? » Et résonnait alors, lugubre, affreux, interminable, un hurlement à transir les plus braves. « C'est le loup, se disaient les vilains. La rage l'a pris avec la lune. Serrons nos chiens et prions Dieu. »

Ils coururent à travers la plaine, sautant les haies et les fossés, traversant les plessis, les courtils. Les bœufs, au fond de leur étable, tiraient sur leur chaîne en meuglant, les brebis dans les bergeries se pressaient autour des agneaux.

— A mort! A mort! hurlait le loup.

Renard fuyait à corps perdu. De la fureur, de l'épouvante, qui gagnerait? Renard fuyait. Isengrin chassait, forceur aux pattes infatigables que chaque foulée aussitôt relançait. Mais le goupil n'avait plus de poids : il volait comme un feu Saint-Elme, encore s'enlevant sur les haies, les clôtures, les voyant passer sous son ventre, cherchant au pied des bâtiments les bandes d'ombre où dérober sa forme, les fossés où l'engloutir, mais quoi qu'il fit serré de près, entendant ces pattes rebondissantes, ce souffle rauque, ces dents claquetantes, et fuyant, fuyant, le cœur fou, la gorge serrée à pâmer, comme si les crocs du loup l'eussent déjà, d'un coup, étranglé.

— A mort! A mort!

Ils passent sur le pont voûté, glissent, pataugent, galopant quand même, dans les prés qu'inondait la rivière, remontent vers la Croix des Liesses, redescendent à travers la plaine. Dans la grande allée de Tyron, Renard galope, Isengrin galope d'autant. Autour des ormes, dans l'herbe douce, ils enroulent leurs feintes et leurs voltes. Autour des murs de l'abbaye, autour du vivier aux anguilles, ils galopent. La rage d'Isengrin, à cette vue, le soulève et le relance. Il gronde.

La lune seule à présent les regarde, sa lumière bleue ricoche sur les toits. Encore le long, le haut mur pâle. Et soudain, à l'angle d'un redan, une brèche ronde en écrête le faîte. Renard l'a vue. D'un élan fou, désespéré, il saute. Ses pattes éraflent le mortier, mais il passe. Au pied du mur il boule durement, se relève, soupire du fond des entrailles... Il a passé, il est sauvé!

Mais il entend, de l'autre côté, Isengrin qui prend du champ, s'élance, s'enlève, fouette l'air dans son vol, et passe, et retombe près de lui.

— A mort! A mort!

Galope, goupil, si tu le peux encore, si tes pattes aux plantes déchirées, tes pattes qui tremblent et frissonnent t'accordent rescousse et salut, si ton cœur qui a tant battu pousse encore ton sang dans tes veines. Il va fléchir, mais dans l'instant repart. A quoi bon? Il sent la mort sur lui. Ce sera dans cette cour de Tyron, sur l'aire que bleuit la lune. Ce sera au bord de ce puits, de ce puits frais... Non! Pas maintenant!

Le loup seul tourne dans la cour, hausse son museau démesuré, se flagelle les flancs de la queue. Où, où, où est passé Renard ? Il était là, Isengrin le tenait. Il n'y est plus. Il *doit* y être encore. Mais où, où est passé Renard ? Le loup halète, sa langue pend. Comme il a soif, soudain, le grand loup gris ! Est-ce ce puits dont la fraîcheur l'attire ? Dont la buée dans le clair de lune l'oblige à soulever ses pattes, à prendre appui sur la margelle ? A se pencher...

— A mort ! A mort !

Il rugit au bord du puits. De nouveau sa rage flambe et le brûle. Au fond du trou un rond d'eau luit, où resplendit la face de la lune. Renard est là, immobile comme une ombre. Mais c'est lui, la lune le trahit. Et près de lui, le touchant de l'épaule, l'effleurant de son long museau, grande presque autant qu'Isengrin... Vers Renard et son propre reflet qu'il prend pour Hersent la louve, le loup gronde :

— Hersent ! Ribaude ! Couleuvre infecte !

Sa voix sonne, caverneuse, dans le profond vaisseau de pierre. Le cou tendu, l'échine raide, il invective et il menace :

— Je vous tuerai ! Oui, tous les deux ! Toi, Hersent ; et toi, Renard !

Sa voix s'étrangle, glapit en stridences saccadées. Elle va heurter la surface de l'eau, rebondit et remonte et vient le frapper au museau : ils rient, en bas, ils narguent sa vengeresse colère. Les impudents ! Mais ne faudra-t-il pas qu'ils sortent ?

— Tu sortiras ! Je vous tuerai, Renard !

— Renaard... Renaard... chante une voix lointaine.

Si lointaine... Isengrin tressaille. Qui parle ? Est-ce la bouche fraîche de l'eau ? D'où vient cette voix étrange et lente ? De l'autre côté de la terre ? Et voici que le puits parle encore :

— Qui m'appelle ?

— Moi, Isengrin !

— Serait-ce toi, Isengrin de Gallerand, que j'ai tant aimé sur la terre ?

— Oui, c'est moi, traître, méchant Roux ! Remonte, que je te brise les os !

— Je suis en lieu dont on ne remonte plus. Le pourrais-je, si ne le voudrais-je.

— Quel est ce conte, cette tromperie encore ! Remonte, Renard ! Et ta paillarde aussi, que je me fasse justice et vous tue !

— De Justice que ne tue le Leu, Volpe ne demandera merci. *Quia mortuus et sanctus. Tu cras quoque, Isengrine, in nomine Patris* aussi.

Le loup se penche de plus en plus. Ses yeux se brouillent. Le cercle d'eau tremble là-bas, traversé de reflets mouvants, d'ombres fantasques où disparaît Renard. Et pourtant Renard est bien là, toujours blotti au fond du puits avec sa complice Hersent. C'est là une de ses ruses encore...

— Je t'ai dit que j'avais tout compris. Tout, Renard ! C'est fini de gaber le loup !

— Renard est mort, reprend la voix. Gaber ? Qu'est-ce là ? Je ne sais... Je ne sais que les Arbres-fleurs, les *Grimbiches* et les *Dolicules*, l'eau d'Egliante au Paradis-Renard. Que sont gelines et levrauts à côté, eau pure des sources dans les bois ? Le seau ! Le seau ! Les pieds au seau !

— Quoi ? dit le loup.

— Délices, Bonté, poursuit la voix, Lumière plus douce que d'étoiles... Les pieds au seau, tout fut mien, tout est tien. Qui donc parlait de remonter ? Je suis au ciel septième, au faîte. Dans le seau ! Les pieds dans le seau !

— Quoi ? marmonne encore Isengrin.

Sa tête se perd. Il voudrait comprendre. Se pourrait-il que Renard fût mort ? Et quelles sont les délices qui lui font une voix si étrange, mélodieuse, surnaturelle ? Il y a, sur la margelle du puits, un seau de bois pendu à une corde. Autour d'un treuil s'enroule cette corde, qui de l'autre bout se déroule pour descendre vers l'eau profonde.

— Sot qui ne met les pieds au seau ! Deux pattes

dedans, les autres à la corde. *Abrasim, eia, tamen...* Y sauteras-tu, grand imbécile ?

A la bonne heure! Ça, c'est Renard. Le loup retrouve son assurance et son orgueil. « Tant pis, songe-t-il, je vais à lui! S'il a dit vrai, mort et bienheureux, j'aurai ma part de ces merveilles, de ces grimbiches et dolicules meilleures que gelines et levrauts. Si en revanche il a menti, batelé, ce n'est pas en restant ici que je lui casserai les reins. »

Il grimpe alors sur la margelle, fourre dans le seau ses pattes de derrière, saisit la corde entre celles de devant, et aussitôt bascule dans le puits. Le treuil grince, la corde se déroule, il plonge, de beaucoup plus lourd que Renard dont le seau remonte d'autant. La lune a tourné dans le ciel, il fait plus noir qu'en nuit des Avents. Comme il descend, quelque chose le frôle dans ce noir, un fumet, une chaleur, un souffle. Il lève les yeux, revoit là-haut le ciel d'été, l'ombre du seau qui va montant, et dans ce seau...

— Renard ! Renard !

Le cri du loup traverse la nuit.

— Renard ! Renard !

Il traverse la plaine et retentit jusqu'au hameau. Mais, derrière les murs de Tyron, les Blancs-moines, gavés de fèves, ne se réveillent pas pour si peu. Renard prend pied sur la margelle, groupe ses deux pattes, et saute d'un bond léger sur l'aire.

— Adieu, mon oncle!

XIII

Le roi Noble et Dame Fière, la reine.

Où va-t-il, le malin goupil, le faraud, l'effronté, l'heureux? A Maupertuis? A Gallerand? Il ne le sait, ne s'en soucie encore. Le jour est proche, la bonne course d'avant l'aube ravigote le sang et les membres engourdis par la fraîcheur du puits. Sous ses pattes, une alouette s'envole. A la lisière de la forêt, le merle commence à siffler. C'est l'été, le bel été. Que la vie est donc riante en ce monde, où le goupil est né si vif d'esprit lorsque le loup l'a si perclus!

Il flâne, batifole dans l'aiguail, se tortille, couché sur le dos, traînant son col et son échine sur les bosses des taupinières, sur l'écume de terre grasse qu'ont soulevée les gros lombrics. Et pendant ce temps, à Tyron...

Le loup, dans l'eau jusqu'au-dessus du ventre, a hurlé à s'en rompre les veines. Tant hurlé et si fort que les Blancs-moines eux-mêmes eussent fini par entendre ses cris. Mais c'est le Frère cuisinier, sourd comme un pot, qui est allé le premier au puits, car l'heure en était venue. Il a pris Frère Bernard, son baudet d'Espagne, au bridon; et tous les deux ont traversé la cour quand s'éteignaient les dernières étoiles.

Frère Bernard, entendant Isengrin, tour à tour a

raidi ses pattes et rué en brayant à tue-tête. Mais le moine avait la poigne solide et l'a attelé, bon gré mal gré, au treuil.

— Et hue ! Et tire ! Hardi, Bernard !

Le baudet est parti comme une flèche : l'odeur du loup le rendait fou. Isengrin, dans son seau, a remonté plus vite qu'une pierre ne tombe. Il a jailli, noir comme l'Enfer, les poils collés et la gueule rouge, tandis que le Frère cuisinier s'effondrait sur son séant et que l'âne, le trait rompu, pétaradait vers l'écurie.

Déjà le loup, droit à la crête du mur, sautait, puis reprenait la voie. Et galopent les dures pattes dans la plaine, et flaire le nez les pointes des herbes, la motte d'où l'alouette a volé, la haie où a sifflé le merle ! Et hurle la gorge profonde où la fureur n'a jamais tant brûlé !

Renard, presque rejoint avant d'avoir soupçonné le danger, a fait un grand bond sur place. Il est parti droit devant lui. Et le courre a repris plus ardent, plus haletant à travers la forêt, de futaie en taillis, de colline en ravin, de lande sauvage en marais. Maupertuis ? Gallerand ? Il ne s'agissait plus que de fuir. Renard maudissait l'aventure, confondait maintenant Dame Hersent avec son redoutable époux dans sa terreur et dans sa haine. Il fuyait, loin de ses parcours familiers, de Maupertuis et d'Hermeline. Qu'y avait-il au bout de ce martyre, de cette chamade du cœur, de ces muscles tiraillés et raidis ? Il traversait des bois inconnus, déchiré par les ronces, mis en sang par les épines, les oreilles bourdonnantes, les yeux brouillés de sueur, la langue plus sèche que chanvre étoupé.

— A mort ! A mort !

Le cri du loup, par intervalles, résonnait sur ses arrières, tantôt plus loin, tantôt tout près, fauchant ou relançant sa course, ne se taisant que pour mieux l'affoler, tour à tour rageur et joyeux, mais impitoyable toujours, sonnant déjà victoire et hallali.

— A mort! A mort!

Il va mourir, Renard le goupil. Mourir loin de Maupertuis, loin d'Hermeline et de ses fils. Les arbres de la forêt s'espacent, chênes majestueux aux vastes cimes, plus hauts que tous ceux qu'il ait vus. Des pentes rocheuses s'avancent, se resserrent en une gorge sombre dont les parois déjà se referment sur lui. Il vole, enfile ce long couloir, âpre et glacé. Mais au bout une lueur se lève, une rose de soleil comme à la nef d'une basilique, comme une promesse de Paradis. Quelle est cette clairière inconnue? Est-il mort? Est-ce là l'autre côté du monde? Dans un suprême effort, il bondit, touche à la lumière. Et déjà il se croit sauvé, tant l'air est doux, tant les feuillages sont épais, balancés comme des palmes sur de hautes fougères dorées.

Hélas! Isengrin fond sur lui, lui pose sa patte en travers du museau. Lourde patte, plus dure encore que lourde, sous laquelle le goupil se couche. Il ne saurait faire un mouvement. Tout son poil se hérisse, ses babines dénudent ses dents blanches. Mais cette barre d'os et de tendons bloque sa gueule et le cloue au sol.

— Tu es mien, Renard! crie le loup.

Renard ferme les yeux, n'attendant plus que d'être foulé, mordu à la gorge et au ventre. Mais au lieu de l'attaque meurtrière, il sent la patte qui desserre son étreinte. Et les bois, et la vallée rocheuse résonnent d'une voix jamais entendue, puissante et calme, souveraine :

— Paix, là, vassaux!

Renard ose entrouvrir les yeux. Jamais non plus il n'a vu le roi Noble, mais d'avance il savait que c'est lui. Fauve, sa face grave et pensive encadrée d'une épaisse crinière brune, il regarde les deux ennemis, les tient ensemble sous la majesté de ses yeux. Comment la créature vivante dont le regard a rencontré une fois ces prunelles pleines de soleil, larges et fixes, pourrait-elle les oublier? Elles voient plus loin que les fronts. Devant elles il faut tourner la tête, ou la courber.

— Sire… dit Renard.

Les yeux du lion se portent vers le loup.

— Sire… dit aussitôt le loup.

Et le roi, d'un saut feutré, souple et long, vient tomber à deux pas devant eux.

— Il est mien, Sire ! dit Isengrin. Ce puant nain, ce méchant Roux…

Il s'interrompt, tressaille, et Renard en même temps que lui : entre les palmes des fougères, une tête se glisse et s'avance, fauve et ronde. Plus fine un peu que celle de Noble, sans crinière qui flotte autour d'elle, elle a les mêmes yeux magnifiques où rayonne la même majesté. La lionne s'assied près de son seigneur. A peine si son regard a effleuré les deux vassaux. Elle rêve, les prunelles lointaines, immobile, le bout de la queue sur les pattes.

— Celui-ci, reprend Isengrin, c'est Renard. Que la femelle qui l'a porté n'a-t-elle avorté dans la neige ! Que de maux évités céans ! Il a… Il a…

— Je sais, dit lentement le roi Noble. Toi, Isengrin, et toi, Renard, je vous connais.

— Il a… Il a… bégaie toujours le loup.

La queue de l'ours, la queue du chat, le vivier, le lardier, les béliers, le puits de Tyron, tout se bouscule pêle-mêle sur ses lèvres. Dame Fière bâille et chasse une mouche. Mais dans les grognements d'Isengrin, dans ses hoquets inarticulés, quelques paroles passent tout à coup, étrangement distinctes et claires :

— Il a honni Hersent, ma femelle ! Il est venu chez moi, à Gallerand. Je les y ai surpris ensemble ! De mes yeux ! J'en fais le serment !

Renard sent alors une lumière qui vient lentement glisser sur lui, et qui passe. Mais il a eu le temps de voir les prunelles de Dame Fière la reine, douces, curieuses, larges et dorées, s'attarder un peu au passage. Noble fronce le mufle et sourit.

— Hersent, dis-tu ? Dame Hersent et Damp Renard ? Ce petit goupil que voilà ?…

— Ce gentil goupil, dit la reine.
— Tu auras rêvé, achève Noble. On te dit sanguin et brutal, assez sujet à la berlue. N'en crois pas tes yeux, voilà tout.
— Sire...
— Il suffit! Paix entre vous. Je veux depuis longtemps mener chasse en vos gagnages. Que ce soit donc aujourd'hui même. Vous me serez compagnons l'un et l'autre.

Il s'étira, se mit debout.

— Vous Dame, demeurez à Bréviande. Je serai de retour cette nuit.

XIV

Le partage du lion

Ils sortirent des bois au plus court et prirent le chemin ferré. C'était alors le plein du jour. Ils s'avançaient dans le soleil, Noble entre Isengrin et Renard, les trois de front, visibles de toute part. Seule de tous les chemins qui sinuaient de haie en clôture, la route traversait droit la plaine. Les blés ondulaient à la brise, étoilés des bleuets en fleur. Renard eût volontiers emprunté ses parcours habituels, rigoles ou fossés qui l'eussent dérobé aux regards. Mais, en se contraignant un peu, il savourait l'orgueil nouveau de marcher à côté d'un puissant, si assuré dans sa propre force qu'il suivait la route la plus droite, et de cette route le plein milieu.

— C'est toi qui nous mènes, Renard, dit le roi.

Il se redressa davantage, fringua du pompon de la queue. Mais il n'en perdit pas pour autant le juste sentiment de l'heure ni l'acuité de son regard. La route, à l'extrême horizon, laissait poindre la flèche d'un clocher qu'il eut vite fait de reconnaître : c'était l'église du village, celle du curé Everart, le père de Martin d'Orléans, celle où peut-être Autran-le-Roux, si l'on avait repêché son corps, avait ouï sa dernière musique.

Il se sentait de plus en plus hardi. La tête de Noble,

sa brune crinière, ses crocs, ses flancs profonds, ses pattes plus épaisses que massues, toute sa royauté en marche le séparaient de son ennemi, le protégeaient de sa violence mieux que n'eût fait Maupertuis même. Plus convaincant que toute parole, son instinct de rusé goupil l'avertissait et l'apaisait : Noble méprisait le loup, pour sa rudesse aveugle, sa bêtise, son odeur de chien. Il méprisait aussi le goupil — et Renard ne s'y trompait point — mais sans mêler à ce mépris la répugnance qu'il déguisait à peine en présence de Damp Isengrin. Tout au contraire, l'indulgence, l'amusement se lisaient dans ses yeux altiers quand leur regard venait à effleurer son menu et vif compagnon. Alors Renard revoyait d'autres yeux, non moins altiers que ceux du roi, mais beaucoup plus doux et plus chauds, sans une once de mépris ces yeux-là il en eût juré sur sa vie.

— Où nous conduit ce fol? dit le loup. Droit au village que j'aperçois là-bas?

— Sire, vers ce pré, dit le goupil. Vers ce taureau, cette vache et ce veau, dont je gage qu'ils sont là pour nous.

— Comme ce vilain couché dans l'herbe, reprit le loup, et qui veille sur les encornés.

— ... Encornés? dit gravement Renard, comme s'il n'y eût point mis malice. Sauf le veau, trop jeune et trop tendre. Il faut avoir votre âge. Isengrin.

Noble sourit. Le loup grogna, montra les dents et dit :

— Sire, si vous voulez m'en croire, dépêchez ce drôle en avant. Qu'il éclaire notre route et s'arrange de ce vilain couché, de crainte de chiens, d'armes ou de pièges. Nous attendrons, nous, qu'il revienne, couchés sur ce petit tertre d'où je le tiendrai à l'œil.

— Va donc, Renard, dit le roi Noble, et montre ce que tu sais faire.

Renard fila, rendu à lui-même, rampant et se dissimulant. A peine songea-t-il, un instant, à s'enfuir vers Maupertuis et à s'y retrancher sous la terre.

Outre qu'Isengrin l'observait, mille bonnes raisons lui venaient en l'esprit pour le convaincre d'accepter sa mission et de la mener à bien : ainsi, plus fermement encore, s'assurera-t-il la faveur du roi. Cela seulement le déciderait, moins roué ou plus candide encore qu'il ne pense l'être devenu. Que sait-il du commerce des grands ? Tout goupil et Renard qu'il est, il lui reste un peu à apprendre.

Il file donc par le revers du pré, l'œil et l'oreille tendus, prêt à fuir au premier appel d'homme, au premier récri de chien. En même temps il observe les lieux, la pente douce vers la rivière, la berge abrupte et tranchée net par le travail des eaux dans la terre motteuse et grasse. Il s'est placé au vent du vilain, tout va bien. Le regain, haut et dru, lui permet d'avancer hardiment : à peine si un léger sillage fait frémir les pointes des herbes. De temps en temps il s'arrête et hume, mesure de l'œil ses distances et reprend sa vive approche.

C'est à l'ombre d'un arbre solitaire que le vilain s'est étendu : un très vieux poirier sauvage, au tronc tordu, mais épais de feuillage et chargé de fruits en pendeloques, poires d'été déjà mûres autour desquelles des guêpes bourdonnent. Renard vient à toucher l'arbre, allonge le col, voit que le vilain dort, la bouche ouverte, le chapeau sur les yeux. Il ourdit un plan de bataille, tout aussitôt le réalise. Chat d'abord, il sort ses griffes et grimpe à l'arbre. La rude écorce l'aide, et les bosses du tronc tourmenté. Il suit une longue maîtresse branche, presque aussi leste que le serait Tybert, se cachant comme ferait le vieux chat dans l'épaisseur du luisant feuillage. Le voici au-dessus du vilain.

Et peu s'en faut alors qu'un jappement léger, de surprise et de joie confondues, ne lui jaillisse hors du museau. Ce long visage, ces molles et blafardes joues... Il ne rêve pas, c'est bien le Foi-Mentie, c'est le vilain Constant Desnoix ! Attends un peu, ladre et parjure ! Ce soir, demain au plus tard, on saura au village si Brunmatin, la fine, la fidèle, pleurera autant que Dame Hersent. Renard choisit des yeux une poire, parmi les plus blettes et pesantes. La peau en est trouée, le cœur du fruit bourdonne dès qu'il en approche l'oreille. Il le cueille, vise le nez de Constant, le laisse tomber droit à son but. Bien visé ! La poire s'écrase, s'épate, entartine le nez et la joue. Constant y fourre les doigts, saute sur ses pieds, comme brûlé d'un fer rouge. Furieuses de la chute et du choc, les guêpes ont joué de l'aiguillon. Elles s'acharnent sur Constant Desnoix, le harcèlent, le piquent de nouveau. Renard les voit, allongé sur sa branche, les yeux luisants comme escarboucles, tandis que le vilain se précipite vers la rivière, déjà se penche pour s'y laver, y baigner son cuisant visage.

Mais avant même qu'il y parvienne... Voilà Renard au bas de l'arbre. Bélier maintenant (tout lui est bon, il se souvient de tout), il fonce, il tape du front dans le maigre derrière du vilain et l'envoie, les bras en avant, piquer une tête dans la rivière. C'est là qu'elle est le plus profonde, là que la rive à pic défie presque l'escalade, que la terre rongée et croulante rend toute ferme prise impossible. Déjà le vilain boit et crache. Renard le suit le long du pré. Dès qu'un pan de la berge lui paraît miné par-dessous, il y frappe de la patte et bondit aussitôt en arrière. Les lourdes mottes s'éboulent et croulent, s'abattent de haut sur Constant Desnoix, lui renfoncent la tête sous le flot. Il émerge une fois encore, enfin s'abîme et disparaît, sans savoir que la mort lui vient de ce démon à museau pointu, rouge comme un diablotin d'enfer, que son regard déjà noyé a cru voir danser sur la rive.

Mais là-bas, du haut du tertre, Isengrin et le roi le voient bien. Et le loup, toujours plein de hargne :

— Sire Roi, dit-il, où mettez-vous votre confiance ? C'est un fol, doublé d'un félon. Avec homme, taureau ou chien, il aura tramé quelque ruse, passé accord en nous trahissant. Voyez-le danser dans le pré, le long de l'eau, sans plus se soucier de nous deux ! Que la Mort vous réclame un jour et qu'il vous faille dépêcher vers elle, prenez Renard pour messager : ainsi ne mourrez-vous jamais.

— Je m'en souviendrai, dit le roi. Mais s'il m'a menti aujourd'hui, je le ferai s'en repentir. Allons !

Les voilà dans le pré, droit à l'arbre. Renard venait à leur rencontre. Content de lui, on le serait à moins. Il les aborde, conte au roi la mort du vilain, montre l'eau qui frémit encore.

— Voire, grogne le loup. Fol, félon, et menteur aussi.

— En ce cas, Sire, murmure Renard, que l'un de vous, Isengrin je veux dire, plonge en ces longues herbes d'eau : il y verra notre homme empêtré. Le vilain était dans ce pré, il n'y est plus, je l'ai noyé. Désormais le taureau est à nous, la vache aussi, et le veau avec eux.

— A nous, dis-tu ? grogne encore Isengrin. Sire...

— Je ne dis rien, fait doucement le lion.

— A vous, Sire, le taureau, dit le loup. A Madame Fière, il va de soi, cette tendre vache en la fleur de sa chair. A moi enfin ce veau, dont je saurai me contenter.

Pas davantage ne parla le roi Noble. Il lança son énorme patte. Du coup des quatre griffes, la peau du crâne, la joue presque arrachées, Isengrin eut la tête en sang.

— Partage, Renard, dit alors le roi Noble. Ce vilain-ci n'y entend rien.

— Tout est à vous, Sire ! cria Renard.

Il frissonnait, la queue basse et serrée. Au bout du museau d'Isengrin, le sang gouttait en rouge fontaine.

— J'ai dit : partage, reprit le lion. Je suis Roi. J'entends donc être juste, respectueux du droit de chacun.

— Sire, dit Renard d'une voix tremblante, que votre Majesté daigne accepter ce magnifique, ce vigoureux et lourd taureau. Tendre en effet, presque génisse encore, cette vache est digne de Madame

Fière, si toutefois votre Grâce y consent. Et ce veau, ce veau de lait, que l'aimable lionceau votre fils, juste sevré ou sur le point de l'être, le voie offert à ses jeunes griffes, à ses crocs de fils de Roi. Quant à ce rustre et à moi-même, gens de rien, nous nous serrerons un peu le ventre, jusqu'à une occasion meilleure.

— *Justum est*, dit le roi Noble.

Renard, chien à présent, fit un large circuit dans le pré, rabattit en jappant les trois bêtes vers le lion. Elles avaient vu le grand carnassier. Le taureau même, roulant des yeux terrifiés et furieux, obéissait à la voix aiguë et trottait vers les griffes royales.

— C'est bien, Renard, dit enfin Noble. Tu es très sage, et tu me plais, Renard. Mais dis-moi : d'où te vient telle sagesse, si lourde pour tête si légère ?

— De celui-ci, dit le goupil, et du beau chaperon rouge dont le coiffa votre auguste patte.

Le lion bâilla, les yeux à demi clos, dans un long rire silencieux. Et soudain, humant vers la proie, il fouetta ses flancs de sa queue, souleva un peu les poils de sa crinière et partit à petit trot, chassant devant lui vers Bréviande le taureau, la vache et le veau.

XV

*Le courre du Seigneur de la Fuye, ou Renard
caché dans les peaux.*

Renard, trop heureux d'être quitte, laissa saigner le loup et fila. Qu'eût-il pu faire ? Isengrin, sombre comme la nuit, souffrait dans un silence farouche. Renard, en s'éloignant, se retourna deux ou trois fois, il le vit marcher vers les bois, le col baissé, secouant la tête par intervalles pour se débarrasser du sang âcre qui l'aveuglait.

Isengrin guérirait. Le goupil, en ces derniers jours, avait eu trop de témoignages de son ardente vitalité, pour en douter un seul instant. Mais la caresse des griffes royales avait été assez sévère pour donner enfin à Renard le temps de souffler une bonne fois.

La lumière d'un été glorieux, aux midis éclatants et bleus, aux soirs immuablement purs, le sentiment de la chance insigne qui accompagnait tous ses pas s'unissaient pour nourrir en lui la même joie continue et grisante.

Ce qu'il voulait, c'était toucher au moins à Maupertuis, confronter sa joie d'aventures à celle qui lui tenait au cœur : sa douce femelle, ses trois fils grandissants. Peut-être le temps était-il venu de les créancer sur leur proie ; non point veau en rupture d'étable, mais ardents levrauts sauvages, fils de

Gutéro le vaillant. A cette pensée, il fit une cabriole sur place et prit vers Maupertuis son trot de route, diligent et coulé.

Il fut bientôt à l'orée des bois, avala le fossé de bordure, reprit le trot dans le taillis : voies familières, passages à la juste mesure de son garrot, de sa glissante échine. Il trouait le fourré, le roncier, sautait, les pattes sous le col, la touffe de fougère étalée, la liane de viorne en travers des feuilles mortes. Il allait d'assurance, ne pensant qu'à son Hermeline, à ses fils, oublieux pour un instant de sa méfiance accoutumée. Mais que faut-il pour que passe le destin ? Moins que le saut d'un goupil sur sa piste. Un bruit inattendu l'arrêta, l'aigre sifflement de narines d'un limier qui tire sur le trait.

Maupertuis ! Maupertuis ! Ce n'est pas au bout de cette voie, si brève pourtant, que Renard enfilera enfin le tunnel de son profond terrier. Après le loup, c'est le limier ; après Isengrin, Tracemenu, le rapprocheur au front bourrelé de rides que Débûcher tient à la botte, et qui vient d'éventer Renard.

— Or çà ! Or çà ! Pille, mon beau ! Au goupil !

Cela aussi devait arriver. Débûcher, c'est le maître-piqueux, le veneur du Seigneur de la Fuye : toujours broussant, toujours en quête, toujours lançant pour l'équipage, la mesnie, les invités du maître.

Il a lancé tard, mais c'est fait. Il sonne, sonne aux échos du bois.

— Au goupil !

Trompes, grailes de partout lui répondent. On découple : toute la meute bahule. Hommes et chiens, ce n'est qu'un long cri :

— Au goupil !

Lancé de près, serré de court, Renard a pris le seul parti possible : le grand parti, disent les veneurs, la fuite droite, à la force des pattes, à la limite des battements du cœur, de l'haleine et du courage.

Courageux, Renard l'est entre toutes les bêtes des bois, hardi, tenace et la tête bien placée. C'est une poursuite sans retour, à la vue, jusqu'au forcer : le bois, la plaine, le marais, la prairie... La chasse tient, droite et d'un même souffle, d'abord la troupe galopante des veneurs, selles qui craquent, naseaux qui ronflent, voix qui hèlent et animent les chiens, trompes qui sonnent et font lever la tête aux vilains courbés dans les champs ; en avant, les piqueux montés, le fouet au cou, penchés sur l'encolure pour appuyer de plus près la meute : « Hao ! Hao ! Sus au goupil ! Clariaud ! Clarembaud ! Maligneuse ! » Et puis la meute, serrée en une nappe bariolée, brachets, grands vautres et lévriers, hurleurs, jappeurs, tous ardents à la chair, fonçant, forçant, pointant sur la seule bête de chasse, sur le petit goupil, là-bas, la menue silhouette rousse qui vole, et qui semble haler à sa suite tout le train de la meute bahulante, des hommes qui vocifèrent, des grands chevaux dont les sabots ferrés galopent, soulèvent en nuage la terre des champs et nimbent le courre d'une brume dorée.

Droit devant a couru le goupil, toujours droit et toujours devant. Il a vu enfin le château, ses douves, pont-levis abattu et clédis de fer levé. Il a franchi le pont, la poterne, a bondi dans la première cour. Alors la chasse a rebaudi. Et le Seigneur Jean de la Fuye, se levant sur ses étriers, a longuement agité le bras en criant :

— Il est à nous !

Quel chasseur ne l'eût cru sur l'heure ? Le goupil s'est livré lui-même. Affolé, tête baissée, il est venu se jeter dans la trappe. Grande trappe, pour si petit gibier ! Et si malin... Jusqu'au soir la mesnie a cherché, valets, chambrières, gentilshommes. Quelle paillasse que l'on n'ait retournée, quel coffre écarté des murailles, quel tas d'avoine sondé de l'épée, quelles nippes secouées à grand haro ? Pas de goupil. Ni dans les salles, ni dans les secondes chambres, ni dans les cours, les écuries, les caves, ni dans le chemin de ronde, ni dans la logette du guetteur, nulle part ; pas même dans cette vieille ruche vide, aux rayons noirs et pourris, qu'un garçon d'écurie a renversée d'un coup de pied.

L'épouse du Seigneur Jean, Dame Florie au clair visage, aux cheveux blonds, aux yeux couleur de mer, s'est d'abord désolée de voir se racornir comme bois les quartiers de biche lardonnés qui rôtissaient pour le souper. Mais l'eau parfumée des aiguières a coulé, fraîche, sur les mains. La gaîté, les flambeaux, les rires ont éclairé les fronts et les yeux. Que de bons mots sur la chasse manquée, sur l'astuce du goupil disparaissant à tous les regards ! Vers la minuit, Dame Florie s'est levée :

— Il est tard, Monseigneur, a-t-elle dit. N'est-il pas temps d'aller dormir ?

Et, souriant à la ronde d'un sourire qu'elle sait adorable :

— Qui ne voudrait être dispos pour reprendre, demain matin, la poursuite de ce plaisant goupil ? Par campagne... ou par château, il vous fera, je gage, courir encore.

— Madame, a dit le chevalier lorsqu'ils se furent retirés en leur chambre, je gage, moi, que je le prendrai.

— Mais bien sûr, Monseigneur, a dit Florie en s'endormant.

Ils ont dormi dans leur grand lit à pans, à la lueur de deux cierges allumés sur une table basse. Et, le lendemain, le chevalier :

— Çà, qu'on selle vite mon cheval rouan ! J'entends les trompes : Débûcher a revu du goupil !

Quoi qu'en eussent dit les convives au souper, ce n'était point tour de sorcier. Dès qu'on avait baissé le pont, le goupil avait sauté hors et l'on avait sonné la vue. Ainsi reprit la chasse dans un gaillard et chaud désordre, chacun ralliant au son des trompes, galopant de val en colline et joignant les quatre horizons. Mais ils eussent autant fait de laisser leurs chevaux au foin : car bien avant la brune du soir et la levée du pont sur les douves, le goupil enfila la poterne, rentra dans le château et de nouveau s'évanouit comme un songe.

Ainsi encore le lendemain. C'était branle-bas par tous les aîtres, plus grand train et rumeur plus haute qu'il ne s'élève à la foire de Senlis, quand on y mène pendre un larron. Mais chou-blanc : toujours pas de goupil. Sans qu'il en démentît son gage, le chevalier décida au matin de courre cette fois un autre gibier, un grand porc quartanier donné par un valet de chiens. Ils le lancèrent et le prirent vers le soir, après qu'il eut décousu deux beaux vautres, fracassé le crâne d'un troisième en le lançant contre le tronc d'un chêne, et noyé un brachet de Saintonge, se retournant sur lui et le maintenant sous son corps au passer d'un étang profond. La chasse, la prise, la curée aux flambeaux, la rougeur du brasier dans la cour, où se dorait la couenne du quartanier, donnaient du ton aux devis des soupeurs. Mais chaque propos, comme bille sur une pente, revenait au malin goupil :

— Serait-ce là le fameux Renard ?
— Qui fit noyer Constant Desnoix ?
— Couper la queue de l'ours par Lanfroi le forestier ?
— Rompre le foudre plein de vin que menait Foucher Galope ?
— Battre le loup par les moines de Tyron ?

Et tous d'en tomber d'accord, d'affirmer, criant à qui mieux mieux :

— C'est Renard, Renard, Renard !

Aux cris, l'un des deux brachets allongés aux pieds du maître exhala un long gémissement.

— Hé ! quoi, Tabaud ! dit en riant le Seigneur. Connaîtrais-tu son nom, par hasard !

Et il répéta, comme par jeu :

— Oui, c'est Renard ! Oui, c'est de lui !

Dans l'instant le chien fut debout, et aussitôt son compagnon. Et tous deux, tourniquant du fouet, flairant dans la salle close comme s'ils eussent humé aux branches, donnèrent deux ou trois coups de gorge, à croire qu'ils rapprochaient dans un écart de la forêt. On les vit dresser le museau, lever les yeux vers le plafond. Et tous les yeux des hommes, se levant à leur exemple, virent là-haut, pendues aux solives, des peaux de bêtes qui séchaient, goupils, blaireaux, martres et putois.

— Mais... Mais... dit le jeune chevalier.
Soudain, il appela :
— Débûcher!
— Monseigneur?
— Combien as-tu de peaux, là-haut? Peaux de goupils j'entends, mon piqueux.
— Neuf, Monseigneur.
— Moi, j'en vois dix.

Et chacun de compter du regard. Et aussitôt tumulte et confusion de bouillonner comme lait sur braise. Madame Florie, debout, toute pâle, murmurait : « Non, ne le tuez pas... » Un fracas d'escabeaux renversés, un saut de l'agile Débûcher qui se juche sur le bout de la table, levant les bras vers les dépouilles ; et aussitôt il jette un cri, et tintent des flacons brisés, et sonne le rire de Dame Florie, et tonne la voix du chevalier qui rappelle et tance les brachets ; et au travers, du plafond à la table, de la table au plancher, détalant sous les chaises et glissant entre les jambes, une flèche rousse bondit, rebondit, une queue à pompon noir disparaît au bâillement de l'huis.

Enfin tout s'éclaire, on comprend. Renard, mussé parmi les peaux, tout efflanqué, la queue pendante, a laissé venir Débûcher. Il s'est alors retourné d'une volte, il a mordu la main levée, de la canine entre corne et chair arrachant un ongle aux trois quarts. Et, de là-haut sautant sur la table, engamant sur un plat d'argent une perdrix bardée de lard, il a bellement pris son congé.

— C'est bien Renard, a conclu le seigneur. Renard, je te tire mon chapeau... Qu'on ne sonne pas, demain, quand on baissera les chaînes et qu'il enfilera le pont. Nous lancerons, un peu plus tard, un cerf.

XVI

*Le courre d'Isengrin et d'Hersent, qui fut appelé
Corneloup.*

Renard, le lendemain matin, franchit le pont sans plus d'encombre. Il s'attendait à la sonnerie de trompe qui, depuis quatre jours, saluait son passage matinal. Mais rien ne s'entendit que le gros rire du portier et, loin derrière, le saut sur le chemin d'un caillou qu'il lui lançait.

De plus en plus content de soi, Renard ! Cette incursion chez les humains, chez un seigneur à château fort devant qui tremblent les vilains, le rire de Dame Florie peut-être et la pitié qu'elle a montrée pour lui, tout cela repasse dans sa tête tandis qu'il trotte vers les bois. Il croit goûter le plaisir qu'il y trouve comme s'il croquait l'aile de Rougebec ou le râble de Gutéro. Mais il se trompe : il n'est plus libre. Toutes les images qui brillent en sa tête y font monter une sournoise ivresse. Ainsi, dans une touffe de chiendent, se cache parfois une herbe forte qui brûle la gorge et fait gauchir les pattes.

C'est le plein jour, frais encore du matin. Perché sur la Croix des Liesses, Carcar le geai lisse d'un bec preste les plumes bleues dont il est fier. Il voit Renard et crie :

— C'est Renard !

— Oui, c'est moi. Je reviens du château. J'ai gabé le Seigneur de la Fuye, sa mesnie, ses piqueux et ses chiens !

Carcar s'envole : la nouvelle va voler avec lui. A cent pas de l'orée, on entend Lanfroi qui chante et les coups légers de sa serpe qui débite la charbonnette. Renard poursuit vers Maupertuis. Les images changent : il oublie à la fois le Roi Noble, les bahulées des chiens de meute, les jeux fantasques des lumières et des ombres sur les hauts plafonds de La Fuye. Il revoit en pensée Hermeline, si gracieuse, trois bouts de museaux pointus, vernis de noir... Et doucement il glapit dans sa course, chant de goupil heureux qui rythme le balancement du trot.

— Je te salue, cousin Renard !

Il reconnaît Grimbert le blaireau, aux larges et courtaudes pattes, qui marche à pieds plats comme l'ours ; cousin de Renard pourtant, par le museau et par les yeux malins, brillant dans les bandes noires qui sanglent son cou et ses joues.

— Je te guettais, poursuit Grimbert. J'ai entendu Carcar. J'ai couru... Mais prends garde : je ne suis point le seul à l'avoir entendu crier.

— Que veux-tu dire ? demande Renard.

— Rien d'autre que ce que je dis : surveille ta route devant et derrière ; à droite et à gauche pareillement.

— On me cherche ?

— Surveille ta route.

Grimbert n'a pu en dire davantage. Sous les yeux de Renard il s'est renversé sur le dos, les griffes prêtes. Et dans le même instant, Renard a vu : fondant sur lui, silencieuse et grise, une longue fumée, si vite devenue loup, pattes de loup, mâchoire de loup béante et rouge, dents de loup dégouttantes d'écume ! Et voilà un nouveau courre. Et ce n'est pas encore le jour où Damp Renard pourra folâtrer en famille, faire sa toilette et jouir du beau temps.

Un nouveau courre, assurément. Car le goupil n'a

pas galopé trente toises avant d'avoir, la sueur à l'échine, découvert chose inattendue : ce n'est pas un loup, mais deux loups, qui lui donnent à présent la chasse. Dame Hersent est de la partie. C'est Dame Hersent qui l'a vu la première, qui a fondu sur lui si roidement et silencieusement. La sueur lui coule plus abondante : sans Grimbert le finaud, le subtil, et sa culbute inopinée, Hersent le foulait de prime saut et l'autre loup était sur lui, le butor, jaloux, rancunier, à la patte si roide et si sèche, aux os plus durs que deux têtes de béliers, à la queue qui toujours repousse, à la peau si vite recollée même quand s'en mêlent les griffes du lion, en un mot Isengrin, son éternel, son implacable, stupide, coriace et redoutable ennemi.

Tout en courant, il réfléchit. Que pense Hersent ? Que veut Hersent ? Ce peut-il qu'Isengrin l'ait si promptement et toute ralliée à sa cause de méchant mari ? Si Hersent, sur la voie de Renard, a pris la tête avec pareil entrain, n'est-ce pas tout à la fois pour abuser le loup sur son zèle d'épouse outragée, et pour parer aux accidents fâcheux ? En toute femelle, femme ou louve, n'y a-t-il pas telle rouerie secrète que Renard comprendra plus vite que n'importe quel mari ?

Cependant il feinte et crochète, emmêle ses voies comme à plaisir. Mais il ne ménage pas sa peine, il engage à plein ses ressources. Car dans cette guerre isengrine, si âpre et tendue qu'elle devienne, il veut avoir le dernier mot. De loin en loin, sans rompre le train, il regarde par-dessus son épaule. La forêt déploie toutes ses feuilles : ce ne serait qu'un jeu pour lui d'y dérober aux vues ses refuites. Mais comment effacer l'odeur aigre de son pelage ? C'est un temps de brise nonchalante, qui porte au nez et garde tout. Mieux encore que limiers flairent les loups : ce n'est pas de la sorte que Renard enfin les sèmera.

Maupertuis ? Mais comment l'atteindre ? Jamais le stupide Isengrin ne se montrera si stupide qu'il n'en interdise toute approche. Chaque fois, il joue de cette tactique. Et aujourd'hui, pour tenir meilleure garde, il est « deux ». C'est cela que Renard, galopant et feintant toujours, ne peut se sortir de l'esprit : un double loup. Cette chasse, ce train, un double loup les mène. Et voilà pourquoi son poil fume, pourquoi ses moelles s'amollissent, pourquoi, à sa propre stupeur, il se sent d'avance perdre cœur. Deux! Deux! Voilà son sang qui bat. Deux! Deux! Est-ce cela que Grimbert a voulu suggérer tout à l'heure? Deux par-derrière, l'un à droite, l'autre à gauche. Mais que l'un prenne les grands devants, et voilà Renard forcé, sans autre choix qu'entre mâchoire de loup et, s'il se tourne, autre mâchoire de loup!

Une mésange bleue vole sur sa tête. Que ne peut-il, mésange, s'envoler? Carcar et les frères de Carcar, ailes fauves lavées de rose, gemmées d'azur, tournoient à travers les feuillages. Leurs cris emplissent toute la forêt : « Nouvelles! Nouvelles! Du courre qu'Isengrin et Hersent mènent aux trousses de Renard le goupil, qui veut ouïr? Nous les suivons, nous voyons tout. Nous gageons que Renard se verra forcé tout à l'heure... Dame Hersent lui souffle sur le poil. Qu'elle est rapide, ardente et légère! Renard feinte sans trêve, coupe sa voie... Dame Hersent suit, Dame Hersent tient, c'est elle qui le portera bas... Où est le loup, le Seigneur Isengrin? Il a percé, il perd la trace, tirant tout droit sur Maupertuis. Il brûle les taillis, les fourrés. Il disparaît, nous ne le voyons plus... Renard monte vers la futaie de hêtres, tourne autour du Grand Fouteau. Dame Hersent suit toujours, pattes dans pattes, presque mêlées. A présent Renard tourne autour du Hêtre-à-cinq-jambes, saute au travers, entre les deux plus serrées. Il passe, comme navette dans la toile! Dame Hersent saute derrière lui. Elle... Non, elle ne passe pas! »

Dame Hersent, en effet, reste coincée entre les jambes du hêtre. C'est une souche mère splendide, d'où s'élèvent cinq fûts de droit jet. Entre deux de ces fûts, Renard le goupil a volé, aussi léger que la mésange. Hersent, les dents touchant sa queue, y est allée de si bon cœur qu'elle a passé presque à mi-corps, tête, col et pattes de devant. Mais le reste n'a pas suivi.

Les côtes durement heurtées, froissées, la langue dehors et la gorge sifflante, elle est prise derrière les épaules, serrée à ne remuer d'un pouce, ni en avant, ni en arrière. Les geais s'égaillent, reviennent, se juchent, les plus hardis dans les branches mêmes du hêtre qui retient la louve prisonnière. Que fait Renard? Les geais se penchent, battent des ailes et criaillent. Ce ne sont plus jacassements, mais grands rires, insolents, interminables rires pour la honte de Dame Hersent. Et les piverts à bonnet rouge rient comme eux seuls savent rire, plus fort que ne hennit Ferrante. Et Rousseau l'écureuil rit aussi, à menus rires grognants et doux, découvrant ses longues incisives; mais mieux encore rient ses cabrioles et le panache de sa queue brasillante. Et Grimbert, le sage, le grave, accouru très inquiet au vacarme, se balance d'une patte sur l'autre, debout, et rit comme jamais il n'a ri, serrant ses côtes et larmoyant de rire. Et le coucou... La moisson est passée, mais il a retrouvé sa voix. Le coucou chante dans le hêtre. Il chante son chant; c'est tout ce qu'il sait dire, mais il le dit et le dit bien : « Coucou ! Coucou ! Coucou, le loup ! » Nul chant, dans toute la forêt, n'est plus sonore et ne porte plus loin. Là-bas, la serpe de Lanfroi se tait. Pas une bête qui ne s'étonne, n'écoute, et n'entende le chant du coucou. Brichemer le cerf, au-dessus des fougères, soulève sa luisante ramure. Beaucent le sanglier tend son boutoir et renifle en groumant. Tybert le chat cesse d'aiguiser ses griffes sur la branche où il est couché. Mais, entre toutes les bêtes du bois, il en est une dont l'appel du coucou frappe les oreilles jusqu'à ce qu'elles en tintent. Isengrin rompt soudain sa foulée, écoute, hurle de rage, et part au grand galop de charge, droit au chant du coucou dans le hêtre.

Renard ne l'a pas attendu. La route libre, il a filé, enfin, vers Maupertuis.

Quant à Dame Hersent, la pauvre ! Publiquement honnie et moquée, elle a encore souffert cruel supplice. Il a fallu que son Seigneur rongeât l'écorce et déchirât l'aubier pour enfin la délivrer. A grand dommage pour l'un et pour l'autre, le mari les gencives meurtries, les dents ébranlées, agacées, crachant la sève amère pêle-mêle avec les copeaux ; la Dame écorchée sur les flancs, aplatie, clochant de trois des quatre pattes ; tous deux s'éloignant sous des rires que la nuit même n'apaise point, suivis jusqu'à Gallerand par la huée de toute la forêt, en dérision de ce courre mémorable qu'on appela, depuis, Corneloup.

TROISIÈME PARTIE

LE PLAID RENARD

I

Isengrin élève sa clameur.

— Sire Roi, dit Isengrin, voici...
Le loup prit sa respiration, comme un orateur d'assemblée qui en a beaucoup à dire. Jamais les rochers de Bréviande n'avaient vu tel concours de peuple. Au pied de la grotte du Roi, en surplomb sur une large terrasse qui elle-même dominait la lande, se tenaient réunis, en demi-cercle étroitement serré, les plus considérables entre les animaux du royaume : par la taille, l'audace ou la force. Brichemer était là, tenant haut sa fine tête aux yeux d'or, couronnée d'une ramure magnifique. Son élégance, ses longues lignes musculeuses, la fierté de son port et le feu de ses yeux étaient d'une bête vraiment royale ; mais le roi Noble, en plus, avait ses griffes. Se trouvaient là aussi le taureau noir de la Fuye, le colossal Bruyant au front frisé, à la robe parcourue de moires ; et Beaucent le vieux solitaire, chenu, hirsute, ses longues défenses et ses grais d'ivoire sabrant son mufle sombre comme la nuit ; et Brun l'énorme, aux rondes oreilles, assis d'un bloc sur son large séant pour cacher sa disgrâce de Sans-Queue ; et Grimbert au tout premier rang, attentif et silencieux ; et les béliers, et Plateau le chevreuil, et tant d'autres, perdus dans la foule.

Mais qui n'était, en ce jour, à Bréviande ? Chaque branche, chaque pierre portait son hôte, l'aspic sur la roche plate et Tybert sur le rameau du chêne, juste au-dessus du lion couché. Et les oiseaux, les lièvres des bois, ceux des guérets, les timides lapins à queue blanche, les perdrix rouges, les perdrix grises, le lézard vert et l'écureuil, tous étaient là, contre la touffe de bruyère ou d'ajonc, derrière l'écran de feuilles suspendu, le nuagelet qui traversait le ciel.

L'été régnait sur l'arbre et la lande. Sous sa lumière à présent triomphante, le domaine du Roi Noble, tout entier, resplendissait. C'était, juste au sortir de la gorge rocheuse qui en défendait l'accès, une clairière de forêt aérée et luxuriante. Nulle part les arbres n'étaient plus beaux, puissants de fût, épanouis de ramure, les fougères plus gracieuses et plus drues, d'un vert plus doux et plus doré. L'air même semblait plus transparent, plus pur. Noble, couché sur la pierre, la tête appuyée sur les pattes, s'offrait aux regards de ses sujets dans sa puissance et sa beauté. Sous sa peau fauve, lisse et luisante, aux épaules, le long des flancs, le moindre geste, sa respiration seule faisaient courir des ondes nerveuses dont chaque muscle frémissait. Et pourtant il était immobile, les prunelles perdues dans l'espace comme pour retenir un instant, lointaine encore et suspendue, l'insoutenable lumière de ses yeux.

Au pied de la terrasse, entre la roche et l'assistance, une aire en demi-cercle flamboyait sous l'ardent soleil. C'était là que se tenait le loup, la mine hargneuse, les yeux rougis, le poil à demi hérissé sur le garrot et sur le cou. A son côté, gardant maintien modeste et contraint, Dame Hersent, obstinément, tenait ses yeux fixés à terre : et l'on sentait quelle peur était la sienne de rencontrer en cet instant, quel qu'il pût être, le regard d'une créature vivante.

— Voici... avait dit Isengrin.

Et il parla. Et ce fut long. L'abondance y était, et le souffle, et l'ardeur furibonde. Mais quel plaideur, quel avocat du Diable eût étalé plus lourdement son ridicule, sa bêtise et sa honte? Et quels étaient, surtout, la majesté, le prestige du Roi Noble et la crainte qu'il inspirait pour que l'assemblée tout entière gardât silence et dignité!

Le lion semblait perdu dans un rêve. Personne, ainsi, ne pouvait soupçonner le plaisir secret qu'il trouvait à écouter la clameur d'Isengrin, et par instants le rire énorme qu'à grand'peine il refrénait. Car sévère est la vie d'un Roi. Les bouffons qu'il connaît, amuseurs de métier qui se guindent, l'excèdent et lassent à l'ordinaire. Mais quel bouffon qu'un loup berné, trompé, noir de colère et fumeux d'éloquence!

— Ma femme, Sire! criait Isengrin. Mon épouse, la mère de mes enfants! Avec ce puant, ce roux, ce nain!...

Et de sauter sur place, à croire que la terre, sous ses pattes, brûlait comme fer rouge dans la forge. Et de grincer des dents, pointant le museau à la ronde, promenant des regards enflammés qui cherchaient querelle aux oiseaux et jetaient défis à la brise. Car l'assemblée, à l'exemple du Roi, restait étrangement silencieuse. Comme lui aussi, elle était partagée entre des sentiments contraires: l'indignation, la gêne et la pitié en présence de Dame Hersent, et le besoin de rire éperdument, d'enfin laisser fuser ce rire qui leur pesait au fond du ventre.

— Chez moi, Sire! Dans mon propre fourré, dans ma tanière de Gallerand, en présence de mes fils déjà grands...

— Assez! dit une voix mugissante dont sursautèrent les assistants.

C'était Bruyant le taureau noir. Il n'avait pu, à la fin, y tenir.

— Par mes cornes! meugla-t-il en grattant la terre du sabot. S'il m'était advenu, à Dieu ne plaise! aussi dérisoire aventure, je serais à moi-même mon arbitre, mon répondant, mon juge et, s'il le fallait, mon bourreau. Quel est ce lâche et indigne mari qui traîne ici cette malheureuse? Coupable ou non...

— Coupable ! Coupable ! hurla Isengrin. Une première fois, si j'en ai cru mes yeux. Et comment ne les aurais-je crus, puisqu'ils ont vu ? Exécrable et vicieuse femelle, experte en ruses et mensonges ! Pour un peu, c'est elle que j'en croyais, et ses impudents démentis : « Encore plus que vous, Seigneur, je déteste Renard le goupil, l'importun, l'obsédant, l'éhonté. Mais pourquoi vous en aurais-je troublé ! Ce chétif, ce vermineux nabot ! Ne suis-je pas moi-même assez grande ? Trop, de beaucoup, si telle est votre crainte, pour ses mesures et ses visées... »

Aussi sonore que le meuglement de Bruyant, un brame rauque l'interrompit :

— Sire Roi, jeta Brichemer le cerf, n'est-ce pas assez que ce mauvais chien, tueur de faons, égorgeur d'agneaux, blesse vos yeux et brise vos oreilles de ses sauts et de ses cris ?

— Je veux tout dire ! hurla de plus belle Isengrin. Et s'il m'en coûte, Sire Roi, bien plus que de bataille et de sang répandu, vous reconnaîtrez à ce prix ma soumission et mon respect. Bruyant croit-il que j'aie peur de Renard ? Et Brichemer en croit-il Bruyant ? Si le Roux a ici des amis, j'en ai aussi, que chacun s'en souvienne. De part et d'autre, nous les compterons.

Et, de nouveau, se tournant vers la louve :

— Rappelez-vous, rappelez-vous, Madame ! Vous m'avez dit : « Nous le courrons ensemble. Et en ce courre, je serai la première. » La première, certes, paillarde ! Ardente à la poursuite plus que je ne l'étais moi-même. Ils m'ont fourvoyé l'un et l'autre. Ils m'ont trompé, berné, bafoué ! Moi, Isengrin ! Moi, le loup ! Moi...

Noble bâilla interminablement. Ainsi pouvait-il, les yeux clos, dissimuler la joie qui pétillait à ses prunelles.

— Je t'en donne acte, dit-il enfin. C'est bien grand bruit pour peu de chose. Mais puisque tu y tiens, d'accord : trompé, bafoué, nous t'en croyons toi-même.

— Mais non vengé ! hurla Isengrin. Qu'on nous livre ce puant, à Brun, à Tybert et à moi ! Et que justice...

Sa frénésie allait croissant. Sur son garrot, sa brosse de poils ne cessait de se soulever, ne retombant parfois, à demi, que pour se hérisser encore. Et sans trêve il dansait et piaffait, seul maintenant dans l'éclatant soleil : car Hersent, peu à peu, avait rallié les rangs des assistants et s'était réfugiée entre Grimbert et le sombre Beaucent.

— Sire, grogna le vieux solitaire, que diriez-vous d'un juge qui prononcerait sa sentence n'ayant ouï que l'une des parties ? Isengrin a parlé, ce me semble. Dépêchez vers Renard et faites-le semondre sur l'heure. Qu'il vienne céans et comparaisse. Car nous voulons l'entendre aussi.

— Sois loué, Beaucent, dit alors le Roi Noble, pour ces paroles enfin sensées. Et vous, sage et prudent Grimbert, vous mettant en quête de Renard...

— Renard ? glapit une voix joyeuse. A quoi bon semondre Renard ? Me voici !

Et le goupil sauta sur l'aire, à deux pas de Damp Isengrin.

II

Comment Renard comparut devant Noble.

Il y eut un très long murmure. Chacun alors put se rendre compte que l'assistance était divisée, mais que l'admiration, la sympathie l'emportaient encore de beaucoup sur la rancune et sur l'hostilité. L'apparition de Renard, sa crânerie, la légèreté gracieuse du saut qui l'avait porté devant Noble, l'aisance de son maintien, la vivacité de ses yeux plaidaient pour lui avant qu'il eût parlé. Et chacun, aussi, pouvait lire une bienveillance non douteuse sur la face auguste du Roi.

— Que prétendent ici mes ennemis? dit Renard. Me convaincre de tous les crimes. La méchanceté, à les croire, la fourberie, l'imposture, la cruauté, la lubricité, voilà de mes vices ordinaires. Sire Roi, je m'en remets à vous. Si gratuite est l'accusation, appuyée sur la seule violence de ce braillard à la queue pelée, de ce plaignant à longues mâchoires, à dures pattes de coupe-jarret, de ce lâche qui ne s'en prend qu'aux faibles, que je rougirais devant vous de plaider la cause de Renard comme le ferait un accusé obligé de se défendre. Regardez-nous seulement, lui et moi. Quel recours aurais-je, moi chétif, contre ces dents, cette encolure, si votre Majesté...

Noble sourit et tourna les yeux vers Renard.

L'amusement, la curiosité s'avouaient dans ses larges prunelles, si clairement aux regards du goupil que son audace en fut aiguillonnée. Il se reprit donc à parler : plus longuement encore qu'Isengrin. Et, quoi qu'il en eût dit, il plaida. Mais avec tant de verve, d'allègre insolence et d'entrain que ses victimes elles-mêmes, au moment où il les lardonnait, devaient mêler leurs rires à ceux d'un peuple unanimement hilare. Mais le fiel leur bouillonnait au cœur.

Jeune goupil, naïf goupil, innocent goupil, un peu nice, tel Renard se dépeignit d'abord, faisant rire à ses propres dépens. De toutes ses aventures, ce qu'il omit ne vaut pas un pois chiche. Gabé par le coq Chantecler, moqué par Copette-la-Grosse, berné par le vilain Foi-mentie, détroussé du jambon par le loup, poussé dans le piège par Tybert et frustré de sa part d'andouille, taillé par le bec de Pinçart, chatouillé aux barbes par Rougebec, provoqué par Drouin le moineau et par lui entraîné vers les dents du Rechigné, chassé, pelaudé, houspillé, que voilà donc un plaisant héros, et que francs sont les rires que soulève en toute l'assemblée, ainsi conté de sa propre bouche, le récit de ses mésaventures !

Mais attention, Renard n'est pas là tout entier. Il tait le grand serment qu'il prononça, à Maupertuis, devant Hermeline et ses fils. C'est peu à peu qu'il se dévoile, toujours plaisant, toujours charmeur, si habile en son dire que ses tromperies les plus effrontées deviennent farces anodines, ses forfaits les plus noirs justes vengeances d'un innocent. Qu'est un vilain noyé pour le service du Roi Noble ? Qui ne se réjouirait ici de la mort d'un Autran-le-Roux, braconnier de la plaine et du bois ? On rit toujours. Et voici l'histoire des trois queues. Renard raconte, et chacun voit : Isengrin pêche, la queue au trou, bientôt saisie et serrée par la glace. Tybert en rit, Brun l'ours en rit. Voici maintenant Gillain cramponnée à la queue de l'ours, Lanfroi abattant sa cognée : c'est au chat et au loup d'en rire. Mais quand Renard s'est montré, à la fin, lâchant le couvercle ferré sur la queue du maître-chat, il s'interrompt soudain et s'excuse si plaisamment que Tybert, du haut de sa branche, lève la patte et murmure : « Ce n'est rien », la rage au cœur et la haine aux yeux.

Mais qui s'en aperçoit vraiment ? Chacun rit, le Roi Noble rit, et Brichemer, et Grimbert, et Brun l'ours, et Bruyant, et le sombre Beaucent. Vivat, Renard !

Lui cependant, plein d'assurance, narre ses gabets l'un après l'autre, les revit, les mime tour à tour, conteur, danseur et trouvère de soi-même : oyez, de Renard le goupil, qui fit battre Isengrin à la course par Tardif le limaçon, qui fit courre le loup par le chien, toute une nuit, et, cette même nuit, le chien par le loup ! Que dire maintenant du jeu des béliers ? Et du goupil caché parmi les peaux ? Et du puits des Blancs-moines de Tyron, où Renard...

Si larges, si joyeux sonnent les rires que Renard, peu à peu, s'en grise. Le gaillard se plaît au succès : c'est le défaut de son armure, au point juste où la peau lui démange. Heureusement pour lui, son instinct veille, qui est d'astucieuse ruse et qui jamais, d'un œil au moins, ne dort. Il s'arrête, observe autour de lui, réfléchit. L'ivresse qui l'étourdit le pousserait à braver davantage. Et voici justement l'instant où un petit frisson l'alerte, un léger froid courant à fleur d'échine. Il regarde et s'étonne à part soi. Où est passé Damp Isengrin ? Le voici seul, sur l'aire ensoleillée d'où le loup a disparu. Où est Tybert couché sur la branche ? Il n'y est plus. Que signifie ?... Sa langue rompt le train, tourne court :

— Sire Roi, dit-il, qui m'avez si benoîtement écouté, j'achève. Souffrirez-vous de m'abandonner sans défense aux entreprises d'un butor, assez fol ou assez lunatique pour venir proclamer ici, à mon dam, une fable pour lui honteuse, mais que personne ne saurait croire ? Que Dame Hersent vienne jurer, devant vous, que son époux a dit la vérité : que moi, Renard, je l'ai honnie alors que, prise entre deux arbres et serrée à n'en pouvoir sortir, je prodiguais mes faibles forces pour délivrer cette digne et puissante Dame...

De plus en plus s'amuse le Roi Noble. De plus en plus il admire l'impudence et l'astuce du petit goupil, son audace, sa pétulance, et certaine dureté secrète où se rejoignent violence et courage. Dame Hersent, toujours près de Beaucent, s'efface derrière son énorme garrot. Elle a honte et souffre mille morts, car Renard ne l'épargne point. Tandis qu'il nie d'une bouche confite, ses yeux clignent, pétillent et suggèrent le contraire de ce que dit sa bouche. Que ne voit-il Grimbert le sage, Grimbert, son loyal cousin, qui peu à peu s'alarme, s'avance et cherche à saisir son regard ? Le blaireau enfin n'y tient plus :

— Sire, murmure-t-il à petite voix. Sire...

Le lion l'entend, l'encourage des yeux. Cette dispute lui devient à charge. L'honneur du loup, la vertu de la louve, il s'en soucie comme de son premier meurtre. L'ennui, lourd au cœur des puissants, revient soudain peser au cœur de Noble. C'est cela que Grimbert a senti. C'est de ce danger-là qu'il veut sauver son cher Renard. Peut-être aussi a-t-il remarqué d'autres choses, et qui ne lui disent rien de bon. Il va parler, mais c'est trop tard. Tandis que Tybert le chat, silencieux et les prunelles voilées, saute et revient s'allonger sur sa branche, les rangs de l'assemblée s'entrouvrent, une rumeur approche, grandissante ; et Isengrin, les flancs haletants, une flamme de victoire dans les yeux, reparaît au soleil de l'aire, lève le museau et reprend sa clameur.

III

Comment Renard ne jura point sur la dent du Rechigné.

Ce n'est plus le même Isengrin. Le voici sûr de lui, le col raide, méchamment résolu. Qu'a-t-il donc fait, pendant son absence, qui lui donne cet air triomphant ? Seul peut-être Grimbert le soupçonne, lui qui a vu Tybert se glisser derrière le chêne, attirer Isengrin dans l'ombre et l'entraîner vivement à l'écart. Ruse de chat et vigueur de loup, si elles s'unissent, quelle menace ! Grimbert, tremblant pour Renard, se prépare à bien ouvrir l'œil. L'oreille aussi. Il ne perd pas un mot de ce que dit Damp Isengrin.

— Sire Roi, s'écrie le loup, et vous tous qui m'écoutez ici, à quoi bon disputer plus avant ? L'occasion est bonne au juste, dure au félon qu'elle va confondre. Pendant que nous parlions, un espion, un chien des hommes, s'étant glissé jusqu'à Bréviande, épiait dans l'ombre notre assemblée. Dans quel dessein ? Son nom seul vous répond : car il s'agit du Rechigné, le mâtin d'Autran-le-Roux !

Un frémissement parcourut la foule. Isengrin prit un léger temps. Soutenu et comme inspiré par l'émotion qu'il se sentait soulever, il jetait vers l'assemblée des bêtes des paroles qui maintenant portaient toutes :

— Tybert l'a vu, guetteur vigilant. Ensemble nous l'avons surpris. Et je viens, moi, Isengrin, de ces pattes et de ces dents, de le fouler et l'étrangler à mort.

Il découvrait ses babines rouge sombre. Plus d'un, à regarder ainsi cette mâchoire qui venait de tuer, à ouïr cette voix rauque et farouche, prenait lâchement parti dans son cœur, anxieux déjà d'avoir trop ri aux facéties du trop plaisant Renard. Et Isengrin :

— Le chien est là, derrière ces fougères. Que l'on s'écarte et que chacun le voie, le mufle souillé de terre, sa longue dent hors de la gueule, qui désormais ne mordra plus...

Et sur ces mots, avec une brusquerie terrible, se tournant soudain vers Renard, le loup acheva d'une voix éclatante :

— ... Et que Renard, s'avançant devant tous, jure sur cette dent du Rechigné qu'il a dit la vérité et que moi, Isengrin, j'ai menti ! Ce mâtin, notre ennemi à tous, sanglant de la male mort que je viens de lui donner, il attend ton serment, Renard ! Avance et jure ! Le cadavre chaud d'un ennemi, c'est un garant dont je me contenterai.

Cependant, dociles et rétifs à la fois, dans un grognant et sourd murmure, les animaux s'écartaient peu à peu, découvrant l'espace broussailleux que le loup désignait du regard. Et là, gisant dans les fougères, le corps du Rechigné apparut à tous les yeux. C'était bien lui, étendu sur le dos, les pattes raides. Son pelage ras, d'une laide couleur fauve truitée de taches gris-de-fer, montrait les traces, — sang et terreau, — du combat sans pitié qui venait de le porter bas. Sa longue surdent, barrant son museau de doguin, lui donnait jusque dans la mort un air de hargne et de férocité qui soulevait les cœurs de dégoût.

Renard le vit avant tous les autres. Entre le Rechigné et lui, plus personne. Il leva les yeux vers le lion et sentit aussitôt que Noble, de nouveau rêveur et lointain, ne daignerait pas le soutenir. Il fit un pas, un autre pas, entrevit sur son flanc une ombre et reconnut Grimbert le blaireau.

— Méfie-toi, chuchota Grimbert.

Au même instant, tout près maintenant du chien, ils virent ensemble et tressaillirent. Car les côtes du mâtin venaient de se soulever. Ce qui advint ensuite prit tout juste le temps d'un déboulé à corps perdu. Renard, dans l'espace laissé vide, avait bondi et pris le galop. Et aussitôt, se ruant dans sa foulée, prenant le courre, le Rechigné, le soi-disant mort jetait par la lande et le bois des coups de gorge enragés. Et déjà, de proche en proche, faisaient écho cinquante voix frénétiques, graves, ardentes, aiguës, sonnant comme bronze, grinçant comme scies, glapissantes, hurlantes à l'envi, tout le récri d'une meute pleine et drue, libre, sauvage, toute la chiennerie d'alentour contre le seul pauvre goupil.

— Parjure! cria Isengrin.
— Trahison! cria Grimbert.

Quelques instants, la confusion et la panique dispersèrent les bêtes au hasard. Isengrin s'élança comme pour empaumer le courre, se ravisa soudain et revint à côté de Grimbert. Brun l'ours, de ses pattes énormes, gesticulait, en grognant des mots indistincts. Bruyant grattait la terre du sabot, Brichemer ronflait à pleins nasaux en pointant ses andouillers. Seul, le Roi Noble n'avait pas bougé, toujours étendu sur la roche et regardant de haut, avec un immense dédain, ce désordre et ce tumulte.

— Sire... dit le blaireau d'une voix calme.
— Nous t'écoutons, Grimbert, dit le lion.

Tout s'apaisa. Grimbert parla, dans un silence de plus en plus profond et solennel :

— Sang de Roi ne saurait mentir, dit Grimbert. Votre nom même, Sire Noble, condamne le bandit que voici. Non content de sa force brutale, il y ajoute la félonie, la pire, celle du félon qui de son propre crime accuse hardiment l'innocent. Et voici là-haut, sur ce chêne, son digne compère et compagnon, Tybert le chat, que je dénonce aussi céans.

Tybert s'aplatit sur sa branche, se confondant presque avec elle. Mais on voyait dans l'ombre du feuillage le double feu vert de ses yeux. Il feula, Brun l'ours grogna. Mais Noble, haussant la tête et dressant son épaisse crinière, poussa un bref rugissement, dur et râpeux, qui eût fait taire les plus hardis.

— Parle sans crainte, Grimbert, dit-il. Et fais-nous part de tout ce que tu sais.

— J'ai vu, reprit Grimbert, désignant Tybert du museau, j'ai vu ce drôle appeler des yeux Isengrin ; et ce tueur, tout de suite, lui obéir. Il était clair qu'il s'agissait là d'un signal convenu entre eux, d'une trame dès longtemps ourdie. C'est miracle que Renard, mon parent, n'ait pas été victime d'une aussi dégoûtante traîtrise. Car enfin, Sire Roi et vous tous, que pensez-vous du choix de ces larrons-fossiers ? De ces chiens de toute part raccolés, appostés et cachés dans l'ombre pour attaquer et frapper dans le dos ? De ce complot du mâtin et du loup béni par le chat et par l'ours, le Courte-Queue et le Sans-Queue ? Regardez-les, dépités et furieux de se voir ainsi démasqués, leur ruse vaine, leur ennemi sauf. Car Renard échappera, merci Dieu, retranché dans son Maupertuis qu'il ne quittera plus de si tôt. Qui l'en blâmerait ? Mais que ceux-ci dorénavant, aux yeux de toute bête libre et fière, portent la souillure et le poids d'une honte collée à leur peau, honte à odeur de chien, de valets porteurs de collier, chasseurs d'une meute où vautres et roquets, chiens de bon sang et bâtards confondus, loin de Bréviande et de nos bois, feront leur place à ces trois-ci : Isengrin, Brun l'ours et Tybert !

— C'est bien parlé, ami Grimbert, dit Noble. Qu'ils soient donc bannis du royaume. Mais puisque nous voici, en ce jour, réunis nombreux à Bréviande, que mes sujets prononcent avec Nous. Car tel est pour eux notre amour qu'il nous plaira recueillir de leur bouche un consentement et une approbation dont nous n'avons, ils le savent, nul besoin.

Noble, à ces mots, parcourut l'assemblée de son regard le plus royal. Amie, ennemie, pas une voix ne s'en éleva. Ni Tybert, ni Brun l'ours n'entreprirent, pour leur propre défense, de tenir tête à Grimbert le blaireau. Mais en revanche ni Bruyant, ni Brichemer, et ni même Beaucent l'impavide, qui détestaient Damp Isengrin et ne l'avaient point caché, n'osèrent l'accabler davantage. Quant au fretin, aux petites ailes, aux trotte-menu, combien parmi eux regrettaient d'avoir cédé à la curiosité ! Ils sentaient tous que cette affaire avait cessé d'être bouffonne ; et, pensant au nid bien caché, au terrier profond et sûr, ils s'éloignaient sans qu'il y parût, d'un petit saut, d'un battement de plumes, en tremblant que le lion ne les vît.

Ce fut alors qu'à la stupeur de tous, dans ce silence où planait la peur, une voix s'éleva, ardente, opiniâtre, pleine de colère, d'orgueil et d'âpreté, celle de Damp Isengrin le loup, toujours debout au milieu de l'aire comme si rien ne se fût passé, le museau tendu vers le Roi, soutenant sans ciller son regard, et criant comme au premier instant :

— Sire Roi, voici...

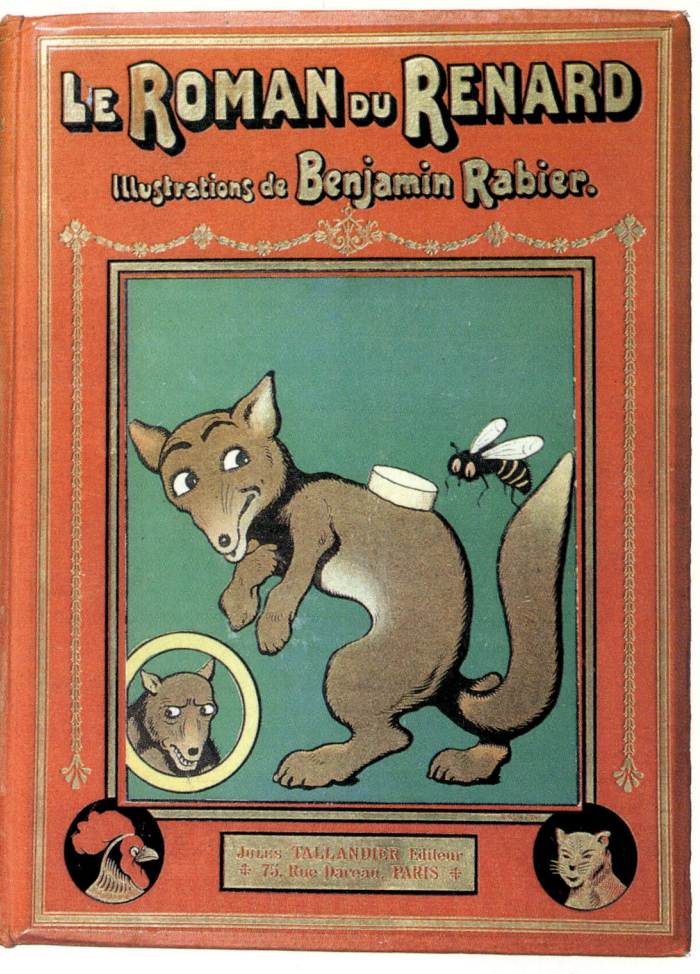

*"Personne ne peut damer le pion à Renard, Renard dore
la pilule à tout le monde, Renard enjôle, Renard cajole, Renard n'est pas
un modèle à suivre" ("Roman de Renart", branche IV).*

Avec Benjamin Rabier, Renard entre dans l'imagerie
populaire sous les traits d'un goupil facétieux.

*"Seigneurs, beaucoup
de conteurs vous ont raconté
beaucoup d'histoires [...].
Cependant, jamais vous n'avez
entendu raconter la terrible
guerre entre Renard
et Isengrin, une guerre
terriblement longue et acharnée.
Ces deux barons, en vérité,
n'avaient jamais pu
se souffrir"*
(*"Roman de Renart", branche II*).

Renard joue tous les rôles : chevalier, médecin, jongleur, et à l'occasion simple goupil.

*Gaston Phébus commença son "Livre de la chasse"
le Ier mai 1387 et il l'avait terminé quand il mourut durant une chasse
à l'ours dans les Pyrénées en août 1391.*

RENARD ET SES POÈTES

Au cœur de la littérature, caché dans la forêt des textes, est tapi Renard, le malicieux goupil, toujours prêt à égarer son lecteur sur de fausses pistes.

Depuis des siècles, il court, il court, le petit renard, lutin diabolique et malicieux.

"Son nez noir, si froid, si brillant à la pointe du museau aigu, ne cessait de frémir, de quêter" (M. Genevoix).

"... C'était grande beauté que cette flèche rousse allongée sur la plaine" (M. Genevoix).

> **LE LOUP AU NATUREL**
>
> "Et soudain il l'eut devant lui, silencieux, couleur de brouillard, avec ses yeux d'un jaune verdâtre, au regard glacial et cruel" (M. Genevoix).

Le loup et le renard : des fauves cruels et redoutables.

"Ce démon à museau pointu, rouge comme un diablotin d'enfer"
(M. Genevoix).

Le loup est la bête dangereuse, inquiétante, fière de sa force, impitoyable.

"Un véritable rendez-vous : Renard en bas et l'autre au-dessus, avec cependant cette différence que l'un s'empiffre et que l'autre bâille de faim" ("Roman de Renart", branche II).

"Les grands, pour la plupart, sont masques de théâtre [...]. Leur apparence impose au vulgaire idolâtre. L'âne n'en sait juger que par ce qu'il voit. Le renard au contraire à fond les examine..." (La Fontaine, "Fables", IV, 14).

Renard se joue de tous les tabous, de la hiérarchie sociale comme de la mort.

Le renard et la cigogne dans un face à face imaginé, d'après La Fontaine, par le grand peintre animalier J.-B. Oudry (1751).

À MALIN MALIN ET DEMI

"Il lui fallut à jeun retourner au logis,
Honteux comme un renard qu'une poule aurait pris,
Serrant la queue, et portant bas l'oreille.
Trompeurs, c'est pour vous que j'écris,
Attendez-vous à la pareille"   (La Fontaine, "Fables", I, 18).

La ruse est la campagne de la violence dans
la paix comme dans la guerre.

*Bon époux, père attentif, Renard convie Hermeline à partager ses prises :
"Il charge les dix poulets sur son dos [...].
Sa femme fut folle de joie en voyant revenir Renard, les poulets au cou"
("Roman de Renart", branche IX).*

"Tibert, le cœur en fête, prend délicatement l'andouille" ("Roman de Renart", branche XV).

"Une poule reposait à l'intérieur, amenée sur une litière" (*"Roman de Renart"*, branche I).

LA CONVOCATION DE RENARD

"Renard tremble comme une feuille. Mort de peur, il brise le cachet de cire et découvre le contenu de la lettre. Il soupire car, [...] il a bien compris de quoi il retournait" (*"Roman de Renart"*, branche I).

Le *"Roman de Renart"*, sous l'affabulation animale, montre les hommes dans leur réalité cruelle.

"Brun l'ours est déjà parvenu à Maupertuis, au cœur de la forêt, en suivant continuellement le sentier. Sa forte corpulence l'oblige à rester dehors. ("Roman de Renart", branche 1).

LA FEMME DE RENARD

"[...] une femelle courageuse, vraie Renarde aguerrie aux dures lois de la nature sauvage, ardente aux repues pleines et stoïque aux temps de misère!" (M. Genevoix).

Le charme de l'œuvre : un va-et-vient constant entre le monde animal et le monde humain.

*"Déjà, ils lui avaient mis la corde
au cou, déjà l'heure de son jugement, s'apprêtait à sonner"
("Roman de Renart", branche I a).*

Renard symbolise la force de la vie
et la volonté farouche de survivre.

Renard devient le brocanteur Goupil dans cette bande dessinée politique qui se déroule dans le 5ᵉ arrondissement de Paris.

RENARD OU L'UNION DES CONTRAIRES

"[...] plus intelligent, plus inventif que quiconque, audacieux, libre de tout préjugé comme de tout scrupule, [...] orgueilleux et affamé, rebelle et diplomate" (Béatrice Beck).

Véritable Protée, que ses métamorphoses rendent suspect, Renard plaît en inquiétant.

Au cœur de l'humanité se dissimule la renardie
qu'on essaie d'éliminer.

ROBIN DES BOIS EN RENARD

Réfractaire épris de liberté et de grand air, il était inévitable que Renard prêtât ses traits au chevaleresque Robin des Bois de Walt Disney.

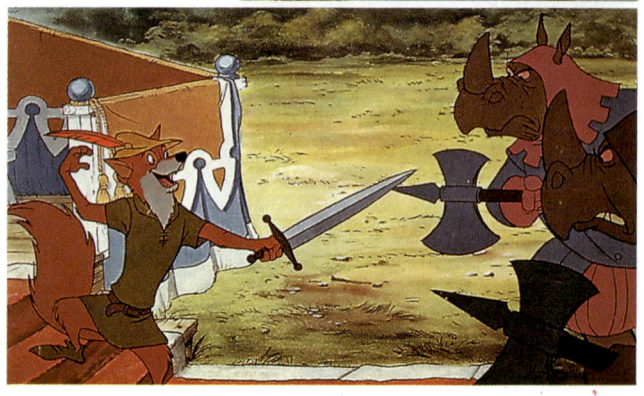

"Courageux, Renard l'est [...] hardi, tenace et la tête bien placée" (M. Genevoix).

*C'est encore l'éternelle comédie
humaine que dévoile, dans un film d'animation,
Ladislas Starevitch, le Méliès
soviétique, à travers une cour animale
emportée par la folie.*

Trouble-fête, Renard force à ouvrir les yeux sur
les masques et les faux-semblants.

*"C'était le héros des vieux dits,
venu vers moi du fond des temps à
travers les continents et
les âges" (M. Genevoix).*

CRÉDITS PHOTOGRAPHIQUES

P. 1. : Couverture du "Roman de Renard" par B. Rabier, collection particulière/ J.-L. Charmet by Spadem 1991. P. 2 : "Le Roman de Renart" de J. Gielée, XIIIe siècle, Paris, B.N./Josse ; Recueil de poésies, XIIIe siècle, Paris, Arsenal/Lalance-Namur. P. 3 : "Le Livre de la chasse" de G. Phébus, XVe siècle, Paris, B.N./Josse ; Lalance-Namur. Pp. 4, 5 : Dessins de M. Genevoix/J.-L. Charmet ; Redfern-OSF/Fovéa ; Cayless-OSF/Fovéa. P. 6 : "Le corbeau et le renard" par A. Delierre, Château-Thierry/Josse ; Le Renard et le buste de La Fontaine par A. Delierre, Château-Thierry/Josse. P. 7 : Le Renard et la cigogne par J.-B. Oudry, Metz/Josse. Pp. 8, 9 : illustrations de B. Rabier, collection particulière/J.-L. Charmet by Spadem 1991. Pp. 10, 11 : J.-L. Charmet. Pp. 12, 13 : "Le Polar de Renard" de J.-L. Hubert et J.-G. Imbar, Editions du Square 1979 DR. P. 14 : Prod/DB by Walt Disney par autorisation spéciale. P. 15 : DR. P. 16 : Dessin de M. Genevoix/J.-L. Charmet. 4e de couverture : Les Aventures de maître Renard/ J.-L. Charmet.

IV

Nouvelle clameur d'Isengrin-le-Têtu.

Qui l'eût fait taire ? La passion le brûlait au point qu'il eût affronté le lion même ; au point qu'il fût mort sur place avant d'avoir senti que la mort le prenait, tant le jetaient hors de lui-même les transes qui le possédaient.

Beaucoup, parmi les animaux qui déjà quittaient l'assemblée, s'arrêtaient au bruit de sa voix et pas à pas revenaient en arrière. Car une nouvelle métamorphose, prêtant à cette voix des accents insoupçonnés, ranimait en eux au passage l'étrange curiosité qui les avait, fût-ce à contrecœur, appelés et retenus.

La rancune, la haine, la fureur, la jalousie, trouvant enfin leur feu le plus ardent, rendaient le loup à sa véritable nature. Et ainsi, tout à la fois, il surprenait, effrayait, attirait plus qu'il ne l'avait jamais fait, comme s'il fût brusquement devenu, en plus de tout ce qu'il était, intelligent.

— Sire Roi, je dirai comme Renard. Dédaigneux de me défendre, j'avoue ce dont m'accuse Grimbert. Mais jamais ne franchira mes dents l'un de ces aveux balbutiés que le regret et la honte accompagnent. Comme Renard ! Comme Renard ! Toi, Bruyant, et toi, Brichemer, et toi, Beaucent, et toi, Grimbert, je sais que vous n'êtes pas des lâches. Cornes aiguës, andouillers de massacre, défenses et grais de dur ivoire, longues griffes acérées et tranchantes, sachant vos armes et votre cœur je vous défie à votre gré, si vous me tenez pour ennemi. Mais chaque chose en son temps : vous, plus tard. Que j'aie d'abord étranglé ce fuyard, ce puant goupil, ce nain roux, Renard, qui détale et délègue ses amis pour dénoncer comme infamie et crime, venant d'autrui, ce qui, venant de lui, se voit juger défense légitime, ruse admirable et plaisant stratagème. Silence. Je parle. Ce n'est pas moi, le loup, qui suis allé vers le mâtin. Pas davantage Tybert le chat. Le Rechigné est venu à nous de lui-même, se souvenant peut-être d'avoir galopé toute une nuit, chasseur chassé, poursuivant poursuivi, comme je le fus moi-même à ses trousses et à son museau. Gabés ensemble, vengés ensemble, et pourquoi non ? Mais pour que le chien vînt à nous, il a fallu ressentiment plus âcre, rancune à odeur de mort. Autran-le-Roux...

— Renard l'a tué ! cria Brun l'ours.
— Il a bien fait ! coupa Grimbert.
— Je parle ! hurla de nouveau Isengrin.

Sa violence brûlait alentour, gagnait peu à peu tout le monde. Vers l'est, aux lisières de Bréviande, montait une vaste nue violâtre, au-dessus de laquelle le soleil, sur son déclin, révélait des monceaux de nuages blonds, en chaos de collines écroulées. Noble, toujours hiératique, humait parfois vers la nuée d'orage et, sous son immobilité, les frémissements qui parcouraient sa peau poussaient des ondes sans trêve ranimées. Isengrin cependant poursuivait :

— Le dernier mot qu'Autran-le-Roux ait crié à la face du ciel, c'est une promesse de mort pour le goupil : « Mon Rechigné te tuera, Renard ! » De tels serments rien n'est perdu, fussent-ils tombés d'une bouche comme celle-là.

— Est-ce donc à toi de les tenir ? dit Beaucent.
— A moi, non. Mais s'il s'agit de mon ennemi, tout m'est bon, qui le mène à sa perte. Si mes dents te

serrent aux naseaux, je me ris de tes cornes, Bruyant. Si je te saute sur le dos, Beaucent, et t'enfonce mes crocs dans la nuque, que feras-tu de tes défenses ? Toute arme est bonne, qui blesse profond ; meilleure, qui tue : voilà pour vous, vassaux non moins que moi. Pour toi, Sire Noble, notre Roi, je sais ton souci d'être juste. Je n'ai, pour mieux m'en souvenir, qu'à toucher cette cicatrice-là, barrant ma joue naguère arrachée. Par cette joue cruellement tailladée, par le sang que tu en fis couler, je jure que j'ai dit vérité, que Renard le goupil m'a honni, et que juste bataille m'en est due.

— Tu l'auras donc, dit le lion Noble.
— Sire ! dit Grimbert.
— Sire ! dit Brun.

Et de toute part les voix s'élevèrent, ardentes, indignées ou farouches. Elles résonnaient et s'affrontaient dans l'air immobile et pesant. De plus en plus nettement l'on voyait s'affirmer deux camps et dans chacun, plus vite que la nue orageuse, la fièvre monter et bouillir.

— Chien ! dit Brichemer.
— Et chien qui aboie, dit Bruyant... Trop pour mordre.
— Répète, Bruyant ! Par la Mort-Dieu...
— Approche d'un seul pas, si tu l'oses...
— N'est-ce pas ce que t'a dit Ferrante, avant de te marquer au fer ?
— Mordre, mordre... Comment mordre un absent, une ombre ?
— J'irai le chercher, moi, Brun l'ours ! Vif ou mort, il faudra bien qu'il vienne...
— Lâches !
— Traîtres !
— ... Et qu'il se batte !
— Bataille ! Bataille !

Noble, du haut de la rocheuse terrasse, regardait, la tête toujours appuyée sur ses pattes. Allongées tranquilles sur la pierre, on vit ces deux pattes formidables se tendre imperceptiblement, peser du poids de tous leurs muscles; et le col, et la tête, prenant appui sur ce double socle, se soulever, monter, grandir, tandis que s'ouvraient les yeux, s'illuminaient les prunelles d'or et qu'enfin la tête splendide, le front à demi renversé, la crinière flottant jusqu'aux épaules, prenait l'attitude même de la royale majesté. Alors seulement, le Roi bâilla.

Il bâilla du mufle, des paupières, du front, des joues et des oreilles. Il bâilla interminablement, indolemment, voluptueusement, terriblement. Les poignards courbes de ses crocs, l'antre sans fond de sa gorge, il daigna les découvrir, les laisser voir, les montrer à son peuple. Un soleil pourpre, avant de disparaître, glissait en nappe sur la terrasse royale. Il semblait que ce soleil ruisselât dans l'immense gueule, l'empourprât tout entière d'une rosée de feu et de sang.

Chacun put voir, qui d'abord l'osa. Cela dura tout le temps qu'il fallut. Enfin la gueule se referma et, dans la profondeur de l'antre à présent dérobé, les deux rangées de dents claquèrent en se rejoignant. Plus un murmure ne vivait dans Bréviande. Pas une feuille ne frémissait aux branches. On entendit, dans le pesant silence, le bourdonnement lointain de l'orage qui tournait là-bas.

— Brun! dit Noble.
— Sire? dit l'ours en se levant.
— Je t'ai entendu, tout à l'heure. Par ta queue que Gillain a serrée et que sa main n'a point lâchée, par ton séant ainsi plus vaste, agrandi comme un champ dont on a coupé l'ormeau, je sais que tu n'aimes pas Renard. Ramène-le donc dès le prochain jour, avant le soir... Mais vif.

Noble laissa couler un regard, frôla son flanc d'un souple battement de queue et répéta, d'une voix très douce :

— Vif, ami Brun. Vif, n'oublie pas...

V

Comment Renard fut semoncé trois fois : par Brun l'ours premièrement.

Brun prit la route, le cœur tout bouillonnant de ce qui s'était passé à Bréviande. La solitude des gorges qu'il lui fallait traverser, l'approche d'une nuit déjà sombre, où de lents éclairs mauves vibraient au ras de l'horizon, lui rendirent bientôt quelque calme. Sa haine contre Renard n'en demeurait pas moins vive. Ses mœurs d'ermite, son humeur bourrue avaient développé en lui un amour-propre ombrageux, que tout écorchait ou piquait. La jalousie et l'honneur d'Isengrin, les griefs secrets de Tybert, leurs queues, il s'en souciait autant que le Roi Noble. Mais depuis le coup de cognée que lui avait dépêché Lanfroi, il nourrissait à l'égard du goupil une rancune longuement mijotée, recuite dans le secret du cœur.

Il allait, ayant franchi les gorges, dans l'ombre fraîche d'une forêt familière que nul orage ne menaçait plus. Silencieusement, sur de glissantes savates, comme va l'ours sur ses voies nocturnes. De petites chouettes se levaient sous ses pas, se reposaient un peu plus loin. Il ne bronchait pas pour si peu ; pas même pour les relents fétides, de meute échauffée par la course, dont les sillages collaient encore aux herbes en dépit du serein mouillé.

Il atteignit la futaie de charmes longtemps avant que l'aube ne parût. Deux ou trois ombres, à son approche, s'éloignèrent en grondant et s'évanouirent entre les arbres. Il lui sembla, au mufle de l'une d'elles, distinguer la pâleur du croc qui en barrait obliquement la noirceur : ainsi sut-il que Renard était sauf, abrité et terré aux profondeurs de Maupertuis.

Brun se coucha au pied d'un tronc moussu et dormit, comme dort un ours qui pense tenir sa vengeance. Une fauvette babillarde, un merle noir rivalisaient de musicienne ardeur. On ne voyait pas la fauvette, cachée dans le haut feuillage ; mais le merle, perché sur un rameau de ronce, les plumes gonflées, la gorge pleine de roulades, tenait levé son bec jaune orangé vers le point juste de la feuillée d'où gouttelait la limpide chanson.

Quelle paix ! Et qu'il eût fait bon vivre sous les longues ramures étalées, dans la lumière doucement tamisée de la jeune et vierge journée ! Mais il y eût fallu un cœur lavé de meurtrière envie, pur comme le chant de la fauvette, comme l'eau de la fontaine où Pâquette, la hanche vive sous son cotillon, allait emplir sa cruche de grès.

Brun l'ours la vit, sans remuer plus que pierre. Non qu'il craignît les cris de Pâquette et la brusque arrivée de Lanfroi. Mais il demeurait si brûlant d'accomplir au plus tôt sa mission, si obsédé de ses propres désirs que toute intrusion d'homme survenant à la traverse, dangereux obstacle ou simple retard, lui eût paru également funeste. Pâquette, un genou en terre, se pencha sur la vasque, emplit sa cruche, écarta de la main une mèche folle devant ses yeux, se releva, gracieuse et souple. Elle s'en allait, n'ayant pas vu Brun l'ours, tenant loin de son corps un bras qui rosissait en passant dans les rais de soleil, les semelles de ses petits sabots claquant contre ses talons nus.

— Renard ! appela enfin Brun l'ours.

Une fois de plus, le gros compère ne savait pas ce qui lui pendait à l'œil. Chacun va sur sa route en pensant conduire son destin. Mais il y a bien longtemps que le vieux trouveur de l'histoire, apparemment fol entre les fols, a dit, parlant du jeune Renard, que la lutte est dure et sans fin à qui veut, dans le siècle, sauvegarder sa liberté. L'instant approche où chacun va parfaire ses écoles et mesurer son vrai courage aux rigueurs d'un choix sans retour.

— Renard! Renard!

A la gueule sombre du terrier, sous les ronces, deux yeux fauves s'allument et luisent.

— Hé! dit la voix joyeuse du goupil. Est-ce là Brun l'ours? Mon ami l'ours?

— Je ne suis pas ton ami, dit Brun.

— Tant pis pour toi, repartit Renard. Que me veux-tu?

— Te semondre, de la part du Roi.

— Pourquoi tant de chemin, si puissant messager et semonce si solennelle? Je suis sujet du Roi comme toi... Et ton serviteur, ami Brun.

— Tu me suivrais, de ce pas, à Bréviande?

— De ce pas!

Brun l'ours n'en croit pas ses oreilles. Pour un peu, il serait déçu de trouver Renard si docile. Sa méfiance s'en aiguise d'autant. Aussi dit-il, affectant des scrupules qu'au fond de soi il n'éprouve guère:

— Je ne suis pas ton ami, te l'ai dit, et ne feindrai même pas de l'être. Mais de là à aimer Isengrin... Par la Sainte Foi, Renard, j'ai souhaité que tu échappasses au Rechigné et à sa troupe de chiens!

— Merci, dit benoîtement Renard.

Et cependant, à menus bruits de mâchoires, puis à glissants clappements de langue, à doux grognements du bord des lèvres, il donne à penser à Brun l'ours qu'il se goberge tout à loisir. En vérité, la haine est dans son cœur. Du fond de l'ombre, il contemple à l'aise le colosse, son museau long-fendu où s'agite une vive langue bleue. Brun commence à baver: c'est bon signe.

— Juste une minute, dit Renard. Le Rechigné? Bête comme un loup... Il est seulement dommage, ami Brun, que le seul Grimbert, mon parent, ait dénoncé ce honteux guet-apens. N'en parlons plus. Juste une minute, te dis-je, le temps de me bien sustenter. Encore cette cuissette de levraut : mes trois fils chassent, ils ont grandi... Je ne suis qu'un petit seigneur, tu le sais, un goupil. *Aide-toi, le ciel t'aidera*, c'est devise d'humbles gens comme moi. A la Fuye, quand passe un hôte de haut lignage, grand, gros, large comme toi des épaules et des flancs, que de viandes sur son assiette, de venaisons, de bœuf au poivre jaune, de blanc-manger, de vins généreux dans sa coupe ! Mais s'il s'agit d'un homme de peu, mince du dos, ravalé des fesses, comme moi, à lui le bout du banc, loin de l'âtre, les rogatons et les rinçures de fût. C'est pourquoi je me prémunis... J'ai fini, ami, je te suis. Le temps encore, à peine, de lamper ces rayons de miel : miel français, miel forestier, miel de Lanfroi, miel des miels...

Le voici hors de son terrier, léchant ses grenons, l'œil gourmand.

— De Lanfroi ? balbutie Brun l'ours. J'ai vu tout à l'heure sa Pâquette. A-t-il des ruches de ces côtés ?

— Mieux ! dit Renard. Réserve sauvage. Bien cachée. Mais pas si bien que je ne l'aie trouvée.

— Montre, dit Brun.

— Non, dit Renard.

— Pourquoi ?

— Parce que tu n'es pas mon ami.

Alors Brun, toute méfiance oubliée, tirant la langue, salivant de plus belle, Brun de gémir :

— Je suis ton ami.

— Viens, dit Renard.

Il exulte. Le miel qu'il savoure ne lui poissera pas la moustache ; mais il est plus doux mille fois que celui des ruches de Lanfroi. Il trotte lestement sous les charmes, contourne la ronde clairière où le grand forestier a bâti sa cabane d'été. Brun l'ours le suit, coulant ses larges semelles et dodelinant du cou, comme s'il dansait.

— Chut, ami... A bon vent... C'est ici.

— Où cela ?
— Dans ce tronc fendu.

C'est un énorme tronc de chêne, allongé dans l'herbe douce, où Lanfroi compte débiter les planches d'une table ou d'une huche. Il y a enfoncé, lourds et luisants, deux coins de fer qui en maintiennent la fente bée. Déjà Brun l'ours, plus profondément que les coins, y a fourré sa langue et son museau.

— Plus loin ! Tout au fond ! crie Renard.

Et d'une secousse, en y mettant toute sa force, tandis que la grosse tête s'enfonce et disparaît au-delà des oreilles, il fait sauter les coins et livre au chêne son ennemi.

— Lanfroi ! Lanfroi ! appelle-t-il. Cette fois, ce n'est pas moi : c'est l'ours !

Brun crie d'une voix aiguë qui s'étouffe dans l'épaisseur de l'arbre.

— Lanfroi ! appelle toujours Renard.

Le chêne, de toutes ses fibres, se resserre irrésistiblement. La douleur, pour Brun, est atroce. Mais il entend les appels de Renard. Il sait que Lanfroi va venir, sa terrible cognée au poing. Alors, désespérément, il prend appui, de ses puissantes pattes, sur l'épaisseur du tronc rugueux, raidit le cou, sent sous le poil sa peau qui craque, se rabat, délivre son crâne, ses oreilles nues, ruisselantes de sang, cruellement cuisantes à l'air vif.

Et il détale, aux cris de Lanfroi qui accourt. Il renifle le sang qui l'aveugle, le secoue sur la sente forestière. De la peau qui lui reste au crâne, y aurait-il assez pour tailler un boursicot ? Jamais plus hideuse bête, plus gigantesque et plus rouge écorché ne s'offrit aux yeux des créatures. Les geais huent ; les pies criaillent ; Lanfroi, à pleins poumons, huche à l'ours vers le village. Et Brun va, trébuchant, haletant, se heurte aux arbres, entend la troupe des vilains qui accourt à grande rumeur, les faux tintant, les fléaux cliquetant, revient, bute contre le curé Everart qui justement étendait son fumier, qui lui lance raide sa fourche dans les pattes. Et Brun repart, entend siffler la cognée de Lanfroi, montre les dents, tournoie, se retrouve sous les charmes, aux abords mêmes de Maupertuis.

Renard, qui l'a suivi au bruit, le guette du seuil de son terrier. Hermeline, à son côté, le voit passer, en reste toute saisie. Elle admire l'audace de Renard en même temps qu'elle s'en effraie.

— Holà, Brun! raille Renard le goupil. Comment trouves-tu, ami, ce miel rouge qui t'a barbouillé? Ne m'oublie pas auprès de tes féaux : Damp Isengrin, le cher Tybert... Viendra-t-il pas, le Courte-Queue? Dis-lui que je l'attends sans faute, que j'aurai grande joie à le voir. Holà, Brun! Adieu, ami!...

Mais l'ours enfin a disparu dans les profondeurs des taillis. Quand il atteint Bréviande, le soir tombe. L'air est plus étouffant que la veille. Le même orage tournoie sous l'horizon. Devant la rouge apparition, un murmure d'horreur se répand. Sire Noble, avec curiosité, considère ce chaperon écarlate, tout grumeleux de caillots sombres.

— Par Dieu, Brun, tu n'es pas beau! Qui donc t'a mis en cet état?

— Le demandez-vous, Sire? gémit Brun. C'est lui, le goupil, l'affreux nain! C'est Renard!

Et il s'effondre, comme un corps mort, aux pieds du lion.

VI

Secondement par Tybert le chat.

Il eût bien voulu, le vieux chat, tirer son épingle du jeu. Mais il était trop tard : il s'était laissé surprendre.

— Tybert !

C'était la voix même du lion Noble. Indiscutablement. Et c'était bien à lui, Tybert, que s'adressait cette voix souveraine.

Quelques instants, rien qu'un instant plus tôt, il pouvait se glisser sur sa branche, se couler derrière le tronc de l'arbre et disparaître à tous les yeux. Maudits Brun l'ours et son camail rouge, qui l'avaient retenu un peu plus qu'il ne l'eût fallu !

— Tybert !
— Sire ? dit le chat.

Et il descendit de sa branche. Mais, ayant touché terre, il demeura sous les yeux du lion, humblement.

— C'est donc sur toi que nous comptons, dit Noble.

Tybert hésite. Questionnera-t-il le Roi ? Feindra-t-il d'ignorer ce pourquoi le Roi compte sur lui ? Il faut lui rendre cette justice : il n'hésite pas longtemps. Il est sage. Il sait que nul n'échappe à son destin et que, bon gré mal gré, le prêtre doit aller au synode.

— Sire Roi, je partirai dès l'aube.

— Que nenni ! dit le lion. Sur l'heure ! Quand même tu me cacherais tes yeux, Tybert, je sais qu'ils y voient la nuit... comme les miens.

— Sire ! dit Tybert en s'inclinant.

Et le voilà parti, comme Brun l'ours ; comme lui touché, au sortir de Bréviande, par la paix d'une nuit où les étoiles scintillent dans un ciel pur, où l'air est frais et léger sous les arbres. Comme Brun encore, il reste plein de trouble. Mais la haine qui lui frémit au cœur, si vivace et si drue qu'elle puisse être, ne lui égare point la cervelle. Il médite, pèse le pour et le contre, se promet de ramener Renard en y employant quelque ruse, cherche un plan, n'en trouve pas, s'en remet à sa bonne fortune en se jurant d'être prudent.

Cependant, le voilà sous les charmes. L'aube n'a pas encore rosi, mais déjà la fauvette commence à chanter sous les feuilles et le merle sur la ronce. Tybert regarde l'oiseau noir ou plutôt le dévore des yeux. La longue marche a aiguisé sa faim. Mais le merle, de son perchoir, découvre les abords du roncier et ne se laissera point surprendre.

— Renard ! appelle doucement Tybert.

Puisqu'il faut en passer par là, le plus tôt sera le mieux. Les broussailles frémissent imperceptiblement. Et voici, à deux pas de Tybert, Renard lui-même, debout, la mine reposée, l'œil vif.

— Bienvenue, Tybert ! Comme au pèlerin, rentrant de Rome ou de Saint-Jacques par un glorieux jour de Pentecôte, bienvenue !

Le ton aussi est naturel, plein de franchise et de cordialité. Tybert, une fois de plus, sent s'éveiller en lui une sympathie involontaire et, du même mouvement, un regret. Pourquoi ne pas chasser d'un coup les vieilles rancunes qui l'empoisonnent ! Cette guerre du goupil et du loup, par la faute d'Isengrin le braillard, le têtu, le rageur, l'imbécile, elle est en passe de semer la discorde entre tous les animaux : jusqu'à intéresser le Roi même, le potentat que tous vénèrent, mais de loin, quand il reste à Bréviande ou qu'il n'y convoque personne.

Tybert est bien trop fin pour n'avoir pas subodoré le mauvais vent de la défaite. Ce vent-là, le lion Noble aidant, souffle du côté d'Isengrin. Renard est un vaurien, un coupe-jarret, c'est entendu ; mais si roué, si plein d'entrain, si charmant dès qu'on le compare à son brutal et sombre ennemi !

— Où me mènes-tu, ami Tybert ? Ne tourne pas sept fois ta langue. Je vais parler, si tu le veux bien, à ta place. Tu me diras seulement, après, si je me suis trompé d'une virgule... Voilà : nous allons à Bréviande. Remarque-le : de bon gré de ma part, cheminant près de toi, joyeux d'avoir tel compagnon. Tu m'as dit tout à l'heure, je suppose : « Ami Renard, tes gabets, ton effronterie même ont fait de toi un personnage. Te voilà, autant dire, célèbre : non plus le goupil, mais Renard. Garde-toi toutefois, désormais, d'exagérer. Tant tire-t-on sur la corde qu'elle casse ; tant remplit-on la cruche qu'elle déborde. Hé ?... Je suis un vieux chat, Renard. Et ton ami, malgré... motus ! Je sais des gens qui ne t'aiment guère, et dont le nombre va croissant, et qui... Tout cela pour ton bien, car je t'aime. » Et je t'ai répondu, je suppose, je suppose toujours : « Les menaces ne tuent pas, Tybert. Je me ris de ces ennemis-là. Je n'ai pas peur de Brun l'énorme, ni d'Isengrin, ni, qui sait ? de toi. Quant au Roi Noble... » Hé ? Que dis-tu ?

— Rien, fait Tybert.

La perspicacité du goupil, son audace continuent de l'impressionner.

— Qui n'a peur du Roi Noble ? reprend Renard. J'aurais donc peur de lui — suis-moi bien, — comme Isengrin, comme Brun, comme toi, si j'avais à avoir peur de lui. Mais pourquoi aurais-je peur de lui ? Est-ce moi qui ai, d'un coup de patte, arraché la joue d'Isengrin ? Et le crâne, les oreilles de l'ours, est-ce donc moi qui les ai pelés ? Ce n'est pas le Roi Noble non plus, vas-tu me dire, mais la seule gloutonnerie du Sans-Queue. Qu'a donc dit Noble, quand il a vu Brun-le-Hideux ? A-t-il rugi ? Juré ma perte ? Me mande-t-il par ta voix, Tybert, d'apporter moi-même la hart dont je serai, dès ce soir, pendu?...

Ils vont, cependant, côte à côte. L'aube point, révèle la flèche d'une petite église, la façade du moutier que fleurissent des roses trémières. Un coq chante.

— Ah! Renard! soupire Tybert.

Il bâille, les yeux mouillés de faim.

— Je n'y tiens plus, tout mon ventre se tord... On essaye?

— Non, dit Renard. C'est le coq du curé Everart, le seul que je lui aie laissé... Avec deux poules, vieilles, déplumées, aussi maigres et coriaces que lui. Mais...

— Mais? dit Tybert.

— Non, rien. C'est trop piètre manger.

— Mais encore?

— Souris et rats, quoique à foison. Plein ce grenier, au haut de cette échelle, derrière cette chatière sous la porte.

Vraiment, les choses arrivent d'elles-mêmes, dans la pâleur du jour naissant. Se concerter? Délibérer? Pourquoi? L'échelle, au flanc de la maison, offre de larges barreaux, s'achève en une petite plate-forme où se retrouvent les deux compères. Et Renard dit :

— Tu as dû engraisser, Tybert. Est-ce l'âge? Comme te voilà devenu lourd! Serait-ce à moi de te montrer comment on enfile une chatière? Regarde...

— Minute! dit Tybert.

Il écarte Renard et passe, aussitôt gronde, maudissant sa folie : car il est pris, le cou dans un lacet tendu là par le fils de Gillain, Martinet, l'apprenti-moine, déjà rasé et couronné. Digne fils de curé, qui met sa science et son étude à tendre des collets contre chats sauvages et goupils! Il a l'oreille fine, il s'éveille :

— Père! Mère! appelle-t-il. Montez vite! Le goupil est pris!

Everart écarte les cendres, jette sur les braises deux grosses poignées de foin, s'accroupit et souffle à pleines joues. Oh! l'étrange et soudaine vision! Le foin grésille, illumine la maison à croire qu'y gronde un incendie. De grandes lueurs dansent sur les murs où des ombres s'allongent, sautent au plafond, gesticulent et grimacent. Gillain se lève, enfile une cotte, un caraco, prend le bâton de sa quenouille.

— Des chandelles! crie Martinet. Il est bien pris!

Par l'échelle intérieure, tous grimpent, en tête le curé Everart, puis Gillain, puis Martinet. Leurs cris se croisent sous les solives :

— Gare qu'il ne morde!
— Ou ne griffe! Car c'est un chat.
— Il y a un goupil aussi, je l'ai vu!

Everart pousse un hurlement, griffé et mordu à la fois au revers de sa culotte. Hardi, Tybert! Quand le vieux matou plante ses griffes, elles tiennent bon. Quel chardon te colle au derrière, curé!

— A l'aide! A l'aide! braille le pauvre homme.

On entend la porte s'ouvrir, une voix ensommeillée qui s'enquiert et qui encourage :

— Qu'est-ce, curé? Je viens, j'arrive!

C'est Picasnon-le-Puant, dont la maisonnette est voisine. Sous son poids, une à une, craquent les marches.

— Eclairez un peu, dit-il.

Renard, d'une charge dans les jarrets, fait choir Martinet sur Gillain, et Gillain sur Picasnon. La chandelle tombe aussi, s'éteint. L'escalier sonne sous un galop, un tambourinement de pattes. Le Rechigné, de chez Picasnon, a flairé une piste brûlante. Il accourt, toutes les dents dehors. Vaille que vaille, chacun se relève, empoigne, tape, gronde, aboie, glapit. Gillain, de sa quenouille, cogne sur Tybert à tour de bras. Aux secousses, le collet d'abord serre le chat à lui faire perdre le souffle, soudain se rompt et relâche son étreinte. Mais Tybert, lui, ne lâche pas, ni des griffes, ni de la mâchoire. Gillain tient son moignon de queue. Le chien fonce, voit Renard et bondit. Mais, sur une feinte du goupil, le Rechigné va donner du museau dans le cotillon de la vieille, plante sa surdent et secoue à son tour.

— Hardi ! J'arrive !

C'est maintenant Corbaran de la Rue, un autre chien sur ses talons. Renard a reconnu Morhout, qui certain jour a jailli hors du sac. L'instant d'après, la chaîne est bien soudée : dans le petit jour encore blanc, devant la lucarne qui bat, griffes plantées, dents crochées, mains serrées, tout cela saute et se tortille, comme danseurs à la fin du branle : Everart, Tybert, Gillain, le Rechigné, Martinet, Picasnon, Corbaran, le mâtin Morhout...

— Adieu, Tybert ! crie Renard. La maison est bonne, tu le vois. Restes-y donc !

Il considère la file soubresautante, se régale du spectacle et des cris. Il est content, murmure dans sa moustache :

— Cette fois, c'est mon plus beau chapelet... Baste ! Il est temps de rallier Maupertuis.

Mais avant de prendre du champ, il passe derrière Morhout, darde à pleines dents une botte magistrale et, grondant d'aise, un long moment, se laisse bercer par le branle enragé. Quand il s'arrache enfin, à regret, il laisse du moins aux fesses du mâtin une durable et cuisante empreinte. Elle est de Renard le goupil : bien signée.

VII

Tiercement par Grimbert le blaireau.

Tybert n'a pas suivi le conseil donné par Renard. Rompu de coups, la chair talée, les os craquants, il s'est traîné, courageusement, jusqu'à Bréviande. Il y a retrouvé la fièvre, les invectives, la colère, et cet orage qui vers le soir, de jour en jour plus menaçant, tourne au bord de l'horizon sans jamais fondre ni éclater.

Pendant ce temps, à Maupertuis, Renard attendait Grimbert. Il savait qu'une troisième semonce n'allait pas manquer de l'atteindre, et que Grimbert la lui porterait : Grimbert le rustaud, le solide, au cœur bourru comme une bogue de châtaigne ; mais au-dedans c'est farine succulente, tendre et blanche fidélité.

Comme Brun l'ours, comme Tybert le chat, Grimbert parut un peu avant l'aube, à l'heure même où Renard l'attendait.

— Entre, Grimbert.

C'est un blaireau, une bête de terrier. Il sait, dans une galerie, cheminer, se retourner, gagner la chambre et s'y asseoir.

— Je vous salue, Dame Hermeline. Que vos fils ont grandi, belle amie ! Dignes fils de Renard et de vous : fiers, ardents, l'œil plein de flamme...

On se restaure : les provisions ne manquent pas. Renard, pendant les derniers jours, a pu chasser tout à loisir et, prévoyant qu'il n'éluderait plus une absence peut-être longue, il a garni largement son charnier.

— Je reconnais bien là mon Grimbert! dit-il avec bonne humeur. Manger d'abord. Lorsque le ventre est vide, la cervelle divague d'autant... La tête est bien claire, à présent?

— Je l'espère, oui, dit Grimbert.

— Et quelles nouvelles, dans cette tête-là?

— Pas aussi bonnes, cousin Renard, que nous pourrions le souhaiter ensemble. Mieux vaut que je ne vous cache rien. Aussi bien, je vous connais : ce que j'ai à vous dire ne vous surprendra pas beaucoup.

Et Grimbert de conter le retour de Tybert à Bréviande, de rapporter les propos du vieux chat, d'évoquer, — « bien faiblement », dit-il, — l'agitation à peine croyable qui s'était emparée de tous, les ennemis du goupil de plus en plus véhéments et hardis, ralliant un par un à leur cause les derniers tenants de Renard, Bruyant jurant de le fouler aux pieds, Belin d'accord avec Menin pour se ranger, moutons stupides, auprès du loup, Brichemer muet, Beaucent muet...

— Et le Roi Noble? dit Renard.

— Justement, dit Grimbert, muets l'un et l'autre à cause de Noble. Malin qui saurait déchiffrer les pensées secrètes du lion! Cette guerre l'amuse encore, mais les belligérants plus du tout : il se rit d'Isengrin et le verrait massacrer sous ses yeux sans avoir un clin de paupière. Quant à toi, Renard...

— Va toujours, Grimbert.

— Il t'a déjà, dans son esprit, sacrifié. La toute-puissance, quand elle ne craint rien pour elle-même, donne volontiers dans la démagogie. Noble, loin de rien faire pour te protéger désormais, te jettera comme un os à ronger au clan de ceux qui veulent ta perte. Selon les formes, bien entendu. Vois ceci, sur mon épaule.

Et Grimbert, écartant de la langue les poils raides de sa toison, découvrit une plaie profonde et nette, à la forme exacte d'une griffe.

— Voilà son sceau, reconnaissable, imprimé à ton intention. D'une seule griffe, point méchamment, comme en rêvant à autre chose... Mais la racaille était contente.

— Elle a trouvé son digne champion, dit Renard. Eh bien, soit! Qu'il y ait donc bataille!

Et, en disant ces mots, il se sentit froidir jusqu'aux moelles, comme si ces seules paroles, après le geste de Grimbert, eussent fait surgir entre eux la réalité d'un danger où la mort même prenait les griffes du loup, son affreux regard jaune et sa mâchoire démesurée.

Du fond de l'ombre, des voix s'élevèrent. Hermeline et ses fils avaient perçu la même menace. Et la femelle, à doux éclats de voix, adjurait son seigneur de rester terré et caché dans la tiédeur de Maupertuis. Et les vifs et drus renardeaux, Malebranche et Percehaie, membrus et forts autant que leur mère, à grondements juvéniles et ardents juraient qu'ils défendraient leur père et se battraient pour lui à mort. Et Rovel, le plus menu mais aussi le plus subtil, n'était pas le moins hardi à jurer sa foi de cadet. Mais Renard, reprenant aussitôt l'entière possession de lui-même :

— Femme, fils, dit-il, je vais partir. Car j'ai encore des comptes à régler. Qui cherche Renard, il le trouve. Tant pis pour ceux qui, n'ayant pas compris, pensent encore me nuire impunément! Ayez confiance : je reviendrai.

Hermeline et ses fils s'étaient tus. Renard, debout, fit signe à Grimbert. Mais avant de quitter le terrier, de suivre le long tunnel qui les ramenait vers la lumière, vers sa plus rude et peut-être suprême aventure, il ajouta :

— Que Rovel, faisant diligence, m'attende dans le fossé du bois, juste en face de la Croix des Liesses.

Vous trois, tenez à Maupertuis. Qui que ce soit qui vous invite ou somme, pour or, blandices ou menaces, tenez ferme, et tenez ici : c'est votre fief, votre royaume, et la promesse de votre liberté.

Et il partit, suivi de Grimbert le fidèle.

Ils allèrent longtemps en silence, sentant tous deux la paix ineffable qui régnait dans la grande charmeraie, la beauté vivante des ramures, la douceur de l'air sur leur peau. Enfin Grimbert :

— Je vous aime, cousin, comme vous êtes ! c'est-à-dire, du museau à la queue, Renard. Quoi que vous ayez pu faire, jamais un blâme à votre encontre ne m'échappera de la bouche ou du cœur. Mais ne pensez-vous pas qu'une sincérité entière, une fois au moins, à l'égard d'une créature vivante, vous porterait quelque apaisement à l'heure d'une si grave épreuve ? A moi, cousin, dites la vérité.

— Ma foi, dit Renard, j'y consens. En un mot comme en mille, tout est vrai.

— Eh ! quoi, tous ces parjures, ces tromperies, ces vols, ces crimes ?

— Tout, dit Renard. *Confiteor*.

— Du moins, vous en repentez-vous ?

— S'il vous plaît que je m'en repente, oui, Grimbert, pour vous faire plaisir. Mais s'il me plaît à moi, Renard, alors franchement : non, mon cousin.

Grimbert poussa un long soupir et parut rentrer dans ses joues le bandeau noir qui les sangle. Comme la veille, le chemin qu'ils suivaient, traversant la clairière des hommes, effleurait le village et ses maisons aux toits de tuiles. Comme la veille aussi, c'était l'aube prime, l'instant où les étoiles vont s'éteignant dans la pâleur du ciel. Ils dépassèrent l'églisette, la maison du curé Everart, puis la manse du vavasseur Robert, touchèrent bientôt au long mur d'une ferme. Les hommes dormaient encore en leurs chambres. Mais, dans le plessis de la ferme, les poules déjuchées secouaient leurs plumes en gloussant.

— Une minute, souffla Renard.

Il se glissa sous la haie vive. Grimbert, l'œil au trou de la haie, le vit bondir sur la plus grosse geline, toute blanche, ronde comme une lune pleine. Un tourbillon de plumes vola, un cri rauque déchira l'espace, vite voilé par l'agonie ; et aussitôt, à pleine poitrine, un coq claironna son appel. Mais déjà Renard était là, poussant du nez, sous la haie, la poule morte, la reprenant en travers de sa gueule, la tête renversée et pendante, son blanc plumage éclaboussé de rouge.

Ils filèrent vite, par les fossés. Quand ils furent à l'orée du bois, face à la haute Croix des Liesses, le goupil déposa son fardeau.

— Ah! Renard! Renard! dit Grimbert. Hélas! vous êtes incorrigible.

— Je suis Renard, dit le goupil... Et celle-ci est Copette-la-Grosse, qui m'aida à le devenir. Merci, Copette! Pour toi le repos et la paix. Plus d'alarmes, dans l'inviolable asile que je t'ai, dès longtemps, réservé : mon ventre, mon ventre-Renard.

Il prit un temps, la patte sur sa victime, les yeux brillants, pleins de malice et de gaieté :

— Naturellement, Grimbert, je t'invite.

Et comme Rovel, le gentil renardeau, se glissait hors du fossé :

— Toi aussi, fils, à la bonne heure!... Car rude aventure nous attend.

VIII

« Quand le Roi dort, la Reine ferme les yeux. »

Comme un preux chevalier, à l'instant de combattre, revêt sa solide armure et se recueille en sa propre force, ainsi Renard, face au plus grand danger qui l'eût jamais, de toute part, cerné, leva la tête, serra les dents et, d'un léger retroussis des babines, fit pointer gaillardement les poils raides de sa moustache.

Tel le virent paraître à Bréviande les animaux toujours assemblés. La matinée touchait à sa fin. L'orage, qui depuis plusieurs jours grondait autour de la vallée, poussait lentement aux cimes des arbres d'énormes nuages monstrueusement gonflés, d'un bleu sombre au plus lourd de leur forme, livides ou cuivrés sur leurs bords. Une accablante torpeur pesait sur toutes les créatures, oppressant et brûlant les gorges, rendant muets les feuillages immobiles. Seuls bourdonnaient les insectes ailés, mouches vertes sans trêve rebondissantes, taons harceleurs aux trocarts avides qui faisaient frémir les flancs, fouetter les queues, grogner les mufles.

Mais grande fut la rumeur qui se leva de proche en proche, plus enflée que les nuages au ciel avec leur faix de grêle et de tonnerre. Les formes qui gisaient, éparses, une à une se levaient à travers les fougères, les cépées, les dalles rocheuses. Bruyant, Brichemer, Beaucent, Brun l'ours encore barbouillé d'un sang noir, Tybert lové au nœud de sa branche, tous étaient là, ensommeillés, fiévreux, poursuivant chacun pour soi un rêve solitaire et farouche. Les yeux rougis, les larmiers poisseux, le poil aride ou fumant de sueur, ils se dressaient en frissonnant, flairaient dans l'air un fumet bien connu, apercevaient soudain Renard, et aussitôt, meuglant, bramant, bêlant, soufflant, grognant, feulant, entraient en transe, grattaient la terre, mordaient la souche, griffaient l'écorce, faisaient voler les mottes et les feuilles sèches à coups de cornes, d'andouillers, de boutoir, à grandes détentes des pattes de derrière comme font les chiens sur la proie et l'ordure.

— Renard! Renard!

Le menu peuple aussi allait cédant à la folie. Des ailes claquaient dans les ramures, fauves et bleues comme la nue d'orage, fumées noires, fumées blanches enroulant leurs spirales aux trouées des lourds feuillages, geais, corbeaux, pies féroces au bec en stylet, passereaux, mésanges ébouriffées, perdrix caquetantes au col dressé, piverts chaperonnés d'écarlate, tout cela criaillant, piaillant, menant le deuil de leur frère Tiercelin, de leur commère la corneille, de Rougebec, de Pinçart, du moinillon de Drouineau tombé dans l'herbe parmi les cormes, de tant d'oisons saignés, de chapons, de gelines, de tendres œufs gobés, grugés, abîmés au ventre du goupil.

— Renard! Renard!

Tous les rampants, les petits tueurs, les furtifs, les jaloux, Petitpourchas la fouine, le putois, le furet, la belette, les voilà qui dans l'herbe entrecroisent leurs sillages, sifflent comme l'aspic rouge en se coulant vers le goupil :

— Assassin! Qu'Isengrin le saigne!

La rumeur sans cesse va montant. Les échines se creusent et frissonnent, les gueules bâillent aux halètements des souffles. Hersent la louve s'est éveillée : elle tremble pour son tendre ami, admire cependant son audace, fait des vœux dans son cœur pour qu'Isengrin reste endormi, ou pour qu'il meure, dès son réveil, du coup de sang qui le menace. Le loup est là, vautré dans l'herbe, le poil rêche, la langue tirée d'un pied. Que cette langue est donc rouge, ainsi ourlée d'écume et pendante entre les dents! Longues dents, larges comme meules, aiguës, saillantes, mamelonnées, longues rangées de dents l'une à l'autre ajustées, faites pour percer, déchiqueter, broyer! Ah! frêles pattes de Renard saisies aux branches d'un tel étau, cuisses nerveuses, mais si menues sous le poil roux! Isengrin tressaille de l'épaule, ses narines battent ; et déjà le voici debout, tendu, l'œil flambant et glacé, un hurlement gargouillant dans la gorge avant qu'il ait rien compris.

Il est terrible, le grand loup debout. D'un seul bond dressé sur ses pattes, il quête du mufle, de la mâchoire béante, le coupe-jarret, l'étrangleur, le bourreau sans cœur ni pitié! Renard l'a vu, se juge déjà perdu. Il songe à Hermeline, à leurs fils, au terrier inviolable où il les a laissés ; plus tendrement à leur petit Rovel, si vaillamment lancé dans l'âpre et sanglante aventure où son père l'a entraîné... Ah! Renard, tu l'as voulu, te promettant qu'elle serait la dernière. Fasse ta renardière étoile qu'elle ne soit pas, en effet, la dernière!

Cette fois, Isengrin a hurlé. Et vraiment, c'est un chant de mort. Son garrot se hérisse en brosse, ses yeux flambent d'éclairs plus ardents que ceux dont luit le lointain sous-bois. Il s'élance, mais soudain s'arrête, des quatre pieds brusquement agriffé. Car, du bord de la terrasse rocheuse, le Roi Noble, entrouvrant une paupière, sans daigner une seule fois rugir, à peine bouger, tant son geste fut souple et sûr, a tendu sa puissante patte. Griffes rentrées, doigts de velours, il a cueilli le goupil sous le ventre et, comme une plume, l'a hissé près de lui sur la roche. Alors seulement, il daigne parler :

— Dormons, dit-il. L'orage enfin mûrit. Que d'abord il éclate et crève : la pluie nous détendra les nerfs.

Ayant dit, il referme les yeux et se rendort incontinent. Renard, encore tout éberlué, risque alentour des regards prudents. Le roc nu, fauve comme la peau du lion, exhale une chaleur de four. En arrière, deux énormes blocs, appuyés par leurs sommets, délimitent le seuil de l'antre où doivent dormir le lionceau et la lionne. Renard, instinctivement, se rapproche de ce trou sombre. Il a déjà pris son parti : il feindra le sommeil en se gardant d'y succomber. Il s'allonge, le menton sur les pattes, le ventre brûlé par la pierre. Deux fentes imperceptibles laissent filtrer ses regards de goupil, les plus aigus, les plus déliés : l'un sur l'énorme tête de Noble, l'autre sur l'entrée noire du repaire.

L'étrange trêve, lourde de périls inconnus, qui met ses nerfs à plus terrible épreuve que la dispute ou le combat ! Le tonnerre gronde, lointain encore. Un bruissement léger commence à courir dans les feuilles : ce n'est qu'un souffle, aussitôt retombé. En bas aussi tout fait silence, mais ce silence même est menace. Renard tressaille, sursaute, se retourne d'un flanc sur l'autre. Ah ! Qu'est-ce encore ? Le silence se déchire soudain, éclate de cris discordants et tragiques :

— Pitié ! Justice ! Pour notre épouse, sœur et cousine, pour Dame Copette, l'excellente, la toute-ronde, Seigneur Roi et vous tous, vengeance !

C'est Chantecler le vieux sultan, le jeune Noiret la crête en berne, et les poules, Pinte la bonne pondeuse, Roussette, Bise, Blanche, éplorées, gémissantes. Si loin, pauvrettes, de leur plessis bien clos ! Où les conduit la haine du goupil ? Et la rumeur, jusqu'à elles parvenue, qu'il est perdu, qu'Isengrin, par la grâce du Roi Noble, va le défier, le combattre et le tuer ? Au vacarme, le lion s'éveille. Il est furieux, il jette d'une voix râpeuse :

— Qu'est-ce encore ?

Et, comme les coqs et les bruyantes gelines, poussés d'en bas par la cohue, se juchent au bord de la terrasse :

— C'est un coq, Sire, dit le goupil, en sautant au cou de Chantecler.

Le sang coule. Une huée furieuse s'élève et vole comme l'incendie. Noble flaire l'odeur du sang, étend la patte, allonge deux griffes et, d'un seul coup, fauche le coquelet, les quatre poules, et même Chantecler au nez du goupil.

— Qu'est-ce ? redit-il, à moitié rendormi déjà.

— Un autre coq, Sire, dit Renard, et quatre gelines imprudentes, qui se sont mis sous votre patte.

— Bon, dit Noble.

Et il se rendort. Le tonnerre gronde et se rapproche. De plus en plus fréquentes, de brèves rafales soulèvent les feuilles et rebroussent leurs revers pâles. Renard feint de dormir, mieux éveillé qu'il ne le fut jamais. Sa stupeur peu à peu se dissipe. Il comprend que le Roi est le Roi ; qu'il dispose ainsi de sa vie, mais qu'il entend en disposer seul : ainsi des saignantes volailles qui achèvent de mourir sur la pierre, à portée de la terrible patte.

Mais comprendre cela, pour Renard, c'est se sentir d'autant plus Renard, plus subtil, plus hardi, plus résolu à vivre que jamais. Il devrait trembler d'épouvante, et au contraire son sang s'allège, court en ses veines comme fusées de salpêtre. Il ose ramper au bord de la terrasse, suivre des yeux un feu follet roux qui vole de Bruyant à Brichemer, de Belin à Brun-le-Hideux, se glisse dans l'herbe, se faufile d'arbre en arbre, contourne enfin les rochers de Bréviande et grimpe, désormais invisible, de pierre en pierre, vers le sommet. Quand donc Rovel, le vaillant fils, atteindra-t-il enfin la roche Gastil dont le surplomb, tout là-haut, en plein ciel, domine la terrasse du Roi Noble ?

Renard, toujours couché comme une bête endormie, de loin en loin entrouvre un œil, surveille la cime sourcilleuse. Enfin, il y aperçoit, minuscule, la silhouette qu'il espérait, soupire d'aise, frémit aux grondements de la foudre.

L'air est sombre, strié de longs éclairs mauves. Dans un trou de silence, il distingue un autre grondement, doux, filé, comme le rouet d'un énorme chat. Cela vient du trou d'ombre, derrière lui. Il s'en rapproche, le cœur battant, sent une patte, énorme elle aussi, toute de velours, toute caresse, qui le roule, le culbute, l'attire. Et il cède, s'abandonne, s'abîme dans cette vaste tiédeur, au giron de Dame Fière, la Reine.

IX

Le grand combat du goupil et du loup.

Une flamme immense le mit debout. Il lui parut que le monde s'écroulait. Le craquement de la foudre, le rugissement furieux du lion Noble, le feulement de Tybert, le hurlement du loup, le fracas de la pluie sur les feuilles, le tumulte des voix déchaînées, tout se confondit d'abord dans le sursaut qui l'avait fouaillé.

Au rugissement du lion, le cri du loup, insolemment, avait fait un grinçant écho :

— C'est bien grand bruit, Sire Roi, pour peu de chose !

— Silence, vassal ! Qu'oses-tu ici comparer ?

Tybert ricanait sur sa branche :

— Qui l'a dit, sinon le Roi Noble ?

— Silence, Tybert ! Et vous, Madame...

— Que signifie, mon beau doux Sire ? dit Dame Fière. Vous dormiez : j'ai fermé les yeux. Je ne sais ce qui vous chagrine.

— Soit, dit le lion. Nul n'a donc rien vu. Pas même moi. Mais toi, Renard...

La patte royale se détendit. Renard, poussé aux reins comme par un pierrier de siège, glissa des fesses à travers la terrasse et, filant sur sa lancée, s'en vint tomber dans l'herbe à un pas du loup Isengrin. Il ne balança pas un instant, ne chercha pas son salut dans la fuite. Aux yeux de tous, en cette rencontre, le goupil apparut dans sa plus fidèle ressemblance : bête courageuse, bête de combat, aussi ardente à vivre que ferme devant la mort.

Renard, en face d'Isengrin, sembla rapetisser deux fois : à cause de la haute taille du loup, maigre ruffian dégingandé ; et parce qu'il se ramassa sur lui-même, le col tendu presque à ras de terre, la tête basse, un peu inclinée, guettant le ventre au début des côtes, la chair vulnérable et sensible hors du bouclier des os.

Et, dans le même instant, il frappa : une flèche rousse, insaisissable ; un coup de tête, les dents dehors. Et déjà il se retournait, refaisait front dans la même garde basse, une seconde fois filait sous le ventre du loup en portant au passage la même botte, toutes dents dehors.

Cette fois-là, son élan l'avait emporté plus loin. Il put voir aux lisières du champ clos, à travers les lames de la pluie, des silhouettes sombres et massives qui lui coupaient toute retraite. Un éclair éblouissant gicla, illuminant d'un feu rosâtre, étrangement fixes, une rangée de prunelles qui s'éteignirent avec la lueur, dérobées comme derrière un mur d'eau. Mais leur révélation avait eu quelque chose de fantastique et d'effrayant. Elle s'ajoutait à la présence du loup, à sa fureur et à ses armes comme une menace peut-être pire : car le courage et l'ardeur de Renard, la force agile qu'il sentait en ses muscles, le tranchant et l'aigu de ses dents venaient s'émousser et mourir contre ces formes silencieuses dont les yeux continuaient de brûler, du fond de l'ombre où ils s'étaient éteints.

Et pourtant, Isengrin saignait. Par deux fois, les dents du goupil avaient porté et déchiré. Deux longues estafilades, dans la pâleur velue du ventre, suintaient d'une rosée de sang. Renard se retourna, évita de justesse le déboulé de son ennemi. Sa feinte le souleva sur place, d'une détente verticale qui le projeta au-dessus du loup. Mais son esquive même, dans sa grâce et sa légèreté, gardait une violence agressive, une pointe de hargne acharnée à blesser : car il s'incurva en plein bond, aussi souple qu'un nageur dans l'eau, crocha au vol une oreille d'Isengrin qui aussitôt, elle aussi, saigna.

Ils se retrouvèrent face à face, le loup plus grand, plus hérissé encore, plus écumant, plus redoutable, le goupil plus menu, plus délié, plus résolu à ne céder pouce de sa peau, poil de son roux et blanc pelage.

L'orage, cependant, s'acharnait sur Bréviande, à cataractes déferlantes dont frémissaient au loin les feuillages, à cinglements d'ardents éclairs dont flambaient les lances de l'averse, à craquements bruyants et terribles dont tintaient longuement les oreilles, dont il semblait, à chaque instant, qu'éclatât le cœur d'un chêne. Des ténèbres déjà nocturnes submergeaient sous leur lourd reflux l'arbre, la roche, la bête vivante, aussitôt consumées dans une irradiation plus vive, de nouveau refluant plus noires. Et ainsi ténèbres et lueurs, tirant de leur contraste même une intensité monstrueuse, tour à tour dérobant, dévoilant les ramures en tourment, les éclaboussements, les fumées, le ruissellement des eaux en serpents de feu sur la mousse, les ardentes et sauvages prunelles, semblaient hacher et tourmenter le monde en un combat sans issue ni merci, oppressant comme un rêve de minuit que ne dissipera nulle aurore.

Telle parut, en ce soir du temps, la clairière de Bréviande aux yeux vivants qui purent la voir : un champ clos éblouissant et noir où s'affrontaient deux rivaux éternels, tantôt pareils aux images des songes, tantôt plus vrais que créatures charnelles ; l'un grondant et se ruant au meurtre, aveugle à tout, fors le trépas de son ennemi, l'autre attentif à déjouer tant de force, ce poids, ces dents, cette foudre qui tombe, toujours décevant, toujours dérobé, jamais au point où la mort vient frapper.

Et c'est pourquoi Renard semble ainsi danser et voler. Garder sa tête, c'est garder l'œil clair. C'est découvrir aux lueurs de l'orage, dans les cruels yeux jaunes du loup, la menace qui déjà en jaillit. Garder l'œil clair, ainsi, c'est garder cœur, et du même coup souplesse agile, confiance tramée au réseau des nerfs. Renard est seul. Il sait maintenant que cette solitude était marquée au vif de son destin. Longtemps gabé, petit fauve dérisoire, il sait que dès l'instant où il refusait d'être dupe, la solitude où il se jetait le conduisait vers le présent combat. Maupiteuse, la fierté qui n'accepte pas de braver! Boiteux, l'instinct de liberté qui craint de blesser l'oppresseur!

Que vive, et franche, et droite, et sûre, est la danse que Renard le goupil mène autour du loup Isengrin! Danse muette, autour d'une mort qui hurle ou gronde, dans un cercle d'ennemis qui ne pardonnent pas tant d'audace, de mépris mordant et joyeux. Saute, goupil, par-dessus le loup, par-dessous! Taille au passage, ventre ou flanc, tes blanches dents dénudées en lame tranchant le cuir et rougissant le poil!

Renard saute, vole, mord, érafle, esquive. C'est tirer la mort par la barbe. Il se grise de cette danse tragique, interminable, au cœur d'un orage sulfureux qui ne relâche rien, non plus, de son fracas né de ses coups. La nue entière est maintenant comme une flamme, vibrant d'un seul éclair sur une forêt rose et bleue. Renard, autour de lui, reconnaît un à un ses ennemis : c'est Brun l'énorme, le Sans-Queue, Bruyant le taureau noir frère de celui qu'il rabattit vers les griffes du Roi Noble en chasse, et Tybert le perfide dont il s'est, par deux fois, vengé. Où sont les autres, loin de Bréviande, hommes, chiens qui l'ont piégé, couru? En est-il un qui l'ait fait trembler, ou qu'il ait pour sa part omis, l'instant venu de régler ses comptes?

Il songe à tous tandis qu'il danse, à l'un, à l'autre, présents, absents. Et pour chacun il taille nouvelle estafilade, ensanglante Isengrin davantage. Pattes, col, épaule, après les flancs, le ventre, le loup ruisselle de partout, dégoutte de pluie et de sang. Mais il ne fléchit pas, se rue, estoque et mord le vide avec un entêtement que rien ne décourage, sûr qu'il est du faux mouvement, du contre-pas inévitable où Renard, de son corps vivant, viendra combler ce vide et rencontrer le coup mortel. Alors le sang qui coulera sera celui de toute la bête, et la vie avec lui coulera, hors de la bête à la fin vide, à la fin morte, des dents du loup!

Isengrin gronde, et c'est de joie. Son museau vient d'effleurer Renard : il a senti l'odeur et l'épaisseur du poil. A la charnière des mâchoires ses muscles deviennent douloureux, comme en mal de s'assouvir. L'odeur même de son propre sang, se mêlant à celle du goupil, accroît sa rage et sa faim meurtrières. Il voit rouge, se sent touché encore, un trait de feu qui lui cingle l'échine. Il aperçoit le danseur roux, étend et dresse ses pattes antérieures, presque debout, offrant son ventre à l'attaque téméraire. Renard s'élance, insoucieux du piège, en dardant son museau aigu. Une fois de plus, il frappe et fait saigner. Et c'est alors qu'Isengrin retombe, de toute sa taille, de toute sa masse osseuse et dure.

De son hurlement de triomphe, Bréviande a retenti au loin. Mais ce hurlement se brise, rebondit en clameur furibonde, tandis que craque de nouveau le tonnerre et que l'éclair illumine le sous-bois. D'entre ses pattes, Renard a disparu, comme si la foudre l'avait emporté, consumé dans son voile aveuglant.

Il ne reste au milieu de l'arène que le grand loup au cuir lacéré, rouge comme un écorché vif, et qui jette à la nue, dans le fracas redoublé de l'orage, un hurlement que nul n'entend plus.

X

Comment Renard, du haut de la Roche Gastil, harangua les animaux à l'instant de faire sa retraite.

Pas davantage n'entendit-on le meuglement douloureux de Bruyant, ni le bêlement de Belin, ni le geignement aigu de l'ours. Mais on vit dans le ciel embrasé, à la pointe de la Roche Gastil, dominant de très haut la terrasse royale et Bréviande, un lutin roux penché sur l'abîme, offrant sa forme à tous les yeux. Et chacun de s'étonner grandement à ce prodige d'un goupil ailé, porté en un clin d'œil par-dessus les cimes des arbres, parmi les éclairs et la foudre, à la pointe de la Roche Gastil.

Presque en même temps, la pluie fit trêve. Le ciel continua de luire, mais ne retentit plus que de grondements assourdis, s'éloignant, tandis que les pleurs de l'ondée, à grosses gouttes scintillantes comme gemmes, bruissaient doux et serré en tombant sur les feuilles et la mousse. En bas, les formes prostrées se dressaient une à une, s'ébrouaient. Mais de tous les animaux, il n'en était pas un qui ne levât la tête, comme fasciné, et ne tînt ses regards fixés sur la crête sourcilleuse où se tenait le lutin roux. Même le Roi Noble regardait là-haut, les prunelles fixes, humant l'espace et la crinière froncée.

Nul d'entre eux, en revanche, et pas même le loup Isengrin, qui songeât à poursuivre Renard. Du côté de Bréviande en effet, la Roche Gastil était à pic, inaccessible aux pattes des terriens ; tandis qu'à l'opposé, par des éboulis en pente douce, elle rejoignait l'entrée des gorges et leur issue vers la forêt des hommes. Et ainsi Renard le goupil pouvait défier toute poursuite et se rire de ses ennemis.

En vérité, ce n'était pas lui qui se penchait au bord de la Roche. Lui, Renard, de la dent, de la patte, de la griffe, peinait encore ardûment vers la cime. Il y était aidé par des cordes de ronces que le vaillant et malin Rovel avait laissées aux passages les plus durs. Il montait vite, ne s'essoufflant qu'à peine, tant sa joie était vive à voir ainsi se dérouler sans heurt le plan qu'il avait médité : car il était de ces êtres bien nés, nerveux et de sang brûlant, à qui l'approche du succès et le nimbe où ils l'entrevoient font pousser en effet des ailes.

Il atteignit la cime, où déjà l'astucieux renardeau, ayant joué à merveille son rôle d'apparition, s'effaçait et lui laissait la place. Il le mordilla tendrement :

— Merci, fils. Merci, gentil Rovel !

Et il s'avança vers le bord, se pencha et découvrit Bréviande. Jamais ne devait-il oublier la vision qui lui emplit les yeux, ni l'orgueilleuse et mélancolique joie qui vint alors lui gonfler le cœur. Seul toujours, et plus que jamais. Mais si haut par-dessus la foule, les formes vaguement bougeantes qu'il reconnaissait une à une, lointaines, ridiculement diminuées, la cime du chêne où se cachait Tybert, la terrasse d'où régnait le lion ! Et sur lui, Renard, devant tous, l'immense lueur de l'orage qui continuait de vibrer par le ciel... Ainsi s'achevait son dernier gabet, de tous le plus audacieux, de loin dépassant tous les autres comme la haute Roche Gastil les dalles plates et moussues de Bréviande.

— Vous tous, en bas... glapit Renard.

Il ne leur dirait rien des derniers et subtils stratagèmes dont il les avait leurrés, du toit de ronces tendu par Rovel au-dessus d'un creux de racines : et sous ces ronces il avait disparu entre les pattes mêmes d'Isengrin, tapi dans son odeur de chien, sous le chaud gouttèlement de son sang. Cheminements, passées de goupils : entre les nœuds et les bosses des racines, dans le dédale des pierrailles, par les tièdes et méandreux ruisselets où dévale la pluie d'orage, Rovel a frayé le chemin. Ainsi vont les goupils roux le long des fossés, des talus, par le travers des épais fourrés, au fil des rigoles dans la plaine, comme serpente l'eau et glisse l'anguille. Où le fils a passé, le père passe. Mais la morsure au fanon de Bruyant, à la fesse de Brun l'ours, à la cuisse de Belin le bélier, c'est le père qui par trois fois l'imprime sans presque ralentir sa course, comme un adieu à sa vie d'hier.

Car c'est fini, cette vie est révolue : fini des farces, des moqueries, des vengeances. Poursuivre de tels jeux, c'est encore être prisonnier. Une fois pour toutes, en sa dernière métamorphose, Renard enfin se connaît lui-même, libre dans le monde qu'il choisit, libre enfin et libre vraiment, sans contrainte qui vienne de quiconque, homme ou bête, ami ou ennemi, sans autres lois que les lois éternelles où se rejoignent la vie et la mort.

Fut-il jamais créature mieux vivante que Renard en cet instant du temps ? Il est au seuil de ses nouvelles années. Il peut regagner son liteau, retrouver sa femelle et ses fils. C'est mieux que retrouver le monde d'où, jeune goupil, il est parti au-devant de ses mille aventures : c'est l'accepter enfin d'un tel cœur qu'en vérité c'est le redécouvrir dans sa sauvage et merveilleuse vie.

Ainsi le voici le premier. Non la seule libre créature par la plaine et par la forêt, mais la première à savoir qu'elle l'est, d'aussi exacte et tranquille certitude.

— Vous tous, en bas...

Il les tient tous sous son regard. Il leur parle de haut, la voix claire, dans un silence où chaque mot porte, atteint son but et laisse sa vive empreinte, mieux encore que ses dents aiguës dans la dure peau d'Isengrin.

— Ecoutez : c'est fini de Bréviande, où vont venir Lanfroi et sa cognée, où le chemin ferré, demain, entendra les cris des rouliers. Fini de vous, les gros, les maîtres, qui vous fiez à votre seule force ! Car l'homme approche, qui ne saurait trembler pour rugissement ou hurlement. Allez-vous-en !... Toi, le lion, qui toujours frissonnes de froid, suis le soleil dans son décours jusqu'aux forêts sans hommes, aux savanes de hautes herbes où vivent le cheval sauvage, le taureau, la chèvre sauvages. Car Bruyant va rentrer à l'étable, bête couarde qui tout à l'heure pantelait aux grondements de l'orage, forte encolure promise au joug du bœuf, lourde chair pour l'étal du boucher... Toi, Brun l'ours, tu quitteras Bréviande à l'opposé de nos villages, tu marcheras du côté des montagnes, dormeur d'hiver, pauvre claquedent à la peau trop lourde et trop grande. Si nous te revoyons un jour, ce sera un anneau dans le nez, te dandinant au bout d'une chaîne pour faire rire les petits enfants... Et toi, vieil Isengrin, mon « oncle »... Vaillance et courage téméraires, grandes dents, dures pattes, endurance non pareille à la faim, à la fatigue, mépris hautain de la douleur — la tienne autant que celle des autres, — qu'as-tu fait de tels dons, triste loup, brutal, stupide et pauvre Sire ? Renard t'eût peut-être sauvé. Ni toi ni moi ne l'aurons voulu : on ne s'aime pas dans la famille. Va-t'en donc, toi aussi ; bon voyage ! Tâche de trouver d'autres larrons, tes frères, bandouliers de forêts perdues où vous étranglerez ensemble. A vous aussi, Dame Hersent ma mie, adieu. Tant pis pour vous, qui méritiez peut-être sort moins amer, compagnie moins farouche, tant pis pour vous, car vous êtes louve et femelle de Damp Isengrin... Montre ton nez, Tybert, fils de bâtard, père de bâtards ! Tu reviendras à la maison de l'homme, et tu y resteras, sans que Martinet d'Orléans ait besoin d'y retendre collets. Tu y reviendras pour le lait, pour les rats et souris du grenier, sans y aventurer ta queue. Autour de quelque poulailler, nous nous retrouverons, vieux chat, lèche-moustaches, cou-fourré, tourne-rouet. Mais garde-toi : si telle rencontre advient, c'est moi qui te casserai les reins !

La grande lueur du ciel allait peu à peu faiblissant, moins fiévreusement vibrante, traversée de longues accalmies où l'on sentait la transparence nocturne. Et Renard dit encore, d'instant en instant moins visible :

— Brichemer, Beaucent, bêtes de ma forêt, fier grand dix-cors, beau porte-ramure des futaies, et toi, le hérissé, le tueur de chiens, le bourru des noirs fourrés qui tout à l'heure, dans l'étang de Bréviande, au plein cœur tonnant de l'orage, fouillais joyeusement l'eau de feu et secouais ton groin enguirlandé de châtaignes d'eau ; et toi, Gutéro le lièvre, plus brave cent fois que Belin et Bruyant, ô Gutéro de mes plus âpres chasses ; et vous, les petits, les furtifs, martre des branches, belette des haies, que cette nuit enfin nous rassemble, où les étoiles brillent pour nous, où l'odeur des feuilles arrachées s'apaise et laisse poindre l'odeur des nids. A ma voix ! A ma voix ! Rovel !...

L'ombre maintenant, et le silence, régnaient et pesaient sur Bréviande. Mais, au-delà des gorges, le ciel demeurait rose et clair. Et les transparentes ténèbres y sonnaient d'un double glapissement, vif, rythmé, dansant encore, comme un trot de goupil sur les voies d'une chasse de printemps, comme l'appel même de la forêt :

— A ma voix ! A ma voix ! Rovel !...

ÉPILOGUE

Où l'on verra comment Renard, un soir du temps, dans la forêt, adouba ses trois fils Chevaliers de Renardie.

— A ma voix! A ma voix! Rovel!...
Le garde des forêts Lanfroi, qui piquait au marteau les baliveaux d'une coupe domaniale, se releva, écouta et sourit. Le soir venait. Il ramassa son marteau dans l'herbe, recoiffa son képi d'uniforme, passa à son épaule la bretelle de sa musette et gagna l'allée forestière. Il fredonnait, tout en marchant, le vieux refrain de chasse que ses pères avaient chanté :

C'est un renard, c'est un matois.
Poursuivons-le au fond des bois!

Il connaissait le goupil roux, à la queue empomponnée de noir. Renard allait chasser, appelant sa femelle ou ses fils. Lanfroi pensait à lui avec une amitié obscure, profonde et chaude, qu'il ne distinguait point de sa tendresse pour la forêt, le taillis de printemps et la futaie d'automne, la harde qui saute une allée, le pivert au cri sonore, le rouge-gorge d'hiver qui sautille sur les feuilles engivrées.
On était à la mi-septembre. Le soir baignait de sa lumière dorée la linaire au bord de la sente, la

branche penchée sur le front de l'homme, l'orée ouverte sur les champs de la plaine que Lanfroi atteignait déjà. Alors son cœur fruste s'emplit de la même émotion profonde que le cri du goupil y avait éveillée tout à l'heure. Il ne la formulait pas davantage, mais s'y livrait avec bonheur. Cela venait d'au-delà de lui-même, d'un lointain fabuleux où revivaient ce soir une longue suite de Lanfroi qui tous avaient sa haute taille, sa gaîté rieuse et bien vivante.

Au bas du petit pont de pierre, à la voûte fleurie de cymbalaires, le battoir d'une lavandière attardée, Pâquette peut-être, espaçait ses claquements sonores. La cloche de la petite église, balancée dans sa loge à claire-voie, tintait les coups de l'angélus. Les toits de tuiles étaient roses à travers les vieux sureaux. Sur la façade du presbytère, un rosier pourpre épanouissait les dernières fleurs de la saison.

Le forestier s'avança dans la plaine, écoutant les claquements du battoir, les tintements de la cloche, les craquements de roues d'un fardier sur la route. Ces bruits humains et familiers faisaient partie, ce soir, de son bonheur. Mais il guettait encore, derrière lui, l'alerte et perçant coup de gorge que son oreille avait surpris dans la combe où il travaillait. Il l'entendit et sourit de nouveau : cette voix vive et sauvage, si elle eût fait silence, eût manqué à sa joie présente.

— Bonne chasse, Renard ! songea-t-il. Pour toi et pour ton liteau.

Les ombres s'allongeaient sur la plaine. Dans les haies, les mésanges piaillaient. Elles prirent leur vol, tourbillon jaune et bleu, vers les arbres de la forêt, éveillèrent le jacassant tumulte des pies, des geais déjà branchés. Un coq faisan, dans la profondeur du taillis, jeta deux fois son cri rouillé.

— Tout coi, Percehaie ! dit Renard.

Il gronda en montrant les dents, car Percehaie avait failli bondir. Le grand renardeau se rasa, retroussa lui aussi ses babines en poussant un grondement retenu. Renard regarda Hermeline ; et elle sut, à ce seul regard, que Renard n'était pas mécontent de cette hargne de leur fils. Déjà Percehaie atteignait la taille et le poids de son père ; mais il était moins délié de lignes, les plans des muscles juste ébauchés et le poil encore bourru. Au-dessus d'eux, la futaie de charmes étendait ses nappes de feuillage. Ils se tenaient au bord du roncier, à quelques pas de Maupertuis, dont le lacis de branches épineuses cachait l'entrée à tous les yeux.

Renard écoutait l'espace. Les bruits de la plaine s'étaient tus. Dans la pénombre du sous-bois, moite et bleutée de vapeurs vespérales, les petites chouettes commençaient à voler. Le goupil pointa les oreilles. Là-bas le vif récri jaillit, plus aigu, exultant de soudaine ardeur. Et Renard dit à Hermeline :

— Rovel a lancé Gutéro.

Puis à Percehaie, plus roidement :

— Cherche ta place, et prends l'affût.

Alors, les yeux sur les yeux de son père, sur son nez noir qui frémissait, sur ses oreilles bougeantes et dressées, le jeune goupil haussa la tête, flaira, écouta pour son compte. Ses prunelles fauves brillaient d'excitation intelligente. Il n'hésita qu'imperceptiblement, partit d'un trot coulé, silencieux à travers les broussailles. Renard et sa femelle le laissèrent prendre un peu de champ, le suivirent côte à côte, à la vue.

Percehaie s'était arrêté à la croisée de deux sentiers : l'un plus large et comme usé, envahi d'herbe et de mousse, l'autre sinueuse sente d'agrainage, de sol si net qu'on l'eût dit balayé.

— Ce n'est pas mal, dit Renard, survenant. Mais viens ici, trois pas de ce côté, derrière cette touffe qui te cache tout entier, sous cette trouée par où tombera le clair d'étoiles : tu verras mieux venir la bête de chasse et bondiras de meilleure assurance. A tout à l'heure, fils. N'oublie pas que cette nuit est ta nuit.

Hermeline toujours à son flanc, il s'enfonça dans le taillis : deux ombres muettes, aussitôt disparues. Le courre allait, randonnant et tournant. Couchés maintenant sous un houx fragon, invisibles, mais voyant Percehaie, Hermeline et Renard suivaient à l'ouïe la chasse nocturne, le cœur battant, un peu serré de la même joyeuse anxiété.

— Malebranche a pris la voie, dit Renard. Il tient, il mène... Il rabattra, je gage. Et tout seul...

Il était content. Il eut son geste familier, la patte sur le col d'Hermeline et lui courbant un peu la tête. Comme enfantée par les ténèbres, semblable à la leur, aussi muette, une ombre à longues oreilles se glissa à leur côté. C'était Rovel leur préféré, de leurs trois fils le plus menu, mais de flair infaillible et roué, déjà comme ses parents ensemble.

Les étoiles tournaient dans le ciel. Des frémissements soudains passaient, faisaient cliqueter les fleurs d'une bruyère sèche. De loin en loin, aux confins de la nuit, une lueur crue tranchait les ténèbres, approchait et tournait au virage de la route avec une lente majesté. On voyait, comme deux yeux énormes, luire les phares de l'automobile ; et longtemps, des arbres au ciel, on entendait le sifflement chantant des pneus sur le macadam goudronné. Les trois renards demeuraient immobiles, sans tressaillir qu'aux récris de la voix, aux passages qui frôlaient l'enceinte, si proches parfois qu'il leur semblait sentir l'humus, tambouriné par les pattes du lièvre, frémir contre leur flanc même.

Encore une fois, le courre tourna. Et cette fois, tous les trois ensemble, soulevés par la même intuition, ils furent debout et tendus vers la nuit. Malebranche avait soudain gauchi, resserrant l'orbe de sa course. Ils purent voir, à l'aisselle des chemins, le bond d'attaque de Percehaie ; d'une sûreté roide et magnifique. Et aussitôt, Gutéro piaula.

Percehaie l'avait bien saisi, en plein râble. Mais le lièvre entre ses mâchoires se débattait avec une énergie farouche, bandait ses reins, les détendait soudain, cherchant le sol de ses longues pattes projetées avec la même violence. Comme Percehaie, il entendait Malebranche dont le glapissement approchait. Il eut une secousse terrible qui fit vaciller Percehaie, une autre encore, et dont sa peau craqua. Les dents du jeune goupil, par deux fois déséquilibré, glissèrent dans le poil mollissant : Gutéro échappa au moment juste où surgissait Malebranche. Les deux frères, en grondant, se jetèrent l'un contre l'autre et roulèrent sur le vieux chemin.

— Laisse, Hermeline, dit Renard.

Elle obéit, les laissa se battre. Et Renard dit, sans plus les regarder :

— A toi donc, de nouveau, Rovel.

Rovel flaira les herbes, huma le vent, et s'enfonça dans les ténèbres. Et Renard, au bout d'un instant :

— A toi, Malebranche.

La queue basse, le poil hérissé, les combattants s'étaient séparés. Malebranche montra une dernière fois les dents, flaira lui aussi les herbes et disparut au point exact où Rovel venait de plonger dans la nuit.

— A toi, maintenant, Percehaie, dit Renard. Ici même, car c'est ici que Gutéro, Malebranche le menant, repassera.

Ils revinrent, la femelle et le mâle, sous la même touffe de houx fragon. Toute la forêt faisait silence. Et voici que dans ce silence, très loin, une voix glapit, aiguë et vive, qui leur refit battre le cœur.

— Rovel a retrouvé la trace, dit Renard.

Il y eut un nouveau silence, aussi vaste, et qui parut sans fin. Et, du cœur même de ce silence, plus ardent et plus sonore encore, le glapissement scanda son double aboi.

— A présent, c'est Malebranche qui mène, dit Renard.

Il poussa un profond soupir, posa sa patte sur le cou d'Hermeline, du même geste autoritaire et tendre. Et ce fut elle qui dit pour lui, avec un orgueilleux bonheur :

— Et Percehaie, cette fois, ne lâchera plus.

DOSSIER HISTORIQUE ET LITTÉRAIRE

I. REPÈRES BIOGRAPHIQUES 239

II. CHRONOLOGIE DU *ROMAN DE RENART* 242

III. LA MORT DE RENARD 249
    1. Louis Pergaud, *La Tragique aventure de Goupil.* (*De Goupil à Margot*) ... 249
    2. Maurice Genevoix, *Le Renard* (*Bestiaire sans oubli*) 279

IV. RÉÉCRITURES DU *ROMAN DE RENART* 283
    1. L'ambassade de l'ours Brun au terrier de Renart : 285
    — texte médiéval 285
    — traduction en français moderne .. 292
    — réécriture de Paulin Paris (*Les Aventures de maître Renart et d'Ysengrin son compère*) 300
    2. Renart essaie de pousser le chat Tibert dans un piège 304
    — texte médiéval 304
    — traduction en français moderne .. 308
    — réécriture d'Albert-Marie Schmidt (*Le Roman de Renart*) 313

V. TABLE DE CONCORDANCES 317

VI. D'AUTRES RENARDS 325
    1. Le renard du *Petit Prince* de Saint-Exupéry 325

       2. Le renard du *Renard dans l'île* d'Henri Bosco 330

VII. DES RENARDS RÉELS 335
       1. Buffon, *Histoire Naturelle, Générale et Particulière* 335
       2. Simonne Jacquemard, *Des renards vivants* 342

VIII. BIBLIOGRAPHIE 355

IX. FILMOGRAPHIE 356

I. REPÈRES BIOGRAPHIQUES

1890	Le 29 novembre, naissance de Maurice Genevoix à Decize (Nièvre).
1891	Ses parents s'installent à Châteauneuf-sur-Loire dans l'Orléanais.
1901	Maurice Genevoix entre comme interne au lycée d'Orléans.
1903	Le 14 mars, mort de sa mère.
1905	Voyage en Allemagne dont le souvenir affleure dans *Lorelei*, publié en 1978.
1911	Maurice Genevoix est reçu à l'École normale supérieure de la rue d'Ulm, où il rencontrera Paul Dupuy, secrétaire général de l'École, et Lucien Herr, bibliothécaire.
1912	Service militaire à Bordeaux ; stage au bataillon de Joinville.
1913	Diplôme d'études supérieures : « Le réalisme dans les romans de Maupassant ».
1914	Mobilisé le 2 août, il se bat sur le front comme sous-lieutenant au 106e régiment d'infanterie, puis comme lieutenant et commandant de la 5e compagnie. Il prend part aux combats de la Marne, des Hauts-de-Meuse, des Eparges, de la tranchée de Calonne.
1915	Le 25 avril, il est grièvement blessé de trois balles. Après sept mois d'hôpital, il est réformé à 100 %.

1916-1923	Il se met à écrire et publie des livres consacrés à la guerre de 14-18 : *Sous Verdun* (1916), *Nuits de guerre* (1917), *Au seuil des guitounes* (1918), *La Boue* (1921) et *Les Eparges* (1923), dont l'ensemble constituera *Ceux de 14* (Flammarion, 1950).
1920	*Jeanne Robelin* (Flammarion), roman régionaliste.
1922	*Rémi des Rauches* (Flammarion), roman du Val-de-Loire, qui obtient une bourse Blumenthal.
1924	*La Joie* (Flammarion); *Euthymos, vainqueur olympique* (Flammarion) qui deviendra en 1960 *Vaincre à Olympie*.
1925	*Raboliot* (Grasset), roman de la Sologne, qui remporte le prix Goncourt.
1926	*La Boîte à pêche* (Grasset).
1927	Il achète et restaure Les Vernelles, près de Saint-Denis-de-l'Hôtel, où il s'installera définitivement après la mort de son père, survenue en 1928.
1928	*Les Mains vides* (Grasset).
1929	*Cyrille* (Flammarion), republié en 1982 sous le titre *La Maison du Mesnil* (Le Seuil).
1930	*L'Assassin* (Flammarion).
1931	*Rroû* (Flammarion), roman animalier d'un chat; *Forêt voisine* (Société de Saint-Eloi).
1932	*Gai-l'Amour* (Flammarion), repris en 1973 avec *L'Assassin* sous le titre *Deux Fauves* (Plon).
1934	*Marcheloup* (Flammarion).
1935	*Tête baissée* (Flammarion).
1936	*Le Jardin dans l'île* (Flammarion).
1937	Mariage avec Yvonne Montrosier, qui meurt en 1938. *Bernard* (Flammarion).
1938	*La Dernière Harde* (Flammarion).

1939	Long voyage au Canada.
1942	*Laframboise et Bellehumeur* (Flammarion), nouvelles canadiennes.
1943	Mariage avec Suzanne Neyrolles, veuve, mère de Françoise.
1944	*Eve Charlebois* (Flammarion), roman canadien.
1945	Naissance de Sylvie; séjour au Canada; voyages en Scandinavie et en Afrique; *Canada* (Flammarion), carnet de voyage.
1946	Election, le 24 octobre, à l'Académie française, au fauteuil de Joseph de Pesquidoux. *Sanglar* (Flammarion), qui sera republié en 1979 sous le titre *La Motte rouge* (Le Seuil).
1947	*L'Ecureuil du Bois-Bourru* (Flammarion).
1949	*Afrique blanche, Afrique noire* (Flammarion), reportage.
1952	*L'aventure est en nous* (Flammarion).
1954	*Fatou Cissé* (Flammarion), roman africain; *Vlaminck* (Flammarion), monographie d'un peintre et d'un ami.
1956	*Images pour un jardin sans murs* (P. de Tartas), illustré par Maurice de Vlaminck.
1958	Election au secrétariat perpétuel de l'Académie française. *Le Roman de Renard* (Plon), réécriture du roman médiéval.
1960	*Au cadran de mon clocher* (Plon), souvenirs.
1961	*Jeux de glace* (Wesmael-Charlier), souvenirs et réflexions.
1962	*La Loire, Agnès et les garçons* (Plon).
1963	*Beau François* (Plon).
1967	*La Forêt perdue* (Plon).
1968	*Jardins sans murs* (Plon).
1969-1971	Les trois Bestiaires : *Tendre Bestiaire*, *Bestiaire enchanté*, *Bestiaire sans oubli* (Plon).

1970	Grand Prix national des lettres.
1970-1972	Publication de ses œuvres complètes aux Editions Diderot (20 volumes).
1972	*La Mort de près* (Plon), récit autobiographique.
1973	Edition revue de ses œuvres complètes aux Editions Edito-Service (Genève) en 23 volumes.
1974	*La Perpétuité* (Julliard), souvenirs du secrétaire perpétuel.
1976	*Un jour* (Le Seuil), autobiographie.
1978	*Lorelei*.
1980	*Trente mille jours* (Le Seuil), autobiographie. Le 8 septembre, mort en Espagne.

II. CHRONOLOGIE DU *ROMAN DE RENART*

XIIe siècle

1174-1177	*Branches II et V*a : Renart et le coq Chanteclerc, Renart et la mésange, Renart et le chat Tibert, Renart et le corbeau Tiécelin, Renart, la louve Hersent et les louveteaux ; plaintes des ennemis de Renart, le loup Isengrin et l'ours Brun, à la cour du roi Noble le lion. Ces deux branches sont l'œuvre de Pierre de Saint-Cloud.
1178	*Branche III* : vol des poissons par Renart qui ensuite tonsure le loup et le fait pêcher à la queue dans un étang glacé. De la même époque datent les *branches IV* (Renart et Isengrin dans le puits), *XIV* (Renart et Tibert dans le cellier d'un vilain ; le goupil joue de nombreux tours au loup Primaut), *V* (Renart et Isengrin volent un jambon à un vilain ; Renart essaie de manger le grillon) et *XV* (Tibert frustre Renart d'une andouille ; Tibert et les deux prêtres).
1179	*Branche I* : le jugement de Renart.
1180-1190	*Branche X* : Renart médecin.
1190	*Branche VI* : (Duel de Renart et d'Isengrin), *VIII* (Pèlerinage de Renart en compagnie de l'âne et du mouton) et *XII* (Renart et Tibert au moutier). La *branche XII* a été écrite par Richard de Lison.
1190-1195	*Branches Ia* (Siège de Maupertuis, le château de Renart, par les barons de Noble) et *Ib* (Renart,

teint en jaune et jongleur, se venge d'Isengrin et de son rival Poincet).

Fin du XIIe siècle

Reinhart Fuchs de Heinrich der Glîchesaere (vers allemands).

1195-1200   *Branches VII* (Renart se confesse au milan Hubert qu'il dévore) et *XI* (Renart usurpe l'empire et épouse la femme de Noble, Fière).

XIIIe siècle

1200   *Branche IX*, œuvre du Prêtre de la Croix-en-Brie : démêlés du vilain Liétard avec l'ours Brun et avec Renart.

1202   *Branche XVI* : Renart et le vilain Bertaut ; le partage des proies.

1205   *Branche XVII* : la mort et les funérailles de Renart.

1205-1250   *Branche XIII* : Renart se dissimule parmi des peaux de goupil ; puis, teint en noir et se faisant appeler Chuflet (ou Coflet), il joue de nombreux tours.
Branche XXIII : Renart apprend la magie à Tolède et procure une chemise à Noble.
Branche XXIV : Renart et Isengrin naissent d'un coup de baguette d'Eve.
Branche XXV : Renart et le héron ; Renart et le batelier.
Branche XXVI : l'andouille jouée à la marelle.
Branche XXI : concours inattendu entre Isengrin, l'ours Patous et la femme d'un vilain.
Branche XVIII : Isengrin et le prêtre Martin.
Branche XIX : Isengrin et la jument Raisant.
Branche XX : Isengrin et les deux béliers.

Milieu du XIIIe siècle

Poèmes italien, *Rainardo e Lesengrino*, et flamand, de Willem, *Van den Vos Reynarde*.

1252	*Mémoires* de Philippe de Novare, qui raconte, en prose et vers, la guerre contre les partisans de Frédéric II sous la forme d'une branche du *Roman de Renart*.
1260-1270	*Renart le Bestourné*, de Rutebeuf.
1279	*Reynardus Vulpes*, en vers latins, de Balduinus.

Seconde moitié XIIIe siècle

Le Couronnement de Renart, en vers français.

1288-1289   *Renart le Nouvel*, en vers français, de Jacquemart Gielée.

XIVe siècle

1319-1342	*Renart le Contrefait*, en vers français, par l'Épicier de Troyes.
1354-1377	*Doutrine Renart* et *Dialogue de Renart et la Loutre*.

Fin du XIVe siècle

Reinaerts Historie, en vers néerlandais.

XVe siècle

1466	*Le Livre de Maistre Regnart et de Dame Hersent sa femme*, adaptation en prose de *Renart le Nouvel*, par Jean Tenessaux (?).
1479	*Reinaert de Vos*, en prose néerlandaise.
1481	*The History of Reynard the Fox*, par Caxton, en prose anglaise d'après le néerlandais.

1490	*Reinaert*, en vers et prose néerlandais, par Hinrek van Alckmer.
1498	*Reynke de Vos*, en vers bas-saxons, source des versions postérieures de *Renart*, et en particulier du *Reineke Fuchs* de Goethe.

XVIIIe siècle

1752	*Heinrichs von Alkmar Reineke der Fuchs*, adaptation en prose allemande de Johann Christoph Gottsched.
1793	*Reineke Fuchs*, de Johann Wolfgang Goethe.

XIXe siècle

1826	*Le Roman de Renart publié d'après les manuscrits de la Bibliothèque du Roi des XIIIe, XIVe et XVe siècles*, 4 vol., édition de Dominique M. Méon.
1861	*Les Aventures de maître Renart et d'Ysengrin son compère, mises en nouveau langage, racontées dans un nouvel ordre et suivies de nouvelles recherches sur le Roman de Renart*, adaptation de Paulin Paris. *Le Roman de Renard mis en vers d'après les textes originaux* adaptation de Charles Potvin.
1872	*Renert*, adaptation en luxembourgeois du *Reineke Fuchs* de Goethe par Michel Rodange.
1882-1887	*Le Roman de Renart*, édité par Ernest Martin, 3 vol.

XXe siècle

1924	*Le Roman de Renard*, adaptation de Léopold Chauveau.

1926	*Le Roman de Renard*, adaptation de B.A. Jeanroy.
1935	*Le Roman de Renart*, adaptation de Robert L. Busquet.
1948-1963	*Le Roman de Renart édité d'après le manuscrit de Cangé*, 6 vol., par Mario Roques.
1958	*Le Roman de Renard*, adaptation de Maurice Genevoix.
1962	*Le Roman de Renart, transcription inédite du vieux français* par Maurice Toesca et Philippe Van Tieghem.
1963	*Le Roman de Renart, transcrit dans sa verdeur originale, pour la récréation des tristes et la tristesse des cafards*, par Albert-Marie Schmidt.
1966	*Le Roman de Renart*, adaptation de Jacques Haumont.
1971	*Le Roman de Renart, branche I, traduit d'après l'édition de M. Roques*, par André Eskenazi et Henri Rey-Flaud.
1974	*Van den Vos Reynaerde, Reynart le Goupil*, traduction française de Liliane Wouters.
1979	*Le Polar de Renard*, adaptation en bande dessinée par Jean-Louis Hubert et Jean-Gérard Imbar.
1981	*Le Roman de Renart*, édition bilingue, 2 vol., par Jean Subrenat et Micheline de Combarieu du Gres.
1983-1985	*Le Roman de Renart édité d'après les manuscrits C et M*, 2 vol., par Noboru Harano, Naoyuki Fukumoto et Satoru Suzuki.
1984	*Reinhart Fuchs*, traduction en français par Danielle Buschinger et Jean-Marc Pastré.
1985	*Le Roman de Renart*, 2 vol., édité et traduit par Jean Dufournet et Andrée Méline.

III. LA MORT DE RENART

Les auteurs médiévaux du Roman de Renart *ne se sont jamais résignés à faire mourir leur héros, mais ils ont rivalisé d'ingéniosité pour le sauver* in extremis, *et ils ont utilisé toute sorte de solutions. Même dans la branche XVII intitulée* La Mort et Procession de Renart, *le goupil s'échappe en faisant croire à ses poursuivants qu'il repose dans la tombe d'un paysan nommé Renart.*

En revanche, au XXe siècle, deux écrivains ont raconté la fin pitoyable et pathétique de Renard.

1. LOUIS PERGAUD

LA TRAGIQUE AVENTURE DE GOUPIL
(De Goupil à Margot, 1910)

Louis Pergaud (1882-1915), connu pour avoir écrit La Guerre des boutons *(1912), est surtout un romancier et un conteur du monde animal dans* De Goupil à Margot *(1910),* La Revanche du corbeau *(1911) et* Le Roman de Miraut, chien de chasse *(1913).*

Au peintre Jean-Paul Lafitte.

I

C'était un soir de printemps, un soir tiède de mars que rien ne distinguait des autres, un soir de pleine lune et de grand vent qui maintenait dans leur prison de gomme, sous la menace d'une gelée possible, les bourgeons hésitants.

Ce n'était pas pour Goupil un soir comme les autres.

Déjà l'heure grise qui tend ses crêpes d'ombre sur la campagne, surhaussant les cimes, approfondissant les vallons, avait fait sortir de leur demeure les bêtes des bois. Mais lui, insensible en apparence à la vie mystérieuse qui s'agitait dans cette ombre familière, terré dans le trou du rocher des Moraies où, serré de près par le chien du braconnier Lisée, il s'était venu réfugier le matin, ne se préparait point à s'y mêler comme il le faisait chaque soir.

Ce n'était pourtant pas le pressentiment d'une tournée infructueuse dans la coupe prochaine au long des ramées, car Renard n'ignore pas que, les soirs de pleine lune et de grand vent, les lièvres craintifs, trompés par la clarté lunaire et apeurés du bruit des branches, ne quittent leur gîte que fort tard dans la nuit ; ce n'était pas non plus le froissement des rameaux agités par le vent, car le vieux forestier à l'oreille exercée sait fort bien discerner les bruits humains des rumeurs sylvestres. La fatigue non plus ne pouvait expliquer cette longue rêverie, cette étrange inaction, puisque tout le jour il avait reposé, d'abord allongé comme un cadavre dans la grande lassitude consécutive aux poursuites enragées dont il était l'objet, puis enroulé sur lui-même, le fin museau noir appuyé sur ses pattes de derrière pour le protéger d'un contact ennuyeux ou gênant.

Maintenant sur les jarrets repliés, les yeux mi-clos, les oreilles droites, il se tenait figé dans une attitude héraldique, laissant s'enchaîner dans son cerveau, selon les besoins d'une logique instinctive, mystérieuse et toute-puissante, des sensations et des images suffisantes pour le maintenir, sans qu'aucune barrière tangible le retînt, derrière le roc par la fissure duquel il avait pénétré.

Cette caverne des Moraies n'était pas la demeure habituelle de Goupil ; c'était comme le donjon où l'assiégé cherche un dernier refuge, le suprême asile en cas d'extrême péril.

A l'aube encore ce jour-là, il s'était endormi dans un fourré de ronces à l'endroit même où il avait, d'un maître coup de dent, brisé l'échine d'un levraut rentrant au gîte et de la chair duquel il s'était repu.

Il y sommeillait lorsque le grelot de Miraut, le chien de Lisée, le tira sans ménagement du demi-songe où l'avaient plongé la tiédeur d'un soleil printanier et la tranquillité d'un appétit satisfait.

Parmi tous les chiens du canton qui tour à tour, au hasard

des matins et à la faveur des rosées d'automne, lui avaient donné la chasse, Goupil ne se connaissait pas d'ennemi plus acharné que Miraut. Il savait, l'ayant éprouvé par de chères et dures expériences, qu'avec celui-là toute ruse était inutile ; aussi, dès que le timbre de son aboi ou le tintement du grelot décelaient son approche, filait-il droit devant lui de toute la vitesse de ses pattes nerveuses, et, pour dérouter Lisée, contrairement aux instincts de tous les renards, contrairement à ses habitudes, il allait au loin faire un immense contour, suivait des chemins à la façon des lièvres, puis, revenu vers les Moraies, dévalait à toute vitesse le remblai de pierres roulantes aboutissant à son trou, certain que ses pattes n'avaient pas laissé à son ennemi le fret suffisant pour arriver jusqu'à lui.

C'était là sa dernière tactique que nul événement fâcheux ne lui avait fait modifier encore, et ce jour-là, comme à l'ordinaire, elle lui avait réussi ; mais Goupil n'avait pourtant pas l'esprit tranquille, car, à quelques dizaines de sauts du sentier, il lui avait semblé voir, dissimulé derrière le fût d'un *foyard*, la stature du braconnier Lisée, le maître de Miraut.

Goupil le connaissait bien : mais il n'avait pas cette fois tressauté au tonnerre du coup de fusil qui signalait chaque rencontre des deux ennemis ; il n'avait pas entendu siffler à ses oreilles le vent rapide et cinglant des plombs, de ces plombs qui vous font, malgré la toison d'hiver, des morsures plus cuisantes et plus profondes que celles des grandes épines noires. Il doutait, et de cette incertitude était née l'inquiétude vague, l'instinct préservateur qui, avant la douloureuse évidence, le maintenait dans la caverne au bord du danger pressenti.

Terré au plus profond du roc, il avait perçu des bruits suspects qui pouvaient bien, à la rigueur, n'être que le roulement des derniers cailloux ébranlés sous ses pattes, mais un bâti étrange, qu'il n'avait jamais remarqué, semblait démentir cette facile explication.

Goupil flairait un piège. Goupil était prisonnier de Lisée.

II

Il semblait figé dans une attitude apathique et sphinxiale, mais les pattes de devant agitées de frissons à fleur de poil, la pointe des oreilles frémissant aux rumeurs plus accentuées qui montaient dans la nuit, les éclairs fugaces des yeux dilatant une pupille oblongue sous le rideau mi-baissé des paupières indiquaient que tout en lui veillait intensément.

La profonde méditation du vieux routier dura toute la nuit. Rien d'ailleurs ne le forçait à sortir. Son estomac, habitué à des jeûnes fréquents et prolongés, suffisamment lesté du matin par la pâture dont la chair de lièvre avait fait les frais, l'incitait au contraire à ne pas quitter le refuge d'élection qui l'avait si souvent abrité aux heures périlleuses de sa vie.

Encore que la nuit fût plutôt sa complice, il était trop méfiant pour oser profiter de l'insidieuse protection de son silence et de sa ténèbre. Il attendait l'aube prochaine dans le pressentiment qu'elle apporterait le fait nouveau qui, confirmant ses soupçons ou raffermissant ses espérances, le ferait décider de la conduite à tenir.

Les heures succédèrent aux heures. La lumière de la lune devint plus éclatante et détacha sur le ciel qui semblait noir le profil plus noir des branches au bout desquelles les renflements des bourgeons, à l'extrémité invisible des rameaux, formaient sur la forêt comme un brouillard léger.

De longues files de ramées, alignées parallèlement, et coupées par les bûcherons après la montée de la sève, prolongeaient en d'infinies perspectives des pousses mourantes.

Les merles, qui, au crépuscule, rivalisaient d'entrain et lançaient aux quatre vents les harmonies de leurs solfèges, s'étaient tus depuis longtemps. Seul, le tambour du vent roulait sans hâte et sans cesse à travers les branches, relevé çà et là par quelques miaulements de chouettes ou ululements de hiboux, tandis que de la terre nubile montait une odeur indéfinie, subtile et pénétrante, qui semblait contenir en germe celle de tous les parfums sylvestres.

Comme l'aube poignait, l'homme parut précédé de Miraut. Goupil entendit à l'orée du terrier le reniflement du chien qui l'éventait et l'énergique juron du braconnier supputant de la patience et de l'endurance bien connues des renards la dépréciation de la fourrure argentée qu'il comptait bien lever sur la chair de sa victime enfin capturée.

Cependant Goupil, passant sa langue rouge sur son museau chafouin de vieux matois, se félicitait à sa façon d'avoir échappé au danger immédiat et allait chercher les moyens de se soustraire à son ennemi.

Deux seulement se présentaient : il fallait ou fuir, ou,

bravant la faim, lasser la patience du geôlier qui croirait peut-être à une fuite véritable et lèverait le piège. Cette seconde tactique n'était qu'un pis-aller et ce fut à la première que Renard d'abord donna la préférence.

Le piège lui défendant l'entrée du trou, Goupil, de la patte et du museau, sonda méticuleusement les parois de sa prison. L'inspection en fut brève : du roc en arrière, du roc en haut, à droite et à gauche du roc : impossible de rien tenter ; sous lui, dans un terreau noirâtre, les griffes de ses pattes s'imprimaient en demi-cercle ; peut-être le salut était-il là ? Et aussitôt, avec le courage et la ténacité d'un désespéré, il se mit à fouir cette terre molle.

Au bout de la journée il avait creusé un trou d'un bon pied de profondeur et de la grosseur de son corps quand les griffes de ses pattes fatiguées crissèrent sur quelque chose de dur... la pierre était là. Goupil creusa plus loin... de la pierre encore ; il gratta toujours, il gratta toute la nuit, espérant dans le rocher la faille libératrice...

Lentement, selon une courbe inflexible et cruelle, le plancher de roc remontait insensiblement pour venir affleurer à l'entrée du terrier ; mais Renard enfiévré ne s'en aperçut pas : il grattait, il grattait avec frénésie...

Il gratta trois jours et trois nuits, mordant la terre avec rage, bavant une salive noirâtre ; il s'usa les griffes, il se broya les dents, il se meurtrit le museau, il bouleversa toute la terre de la caverne. Impitoyablement le rocher tendait son impénétrable derme, et le misérable prisonnier, affamé, enfiévré parmi le chaos lamentable de la terre remuée, après avoir lutté jusqu'à l'épuisement complet de ses forces, tomba et dormit douze longues heures du sommeil de plomb qui suit les grandes défaites.

III

Sous les tiraillements violents de son estomac depuis longtemps délesté, Goupil s'éveilla parmi le désarroi morne du terrier. Une aube candide riait derrière sa faille de roc ; les bourgeons s'épanouissaient ; des gammes de verdure propageaient la joie de vivre sous le soleil, et les concerts des rouges-gorges et des merles emplissaient l'espace d'une symphonie de liberté qui devait énerver horriblement les oreilles du captif. Le sentiment de la réalité rentra dans son cerveau comme un coup de dent dans le ventre d'un lièvre, et, résigné, il s'affermit sur les jarrets dans la position la plus commode pour rêver, pour jeûner et pour attendre. Et là, devant lui, hantise affolante, ironique défi à sa patience, le piège se dressait.

C'était un rudimentaire trébuchet inventé par Lisée : deux montants, comme les bois d'un échafaud, supportaient un plateau de chêne, qui semblait les prolonger. Mais, grâce à un ingénieux mécanisme, quand un intrus s'engageait dans ce passage fatal, le plateau de chêne, affilé sur les côtés, traîtreusement glissait comme un couperet par une rainure ménagée dans les montants et lui brisait les reins.

Alors, excité par la faim, le cerveau de Goupil revêcut le voluptueux souvenir des lippées franches, évoqua les images d'orgies de chair et de sang, pour retomber, plus modeste, aux nourritures frugales des jours d'hiver, aux taupes crevées dévorées au bord des chemins, aux baies rouges glanées aux buissons dépouillés, aux pommes sauvages découvertes sous la pourriture humide des frondaisons déchues.

Que de lièvres pincés aux *croisades* des tranchées, aux carrefours des chemins de terre, de levrauts occis dans les champs de trèfle ou de luzerne, et les perdrix surprises dans leurs nids, et les œufs goulûment gobés, et les poules hardiment volées derrière les métairies sous la menace des molosses et des coups de fusil des fermiers !

Les heures se traînaient horriblement identiques, augmentant de nouveaux tiraillements la somme de ses souffrances.

Stoïquement immobile, l'estomac appuyé sur le sol comme s'il voulait le comprimer, Goupil, pour oublier, se remémorait les dangers anciens auxquels il avait échappé : les fuites sous les volées de plomb, les crochets pour dépister les chiens, les boulettes de poison tentant sa faim. Mais il revoyait surtout se lever, avec une précision plus terrible, du fond des jours mauvais, certaine nuit d'hiver dont tous les détails s'étaient gravés en lui ; il la revivait entière défilant sur l'écran lumineux de sa mémoire fidèle.

« La terre est toute blanche, les arbres tout blancs, et dans le ciel clair les étoiles qui scintillent durement versent une clarté douteuse, froide et comme méchante. Les lièvres n'ont pas quitté leur gîte, les perdrix se sont rapprochées des villages, les taupes dorment au recoin le plus solitaire de leurs galeries souterraines ; plus de prunelles gelées aux épines des combes, plus de pommes sauvages sous les pommiers des bois. Plus rien, rien que cette blancheur scintillante et molle en paillettes cristallines que la gelée rend plus subtile et qui s'insinue jusqu'à la peau malgré l'épaisseur de la toison.

Le village, au loin, dort sous l'égide de son clocher casqué de tôle. Il s'y dirige et en fait prudemment le tour, puis, raccourcissant ses cercles, captivé par l'espoir d'un butin, s'en approche peu à peu.

Pas de bruits, si ce n'est, de quart d'heure en quart d'heure, la note grêle, négligemment abandonnée au silence par l'horloge du clocher ou le bruit métallique des chaînes agitées par les bœufs réveillés dans leur sommeil.

Une forte odeur de chair parvient jusqu'à son nez : quelque bête crevée sans doute abandonnée là, et dont la putréfaction commençante chatouille délicieusement son odorat d'affamé.

Prudemment, il va, rasant les murs de clôture, profitant de l'ombre des arbres, jusqu'à quelques sauts de l'endroit où il la devine gisant, masse brune sur la vierge blancheur de la neige.

La maison d'en face dort profondément ; la baie tranquille d'une grande fenêtre semble attester sa solitude ou son sommeil.

Mais Goupil est soupçonneux. Mû par sa logique instinctive, il s'élance bravement à toute vitesse dans l'espace découvert, et passe sans s'y arrêter devant la charogne, les yeux fixés sur la fenêtre suspecte. Un autre que lui n'aurait rien remarqué ; mais le regard perçant du vieux sauvage a vu briller au coin supérieur d'une vitre un infime reflet rougeâtre, et c'en est assez, il a compris.

L'homme là derrière peut armer son fusil et se préparer à tirer : les plombs ne seront pas pour lui. Car Goupil est sûr que derrière cette croisée silencieuse un homme veille, un de ses ennemis, un assassin de sa race ; il a éteint la lampe pour faire croire au sommeil, mais les soupiraux de son poêle, qu'il a négligé de fermer, viennent de déceler sa présence, et Goupil, qui a déjà entendu des coups de feu dans la nuit, sait maintenant pourquoi il veille. Qui sait combien d'autres, moins méfiants, ont payé de leur vie l'imprudence de s'exposer à si belle portée au coup de feu de l'assassin ! Et Goupil a reconstitué les drames : l'homme tranquillement assis dans sa maison mystérieuse, spéculant sur la misère des bêtes, offrant à leur faim de quoi s'apaiser, et, le moment venu, protégé par l'ombre complice, fusillant ses victimes par le carreau entrouvert.

C'est là qu'ont péri ses frères des bois, qui, moins résistants que lui, se sont aventurés vers le village et qu'il n'a jamais revus.

Et Renard reprend, à petits pas, toujours dissimulé, le chemin de son bois, quand, à la crête d'un mur, une silhouette féline s'est précisée dans la lumière. Ses grands yeux sombres ont choqué dans la nuit les prunelles phosphorescentes du domestique, et, d'un bond formidable, il s'élance sur ses traces.

Le chat sait bien que la menace de ses griffes, suffisante pour refréner l'audace des chiens, n'arrêtera pas l'élan du vieux sauvage et que la fuite ne le protégera pas non plus de l'atteinte de Goupil. Mais un pommier est proche. Il y atteint, il y grimpe déjà quand un coup de dent sec l'arrête et le livre à son ennemi qui l'achève. Et la nuit silencieuse retentit d'un sinistre et long miaulement, un miaulement de mort qui fait longtemps aboyer au seuil de leur niche ou au fond des étables tous les chiens du village et des fermes voisines. »

Et d'autres souvenirs encore chantèrent ou frémirent en lui pendant que les heures enchaînaient leurs maillons monotones et que les jours s'éternisaient.

Puis les idées de Goupil s'imprécisèrent, se brouillèrent; les souvenirs des repues se mêlèrent pour d'effrayants cauchemars aux images de terreur : des rondes fantastiques de lièvres tournaient autour de lui, tirant des coups de fusil qui labouraient sa peau, lui enlevant de longues traînées de poil sans parvenir à l'achever. Une fièvre intense le prenait; son museau noir si froid s'échauffait, ses yeux devenaient rouges, ses flancs battaient, sa longue et fine langue pendait hors de sa gueule comme un torchon humide et chiffonné, laissant perler de temps à autre, au bout d'une gouttière centrale, une goutte de sueur qu'il ramenait d'un mouvement sec dans sa gueule en feu pour la rafraîchir.

Le temps fuyait. Il avait flairé son piège et cherché, pour l'éviter, à comprendre le danger, mais son cerveau de sauvage ne comprenait rien aux mécaniques des hommes et, à cet inconnu plein d'un mystère angoissant, il avait préféré la faim dans la sécurité du refuge.

Un matin il eut une joie et crut à sa délivrance. L'homme vint. Il resta là quelques instants, remua quelque chose et repartit ; mais le juron terrible dont il souligna son départ ne laissa qu'une très vague espérance au cœur de Renard. Lisée n'avait fait qu'essayer le piège, et, maintenant, tous les jours, à l'aube, il revenait, sentant proche le dénouement.

Pendant ce temps, la fièvre tenaillait Goupil de plus en plus. Tantôt il restait allongé de longues minutes, haletant désespérément, tantôt il se relevait et tournait en rond autour de sa prison pour y chercher une issue qu'il espérait toujours sans jamais trouver.

Une lune échancrée, une lune de dernier quartier, gravissait l'horizon, une lune rouge. N'était-ce pas un quartier de viande saignante qu'une puissance cruelle promenait dans le ciel sur un plateau de nuages ! Fixe, Renard tendait vers elle un cou amaigri, un museau hâve, des yeux immenses. Comme au premier soir de sa captivité, le cor du vent, d'un souffle puissant, retentissait dans les corridors de verdure, et Renard croyait entendre le flux et le reflux des abois d'une meute immense qui se rapprochait peu à peu ; ou bien le bourdonnement de son cerveau lui semblait un bruit de source, et pour y désaltérer sa soif dévorante, il tournait sans fin sur lui-même, cherchant de tous côtés l'eau, l'eau limpide qu'il laperait longuement.

L'aube du onzième jour épandait une clarté laiteuse au haut des futaies voisines. Il fallait en finir. Brusquement, Goupil fut décidé, et, sans regarder autour de lui, affermissant dans une énergie sombre ses pauvres pattes amaigries, il prit un élan désespéré et s'élança dans l'inconnu !...

IV

Sous la lourdeur apparente dont il masquait la vivacité de sa démarche, Lisée, ce jour-là comme les jours précédents, gravissait la cluse étroite où les clous de ses gros souliers avaient frayé par leurs dures empreintes un vague sentier aboutissant à la prison de Goupil.

En chien bien dressé, le fidèle Miraut le précédait de quelques sauts. Celui-ci d'ordinaire ne dépassait jamais, à la quête, une certaine distance qu'une longue habitude et une entente réciproque avaient consacrée. Mais ce jour-là Lisée, par des sifflements brefs et réitérés, était obligé de rappeler son vieil associé aux conventions anciennes.

Le nez au vent, le fouet battant, Miraut éventait une proie, et Lisée, pensant au sort de Goupil, frottait de joie l'une contre l'autre ses grosses mains calleuses. Mais il n'accentua pas son allure et continua son chemin vers le terrier où le chien, qui l'avait devancé, campé sur ses quatre pattes, le mufle tendu, l'œil fixe, le corps écrasé, la queue rigide, n'attendait pour bondir que la présence et le signe de son maître.

Sous le poids du plateau de chêne qui s'était affaissé, Renard, efflanqué, à demi pelé, gisait sur le flanc droit, l'arrière-train pris par le piège qui l'avait arrêté à la jointure des cuisses, et, le couchant un peu sur le flanc, avait protégé d'un choc mortel la colonne vertébrale du fugitif. Une mucosité blanchâtre sortait des narines, et ses grands yeux rouges et chassieux s'étaient fermés avec le choc qui lui avait fait perdre connaissance. Il y avait peut-être un quart d'heure qu'il était ainsi lorsque parut Lisée.

Un sourire méchant et dédaigneux indiquait que le triomphe du vainqueur était mitigé par le peu de cas qu'il faisait de la valeur du vaincu. La peau ne valait plus rien, et quel pauvre diable, si affamé fût-il, après avoir, selon la coutume, laissé geler la chair pour lui enlever en partie son odeur de sauvage, eût osé s'attaquer à une aussi minable dépouille !...

Tout à coup le braconnier, qui observait attentivement sa victime, vit frémir les flancs de Goupil. Celui-ci, en effet, n'était qu'évanoui.

Une idée aussitôt, une idée féroce de vengeance et de farce, germa dans le cerveau de Lisée.

Silencieux toujours, il détacha le collier de son chien qu'il boucla immédiatement au cou de Renard et fouilla les poches d'un vieux pantalon de droguet qui laissait voir par endroits la trame bleuâtre du coton. Avec des morceaux de ficelle qu'il en tira, il confectionna fort vite une solide muselière dans laquelle il enferma le museau du vieux fouinard, lui lia avec son mouchoir les pattes de derrière, démonta le piège, qu'il dissimula dans un fourré voisin, puis, de ses deux mains saisissant Renard par les quatre pattes, le jeta sur ses épaules comme un collier et reprit de son même pas rapide et lourd le chemin du village.

Miraut suivait par-derrière, l'œil rivé au nez pointu qui ballottait sur l'épaule de l'homme.

Le rythme de la marche, la chaleur du soleil, l'air balsamique et pur de ce beau matin de printemps rendirent peu à peu à Goupil l'usage de ses sens.

Ce fut d'abord une sensation très douce de soulagement et de légèreté qui contrastait avec la douleur aiguë et l'angoisse atroce éprouvées en sentant le piège qui le happait ; puis l'agréable dilatation de ses poumons sous la poussée de l'air frais et odorant suscita le souvenir jumeau des temps de libre divagation dans les bois ; enfin, ce fut pour lui une joie inconsciente de revoir à travers les brumes du sommeil la saine clarté et de jouir du beau soleil qui montait à l'horizon.

Mais au fur et à mesure que la conscience lui revenait, les sensations se modifiaient ; d'abord ce fut aux pattes et au cou une impression de gêne, et dans la tête un sentiment de lourdeur ; puis, brutalement, la sensation d'une odeur étrangère, l'odeur de l'homme et du chien mordant son cerveau sans souvenir le rappela violemment à la réalité. Il ouvrit tout grands ses yeux de fièvre et vit tout : l'homme qui le portait, le chien qui le suivait, ses pattes emprisonnées dans les rudes mains du braconnier, et le village au loin avec ses toits de *laves*, ce village mystérieux plein de pièges et d'ennemis.

Il eut un roidissement instinctif et désespéré de tout son être, une détente formidable de tous ses muscles pour tenter de se faire lâcher de Lisée et de prendre sa fuite à travers la forêt. Mais l'homme veillait ; il serra plus fort ses poings noueux qui froissèrent d'une étreinte plus étroite les pattes du malheureux, et Miraut, par des grognements significatifs, affirma lui aussi son implacable vigilance.

Une angoisse plus terrible qui lui fit oublier tout : la faim, la soif, la souffrance, tortura de nouveau le cerveau de Goupil. Le danger avait changé de forme, mais il était plus immédiat, plus certain, plus terrible encore. Il regretta presque les heures atroces où il mourait de faim dans son trou et se demandait à quel supplice il allait être voué avant de mourir.

Il se voyait déjà attaché par les quatre membres, livré à la dent des chiens ou servant de cible aux coups de Lisée. Il se représentait à demi écorché, la chair pantelante, les os brisés, et croyait sentir s'enfoncer dans ses muscles les plombs aigus, venus on ne sait d'où, qui restent comme une épine inarrachable et par les trous desquels le sang coule, coule toujours, sans cesse et sans remède.

Miraut déjà montrait des crocs aigus, et, pour répondre à cette provocation, Goupil, à travers les mailles de la muselière, découvrait lui aussi, sous un froissement de mufle, des gencives décolorées d'où jaillissaient des canines pointues. Ah! qu'il eût mordu volontiers le bourreau qui le portait, mais celui-là était bien sûr de l'impunité et, railleur impitoyable, continuait en souriant silencieusement sa marche vers le village.

Renard en percevait les bruits, qu'il connaissait à peu près pour avoir jadis dissocié les rumeurs étudiées de loin : d'aucuns lui étaient indifférents ; d'autres touchaient plus particulièrement à sa vie de chasseur de félins et d'amateur de basse-cour, d'autres enfin, les plus terribles, lui rappelaient que l'homme et son féal le chien étaient des ennemis sur la clémence desquels il ne devait jamais compter : c'étaient des meuglements de vaches, des grincements de voitures, des gloussements de volailles, des abois de chiens et des cris aigus de gamins jouant et se disputant au seuil des maisons. Le vaincu se voyait déjà entouré d'un cercle féroce, d'une triple haie infranchissable d'ennemis, et sentait de plus en plus sa perte impossible à conjurer.

De bonheur pour lui, Lisée habitait une maisonnette un peu à l'écart. Il s'engagea dans une ruelle bordée de deux haies d'aubépine où des galopins qui cueillaient la violette s'émerveillèrent de la bête curieuse et méchante qu'il rapportait et lui firent escorte jusqu'à sa demeure.

Avec une corde il fixa Goupil au pied du lit, dans la chambre du poêle, et déjeuna d'un bol de soupe fumante que lui servit sa femme ; puis il vaqua à sa besogne journalière, laissant sous la garde de Miraut le vieux fauve muselé qui s'attendait toujours à voir le chien bondir sur lui pour le déchirer.

Il n'en fut rien cependant, et Miraut se contenta de se coucher en rond sur un sac de toile auprès du poêle, en lui jetant de temps à autre des regards de haine, conscient de la responsabilité qui lui incombait.

Des rumeurs enfantines de cris, de disputes, de rires enveloppaient le prisonnier d'une atmosphère d'angoisse ; tous les gamins du village, prévenus par ceux qui avaient vu, montaient la garde autour de la maison dans l'espoir de voir aussi.

Quelquefois un d'eux, plus hardi, se haussant jusqu'à la croisée, hasardait un rapide coup d'œil sur l'intérieur mystérieux, puis, interrogé par les autres et n'ayant rien vu, se réfugiait dans un silence plein de sous-entendus.

Cette rumeur était une menace pour Goupil. Une sensation d'accablement envahissait de plus en plus son cerveau ;

ahuri par tant d'événements, il ne savait plus et devenait inconscient. Il ne s'aperçut pas que le jour baissait, mais il frémit lorsque le braconnier revint avec plusieurs autres ennemis de même odeur que lui et qui faisaient sortir de leurs pipes de longues bouffées de fumée bleue. Ils riaient.

Goupil ignorait l'odeur du tabac : elle le prit au nez et à la gorge comme l'étrangleuse avant-courrière de la mort. Il ne comprenait pas le rire. Si Miraut, observateur et fin, avait pu comprendre que ce signe extérieur chez son maître correspondait pour lui à des caresses et à des bons morceaux ; s'il s'essayait lui-même comme beaucoup de ses congénères à un retroussis plus ou moins gracieux des babines pour faire comprendre à l'homme sa bonne humeur et sa soumission, il n'en était pas ainsi pour le vieux sauvage qui ne voyait dans cette manifestation que les chicots de dents, jaunis par le tabac, trouant des mâchoires féroces, et des ventres qui bougeaient comme s'ils eussent voulu happer d'eux-mêmes une proie convoitée.

Goupil ne pouvait établir de relation entre ces dents qu'il voyait saillir et ces ventres qu'il voyait remuer, et c'était pour lui un signe terrible de danger et de menace.

Lisée parlait en gesticulant, et les bouches devenaient plus grandes, et les dents devenaient plus longues, et les ventres se trémoussaient plus violemment, et les physionomies devenaient plus terribles. Le dénouement était proche.

Tranquillement, comme pour en régler les derniers apprêts, les hommes s'assirent tandis que Lisée préparait les instruments qui devaient servir à la torture du condamné et que celui-ci, se mussant au coin du lit, essayait en vain de se dissimuler et aurait voulu se fondre et disparaître.

Enfin le braconnier parut avoir terminé. Il tenait d'une main comme une mâchoire noire de métal, de l'autre une petite sphère métallique creuse, percée en haut de deux trous ronds qui semblaient deux yeux de cadavre, et en bas d'une large fente semblable à une bouche distendue par un rire méchant.

Brusquement il fondit sur Goupil, dont il serra le poitrail et le cou entre ses genoux. Celui-ci se sentit perdu, et après une vaine velléité de révolte, devant l'impossibilité même d'une vague espérance, s'abandonna à son sort. Il sentit le froid du fil de fer lui entourer le cou, il vit la mâchoire de métal, la tenaille d'acier se fermer brusquement sur ce fil et sentit ce nouveau collier qui progressivement resserrait sur son cou son étreinte implacable... On allait l'étrangler !...

Mais Lisée, passant un doigt entre le cou et le fer, suspendit le supplice, rejeta après l'avoir défait le collier de cuir de Miraut, puis, saisissant par la sphère de métal Goupil ahuri, le traîna vers la porte, suivi du chœur sauvage et impitoyable des hommes.

Dans la direction de la mare d'où, comme des pétillements cristallins, jaillissait le chant des crapauds, le braconnier fit sortir Goupil et, avant que celui-ci eût pu rien comprendre à ce qui se passait, Lisée, avec un formidable coup de pied au derrière, le lançait au large de la nuit.

V

Renard ne chercha pas à comprendre, et d'instinct, comme le poisson sorti de l'eau fait des bonds vers sa rivière, il fila à toute vitesse vers la forêt natale. Mais horreur, le grelot de Miraut, le grelot fatal, le même qui l'avait éveillé dans les ronces sur les reliefs du lièvre, le suivait dans sa course.

Non, ce n'était point une hallucination, c'était bien le grelot qui, distinctement, détachait ses notes grêles et saccadées sur les rumeurs bourdonnantes du silence mariées aux crépitements d'insectes.

Miraut ne donnait pas de la voix, de ces coups de gueule prolongés et réguliers qui retentissaient quand il suivait sa piste et que tous les échos du bois lui renvoyaient. Cette poursuite silencieuse n'en était que plus terrible, plus affolante par le mystère dont elle s'entourait. Le chien sans doute devait le serrer de près, il s'apprêtait peut-être à le saisir, et Renard croyait à chaque instant sentir un croc aigu lui traverser la peau ; déjà il croyait percevoir le froissement des muscles des jambes du limier s'efforçant à l'atteindre et la respiration précipitée de ses poumons essoufflés.

C'était une lutte de vitesse, une lutte désespérée dans laquelle le mieux musclé, le plus persévérant, vaincrait l'autre.

En attendant, et parallèlement, sans rien gagner ni rien perdre, le grelot s'attachait résolument à ses trousses. Lutte héroïque, mais inégale : d'un côté, le chien plein de vigueur, altéré de vengeance ; de l'autre, Goupil affamé par onze jours de jeûne, affaibli par la fièvre et soutenu seulement par l'instinct de conservation qui lui ferait user ses dernières forces avant de s'abandonner à son sort.

Redoublant de vitesse, il s'enfonça dans la nuit ; il ne regardait rien, ne sentait rien, ne voyait rien ; il n'entendait que le bruit du grelot dont chaque tintement, comme un coup de fouet, cinglait son courage chancelant, relevait ses pattes qui butaient et semblait frotter d'une huile réconfortante ses muscles recrus.

La lisière du bois était proche avec son mur bas aux pierres moussues, écroulées par endroits, son fossé à demi comblé ; il le franchit d'un bond à une brèche de mur, près de l'ouverture d'une tranchée d'où les lièvres sortaient habituellement pour aller pâturer. Il passa là sans réfléchir, poussé par une force instinctive qui lui disait peut-être que le chien abandonnerait sa piste pour courir un lièvre déboulé devant eux ; mais Miraut était tenace et le grelot continua de tinter avec lui.

La tranchée rectiligne, non élaguée par les gardes, semblait bondir vers une « sommière » comme une immense arche de verdure, d'où les branches plus basses pendaient comme des guirlandes. Les étoiles à travers leur lacis s'allumaient discrètement, les merles reprenaient sur cent thèmes différents leur chanson crépusculaire, et des bandes innombrables de hannetons, s'élevant des champs et volant vers les jeunes verdures du bois, faisaient une rumeur lointaine et intense de vague qui s'enflait et s'apaisait tour à tour.

Renard fuyait, fuyait éperdument, dépassant sans même les regarder les bornes de pierre des tranchées, coupant l'une pour reprendre l'autre, lâchant le taillis pour la coupe et la coupe pour la plaine, toujours poursuivi par l'implacable grelot.

La lune se leva. Goupil regagna les taillis, puis les fourrés épais au travers desquels son habileté de vieux forestier le faisait glisser rapide comme une ombre sur un mur et où il espérait bien, à la faveur des ronces et des clématites, faire perdre sa trace au limier farouche qui lui donnait la chasse.

Il tournait autour des chênes, glissait sous les enchevêtrements de ronces qui le mordaient au passage sans arrêter ni ralentir son délirant élan ; il s'engloutissait sous des tunnels de végétations neuves, pour rejaillir, cinq ou six pas plus loin, dans l'éclaboussement d'une gerbe de clarté, et toujours, toujours derrière lui le tintement du grelot sonnait comme son glas funèbre, un glas monotone et éternel.

Sous ses pas des bêtes se levaient, des vols brusques d'oiseaux surpris s'ouvraient, trouées noires s'évanouissant dans le demi-jour sinistre du sous-bois; des hiboux et des chouettes, attirés par le son du grelot, suivaient de leur vol silencieux cette course étrange et nouaient au-dessus de sa tête leurs vols mous.

Renard s'enfonça résolument dans les fourrés les plus épais; un instant, une clématite l'arrêta au passage, d'un brusque sursaut il la rompit, repartit, et le grelot cessa de se faire entendre. Une espérance gonfla la poitrine de l'évadé et banda ses muscles d'une force nouvelle; Miraut, sans doute, l'avait perdu de vue, et il fila comme une flèche droit devant lui. Il courut deux cents, trois cents sauts peut-être dans ce silence plein d'espérance, puis, pour bien s'assurer de sa solitude, s'arrêta net et jeta un coup d'œil en arrière.

Il n'avait pas encore tourné la tête que le son grêle et saccadé du grelot déchirait de nouveau son oreille et le rejetait avec toutes les affres du doute dans une nouvelle course à travers les bois.

Il courut toute la nuit, sans une trêve, jusqu'à ce que ses pauvres pattes enflées et raides se dérobant sous son corps le jetassent sur le sol, loque inerte, à quelques pas d'une source où il roula inconscient, à demi mort, sans un regard et sans une plainte.

Et aussitôt, comme si son œuvre était accomplie, le grelot se tut.

VI

Nul ne saurait dire le temps que Goupil passa dans cette prostration totale qui n'était plus la vie et n'était pas encore la mort. La force vitale du vieux coureur des bois devait être bien puissante pour qu'elle pût, après tant de jeûne, tant d'émotions, tant de fatigue et tant de souffrances, le réveiller de sa léthargie et le rejeter à la lumière.

Rien ne surnageait dans le chaos de ses sensations. Au milieu du bon silence protecteur qui l'environnait et avant même que son estomac le rappelât trop vivement à la douloureuse réalité, ce fut au cou une sensation de gêne qui l'éveilla : ce fil de fer de Lisée sur lequel étrangement sa pensée se fixait et sa vie nouvelle semblait se condenser. D'ailleurs deux sensations pouvaient-elles trouver place dans son cerveau affaibli! Etait-il éveillé? Dormait-il? Rêvait-il? Il ne savait pas. Ses yeux étaient clos, il les ouvrit. Il les ouvrit lentement, sans bouger le corps, et les promena sur le paysage paisible qui l'environnait ; puis, avec des lenteurs calculées, les lenteurs auxquelles il savait se plier quand, guidé par son subtil odorat, il s'approchait le soir des compagnies de perdreaux, il tourna la tête autour de lui. Rien de suspect ; il respira. Où donc avait pu passer le chien ? Evanoui comme un mauvais songe. Peut-être, après tout, n'avait-il fait qu'un long cauchemar ? Mais non, ce fer, ce fil de fer bien gênant restait là pour affirmer la rétrospective horreur de son effrayante captivité !

Instinctivement, Goupil y porta la patte dans l'espoir peut-être de s'en dégager ; mais il ne l'avait pas plus tôt touché que le grelot résonnait de nouveau et qu'il s'affaissait sur lui-même, sentant courir tout le long de son échine un long frisson d'épouvante. Il ne pouvait plus fuir, il n'en avait plus la force. D'un coup d'œil rapide il embrassa tout l'horizon. Rien ! Pourtant le grelot était là tout proche ! Et soudain Goupil comprit.

La sphère de métal à la bouche moqueuse, aux yeux de mort, que Lisée avait glissée dans le fil de fer noué à son cou, c'était le grelot de Miraut ; c'était avec ce grelot fatal qu'il avait couru toute la nuit se croyant poursuivi par le chien ; c'était là la vengeance de Lisée qui lui avait fait dans huit heures de course nocturne épuiser le calice des angoisses, et maintenant qu'il renaissait à l'espérance et à la joie, allait le suivre impitoyablement, empoisonner ses jours, et accomplir envers et malgré tout son œuvre fatale.

Douloureusement sur ses pattes maigres il se dressa, l'avant-train d'abord, le derrière ensuite, et s'approcha de la source dont le bruissement continu et monotone était comme une sorte de silence, un silence plus chanteur sur la tonalité duquel les différents cris des habitants des bois s'harmonisaient paisiblement.

Il lapa longuement avec un claquement de castagnettes l'eau limpide dans laquelle il brouilla son image, l'image d'un Goupil amaigri que, d'ailleurs, il ne voyait pas, d'un Goupil dont le museau pointu seul vivait, et sur la tête duquel les courtes oreilles aiguës et comme détachées semblaient deux tourelles jumelles, épiant les bruits de la campagne avec toujours la crainte de voir surgir dans des perspectives de silence des bruits ennemis.

Puis il songea à manger, et comme la forêt ne lui offrait pas de suffisantes ressources il gagna la plaine herbue d'où les alouettes, par intervalles, semblaient jaillir comme des jets de joie, pour, dans une sorte de titubement ascendant, gagner le ciel, qu'elles emplissaient de leurs roulades, et retomber ivres d'azur.

Là il trouverait certainement quelques-unes des herbes qu'il avait toujours connues ou qu'il avait appris à connaître : les bâtons d'oseille sauvage, peut-être quelques champignons, le chiendent purgatif, ou encore quelques taupinières qu'il attaquerait résolument, et, qui sait, peut-être des cadavres à demi décomposés de bêtes ou d'oiseaux morts pendant l'hiver et que nul encore n'aurait retrouvés.

Mais que ce grelot était agaçant ! Sans doute il s'habituerait assez vite à la gêne de sentir au cou l'étranglement du fer, mais ce son qui s'attachait à lui comme une épine, lui rappelant trop les dangers courus et à craindre, gâtait sourdement la belle joie qu'il aurait éprouvée à jouir pleinement de la vie. C'était la rançon de sa liberté qu'il était condamné à traîner jusqu'à la mort. Et des envies féroces de s'en débarrasser le tenaillaient.

Maintes fois, couché sur le dos, les pattes de derrière en l'air, raidies par la volonté et la colère, il avait, de celles de devant, frotté son cou de battements réguliers et nerveux pour repousser ou briser l'étreinte métallique du fil de fer de Lisée. Il ne réussit qu'à se peler entièrement le cou de chaque côté de la tête, et à se meurtrir les ongles des pattes, mais le collier qui le tenait ne desserrait point son étreinte, et à chaque battement de patte le tintement du grelot semblait un rire insolent ou un ironique défi. Et Renard cherchait à s'y habituer, mais en vain, et des colères terribles que rien ne pouvait refréner lui serraient la gorge et contractaient ses muscles. Il fallait pourtant vivre.

Il vécut.

Tour à tour les herbes de la plaine et les fruits des bois, et les hannetons qu'il secouait des arbustes lui fournirent la pâtée quotidienne ; puis ce furent les nids des petits oiseaux qu'il savait découvrir derrière les boucliers de verdure des haies et sous les herses épineuses des groseilliers sauvages. Tantôt il en gobait les œufs, tantôt il en dévorait les oisillons, de petits corps tout rouges qui avaient les yeux clos et ouvraient des becs énormes en entendant le froissement des rameaux s'écartant au-dessus de leurs têtes. Il pouvait se hausser jusqu'aux nids des merles bâtis sur les branches basses des coudriers, il détruisit dans les blés en herbe des couvées de perdrix et de cailles, et même, protégé par son grelot, put, sans donner l'éveil, s'approcher des métairies.

Il avait une haine particulière contre certain coq de la Grange Bouloie, un vieux Chanteclair au timbre suraigu, aux lourdes pattes emplumées, aussi rusé que lui, pacha tout-puissant et jaloux d'un vaste sérail de gélines qui semblait, chaque fois qu'il approchait, deviner sa présence, et, dressant la tête et battant de l'aile, poussait un coquerico de rappel, une sonnerie précipitée qui prévenait les poules du danger et les ramenait en désordre vers la niche du molosse où elles se sentaient en sûreté.

Depuis longtemps Goupil avait résolu sa mort.

Plusieurs jours de suite il l'épia, puis, fixé sur ses habitudes, s'en vint un beau matin se tapir derrière une haie et attendit.

La crête au vent, l'œil en sang, les plumes en bataille, en tête du troupeau gloussant, Chanteclair approchait. Mais il n'avait ni la galanterie facile ni l'audace fanfaronne des jours de belle assurance : visiblement, il sentait un danger. Goupil fit sonner son grelot, et ce son domestique rassura l'ennemi ; puis, avec une patience de vieux chasseur, il le laissa doucement approcher, et quand il fut bien près et dans l'impossibilité de lui échapper, Renard fit dans sa direction un bond prodigieux, le poursuivit, l'atteignit, lui broya le poitrail entre ses mâchoires, et, fier de sa victoire, portant haut sa tête narquoise, insoucieux de la déroute des poules, il l'emporta dans la forêt où il le dépluma et le mangea.

Il décima ensuite facilement le stupide troupeau de poules de son voisin le fermier ; mais il y allait à intervalles si variables, à des heures si différentes, que l'autre ne pouvait songer à le surprendre et, ne l'ayant point vu, n'ayant eu vent de l'identité du voleur que par le son du grelot, ignorant d'ailleurs l'aventure de Goupil, accusait fermement Miraut d'être l'assassin de ses poules et ne parlait rien de moins que d'intenter à Lisée un bon procès ou de lui démolir son rien qui vaille de chien.

Cependant Goupil engraissait, et s'il avait dû en partie se résigner à laisser les lièvres en repos, les volailles de la Grange Bouloie offrant une suffisante compensation, il reprenait confiance en la vie.

Une chose pourtant lui pesait horriblement : c'était sa solitude.

Jamais, depuis le soir de sa captivité, il n'avait revu un de ses frères, il ne pouvait sans une profonde émotion évoquer les taquineries mutines, les petits mordillements d'oreilles qui précédaient les grandes expéditions, ni les grandes querelles suscitées par les partages difficiles et qui faisaient jaillir comme des défis la rangée aiguë des canines puissantes sous le retroussis des babines noires.

Rien, plus rien que la forêt ; il semblait que sa race se fût évanouie avec sa captivité.

Et pourtant il sentait autour de lui sa présence continuelle. Il la sentait par les traces que les autres renards laissaient en traversant les chemins de terre toujours humides du sous-bois, par le fret de leurs pattes sur les herbes des clairières et aux rameaux des branches basses des fourrés, et surtout par les glapissements particuliers qui lui signalaient une chasse nocturne de deux associés : l'un faisant le chien, donnant de la voix, une petite voix grêle comme enrouée, tandis que l'autre, selon la direction indiquée par l'aboi, allait occuper l'emplacement probable où passerait le lièvre et l'étranglerait sans courir.

Les passages, il les connaissait tous et se trompait rarement quant à la direction ; il avait même, un jour que la faim le talonnait un peu, osé attendre et étrangler un oreillard que Miraut chassait. Mais il ne s'y était jamais repris, car le limier, aussi fin que lui, devinant la ruse du pillard, sans perdre un instant et pris d'une nouvelle ardeur s'était mis à sa poursuite. Chargé du poids de sa capture, il aurait été infailliblement atteint s'il n'avait été assez prudent pour abandonner à son ennemi cette proie dérobée qui lui aurait fourni un si copieux repas. C'était Miraut qui sans doute avait retrouvé le lièvre dans la rocaille escarpée où il l'avait abandonné, et des traînées de poil et des éclaboussures de sang sur les cailloux disaient assez la plantureuse lippée qu'il s'était égoïstement offerte.

Goupil, naturellement, songea à profiter de la chasse de ses congénères, mais il n'y réussit que rarement, car si le grelot éloignait toujours le chasseur à longue queue à l'affût, il arrivait très souvent aussi qu'il détournait du passage le lièvre roux attentif à tous les bruits de la forêt. Mais en cette occurrence, ce qu'il cherchait surtout, c'était à revoir les autres renards afin de leur faire comprendre qu'il n'était pas l'ennemi ; peine perdue, le solitaire ne put amener à lui ses frères farouches, ni parvenir à eux ; ses appels restèrent sans autre réponse que celle de l'écho qui lui renvoyait, comme une raillerie, la fin plaintive de ses glapissements.

Il reconnut, un certain soir, la voix de son ancien compagnon de chasse, associé à un autre, un rival sans doute, et il en fut triste, car il se sentait mis au ban de sa race et comme mort pour les autres renards.

Que de fois, même sans désir de pillage, n'avait-il pas essayé d'approcher de ceux qui chassaient, mais dès qu'il approchait, la chasse semblait s'évanouir, tout retombait au silence : le grelot faisait le mystère et le vide autour de lui.

VII

Vint la saison de l'amour.

Sur les pas des hermelines en folie, Goupil reniflait de voluptueuses odeurs qui faisaient claquer ses mâchoires et mettaient en feu son sang. Tout son être alors vibrait du grand courage nécessaire pour les luttes qui suivaient la parade nuptiale dont elles n'étaient que la forme suprême, et il évoquait devant les rivaux blessés, honteux et vaincus, la femelle plus fluette docile au désir du maître.

Ah ! ces batailles au fond des bois, ces ruées féroces où les dents s'enfonçaient dans les toisons et faisaient saigner les chairs, ces duels hurlants à la suite desquels le vainqueur, blessé lui aussi et sanglant, jouissait de son triomphe, tandis qu'au loin, encore menaçants, les vaincus montraient les dents ou tournaient inquiets et plaintifs autour du couple attaché.

Goupil était un des forts ; il était souvent resté maître dans ces tournois nocturnes, et avec une rage décuplée par l'insaisissabilité du but il suivait les multiples pistes où les pattes des rivaux se confondaient dans le trajet suivi par les bien-aimées ; mais le but fuyait, jamais atteint, car le grelot maudit, signalant la présence d'un intrus, réconciliait les rivaux devant le péril commun et faisait fuir toujours les groupes amoureux.

Et toutes les nuits il courait, lâchant une piste pour en suivre une autre, dans l'espoir, toujours déçu, que les glapissements d'appel qu'il poussait sans cesse vers la femelle suffiraient pour l'empêcher de fuir devant le grelottement approchant.

Il désespérait. Il en oubliait de voler des poules et de boire aux sources : la fièvre d'amour le minait, et des rages folles le faisaient, comme aux premiers jours de sa libération, se jeter à terre le dos sur le sol pour tenter violemment de rompre enfin le fer qui rivait à ses jours l'indélébile marque de la férocité des hommes.

Peine perdue.

Un soir pourtant il changea de tactique. Il venait de croiser le sillage tout frais d'une femelle en rut et, coûte que coûte, concentrant sur ce but toutes les violentes énergies du mâle exacerbé, voulut arriver jusqu'à elle. Il fallait faire taire le grelot? Il le voulut!

Pour y parvenir il décida de réaliser à travers le dédale inextricable des branches une marche lente et souple, durant laquelle sa tête et son cou devraient conserver la plus stricte immobilité. Il s'engagea donc sur les traces de dame Hermeline, le corps tout entier tendu dans une crispation terrible, les pattes arquées, la tête mi-baissée pour suivre les pas de la compagne.

Avec d'infinies précautions il avançait, étouffant sous son désir et sa volonté les émotions instinctives. C'était un sentier ou une tranchée qu'il se contraignait à franchir lentement quand, au fond de lui, un subconscient conservateur cambrait déjà pour le franchir d'un bond les muscles de ses reins, ou le passage d'une proie facile que ses yeux malgré lui suivaient dans sa fuite précipitée.

Il passait par-dessus les branches, se glissait sous les ramures basses des bouquets d'arbustes, tantôt haussé sur la pointe des griffes, tantôt écrasé sur ses souples jarrets ; il allait lentement, angoissé, des vertiges à la tête, des battements au cœur en sentant, au fur et à mesure que le but approchait, l'odeur voluptueuse lui troubler les sens, attentif au moindre mouvement de son cou, au plus léger frémissement du grelot.

Il arrivait.

Au centre d'une clairière toute blonde de lune, deux mâles déjà se disputaient la femelle qui les regardait. Les crocs s'enfonçaient avec des grognements assourdis dans la peau des adversaires, des pattes raidies se crispaient sur les dos et sur les reins, des gouttes de sang coulaient, les yeux brillaient férocement.

Tournant en rond autour des rivaux dans l'étroite clairière dessinée par la place regazonnée d'une meule de charbonniers, la femelle sereine les regardait les yeux mi-clos, la queue balancée comme une traîne féminine.

Elle passa devant Goupil, l'éventa et s'en approcha, et lui, enhardi, excité, malgré la raideur obligatoire de son cou, sans se préoccuper des deux autres qui s'entr'égorgeaient, sans entendre et sans voir, préluda par les caresses préliminaires à l'acte d'amour.

Mais au moment où il allait chevaucher la femelle en redressant l'avant-train d'un mouvement plus vif, le tintement du grelot retentit dans la nuit, et tous, comme mus par d'invisibles ressorts, lutteurs et femelle, s'élancèrent d'un élan si brusque et si impétueux qu'avant qu'il eût le temps de les voir disparaître Goupil, ahuri, restait seul dans la clairière déserte.

Alors le pauvre solitaire se mit à mordre, comme s'il était pris d'une irrésistible rage, le gazon de la clairière, et à hurler, à hurler désespérément en faisant sonner sans fin comme pour le rassasier ce grelot implacable, pendant que la lune en ricanant faisait tourner autour de lui l'ombre des arbres et que les oiseaux de nuit, attirés par ce bruit insolite, nouaient et dénouaient au-dessus de sa tête leurs cercles énigmatiques et sinistrement silencieux.

Le jour levant le surprit ainsi et avec les dangers qu'il portait en lui le rappela au sentiment de la conservation. Repris par le goût de la vie comme un convalescent après une crise terrible, il sentit peser sur lui tous les problèmes de l'existence, et pour les solutionner à leur heure commença par se dissimuler dans un massif au centre du bois, où il dormit de ce demi-sommeil qui caractérise les traqués et les inquiets.

Et de longs jours ce fut ainsi. La vie de la forêt si adéquate à ses instincts lui sourit de nouveau ; il se refit presque, grâce au souci de la pâtée quotidienne, une âme de coureur des bois, se contentant, jouissance douloureuse, amère volupté, d'écouter au loin, comme le chant de fête d'un paradis perdu, la vie de ceux de sa race que les chasses nocturnes lui rappelaient souventes fois.

Les lourdes chaleurs du mois d'août le faisaient, au crépuscule, gagner les prairies voisines des chemins, où il était certain de rencontrer, cherchant hors de la terre un remède à la chaleur qui les étouffait, les taupes aux yeux clos, errant à travers les andains fraîchement coupés des regains et vouées à la mort par le seul fait d'avoir abandonné le carrefour originel sous la taupinée desséchée.

C'était là pour Renard une ressource assurée, car lors même qu'il ne les eût pas trouvées vivantes encore, errant misérablement sous le double poids de leur infirmité et du malaise qui les chassait de la fournaise surchauffée de la glèbe, il savait qu'il les retrouverait certainement mortes au long des chemins, car celles qui sortent ainsi de leurs galeries n'y rentrent jamais et périssent presque toutes au hasard de leur première et dernière errance.

Puis l'automne traîna avec son abondance de fruits qui lui aurait fait une vie particulièrement paisible si les meutes coupant en tous sens son domaine de leurs musiques enragées ne lui avaient trop vivement rappelé et Lisée et Miraut, et sa captivité et son isolement.

Rendu plus prudent encore qu'à l'ordinaire, il ne se terrait plus maintenant dans un terrier à double issue qu'après avoir, par de savants entrelacs, dévoyé de sa piste le flair des plus redoutables limiers.

La vie cependant lui semblait facile, et le vieil écumeur ne pensait point à l'hiver approchant que les migrations précoces de ramiers et de geais, en même temps que la soudaine poussée de sa toison, annonçaient prochain et rigoureux.

VIII

Brusquement, sans transition, comme il arrive dans les montagnes, après les bruines froides de fin d'octobre et des premiers jours de novembre qui dévêtirent la forêt de ses feuilles roussies, il vint. Quelques baies rouges luisaient encore aux églantiers des haies, quelques balles violettes de prunelles à la peau ridée par le premier gel pendaient encore aux épines, la queue aux trois quarts coupée par les implacables ciseaux de la gelée ; puis un beau matin que le vent semblait s'être assoupi, traîtreusement la neige tomba, molle, douce, sans bruit, sans secousse, avec la persistance tranquille du bon ouvrier que rien ne rebute, que rien ne hâte et qui sait bien qu'il a le temps.

Elle tomba deux jours et deux nuits sans discontinuer, nivelant les hauteurs, comblant les vallons, aplanissant tout sous son enveloppe friable que rien ne soulevait. Et pendant tout le temps qu'elle tomba, toutes les bêtes des bois et tous les oiseaux sédentaires ne bougèrent point du refuge soigneusement choisi qu'ils avaient élu.

Goupil (il fuyait maintenant les cavernes), tapi sous les branches basses d'un massif de noisetiers, s'était, comme les autres, laissé ensevelir sous le suaire qui se tissait, et, moulant ses formes ramassées, lui bâtissait une cabane étroite, une prison délicate et fragile, dont il saurait, le moment venu, briser la cloison friable. Dans cette prison il avait chaud, car sa toison était épaisse et la voûte de neige épousant le cintre de son échine le protégeait totalement des froids du dehors.

Lorsqu'il présuma que la tourmente était apaisée, il s'ouvrit vers le midi une étroite sortie, et, ménageant avec soin le terrier de neige que Nature avait confectionné à sa taille, partit en quête de la nourriture quotidienne.

Les mauvais jours étaient revenus, Goupil le sentait bien et d'autant plus que la tare du grelot qu'il était condamné à faire tinter à chaque pas le mettait pour toutes les chasses, et surtout pour la chasse au lièvre, dans un réel état d'infériorité.

Il savait bien qu'un lièvre déboulant devant lui deviendrait irrémédiablement sien, car lorsque la neige est molle, les malheureux oreillards sont impuissants à lutter de vitesse avec les renards et les chiens. Mais ils n'ignorent rien de cette infériorité, aussi dès qu'un bruit inaccoutumé de grelot ou de pas se fait entendre, ils ont la sage précaution de gagner au pied une avance remarquable. Renard leur était donc plus que suspect.

Alors reprirent les pérégrinations sans fin, les longs déterrages sous les pommiers des bois, les patientes glanes aux buissons secoués de leur neige, qui n'arrivaient qu'à sustenter à demi son estomac trop souvent vide.

Il connut de nouveau les jours sans pitance, les longues stations aux lieux de sortie des lièvres et les guets prudents aux abords du village ou des fermes dans l'espoir vague de s'emparer d'une volaille ou d'étrangler un chat.

Et cela dura ainsi jusqu'aux premiers jours de décembre.

Mais à ce moment le froid redoubla : des bises cinglantes se mirent à souffler ; la neige, divisée par la gelée en infimes paillettes de cristal, pénétrait tout, comblant les plus profondes vallées, s'infiltrant sous les abris les plus épais et formant de véritables dunes blanches, des « menées » qui se déplaçaient rapidement sous l'effort du vent.

Son terrier cependant restait indemne ; il s'était même consolidé et il y était plus à l'aise, car la chaleur de son corps avait fait fondre alentour de lui une légère couche de neige, qui, par la gelée, s'étant solidifiée, formait comme une croûte plus dure, une voûte de glace supportant facilement le poids d'ailleurs variable de la neige qui passait sur lui.

Tous les buissons avaient été soigneusement glanés ; les

oiseaux rôdaient autour des villages, les lièvres étaient insaisissables. Rien, rien, plus rien, et Renard, pensif, se ressouvenant de la vieille aventure, hésitait à la tenter de nouveau et à vouloir surprendre, à la faveur de son grelot, la confiance des animaux domestiques.

Mais il y vint fatalement. Insensiblement, chaque nuit, il se rapprocha des habitations, éloignant même les autres renards qui, affamés eux aussi, y rôdaient déjà et n'avaient pas comme lui attendu que la faim les eût acculés à la dernière limite pour venir y traquer une aléatoire pâture.

Mais pas un animal ne songeait à quitter la chaude litière de l'étable ni le coin du feu où, sur la dalle ou la planche chaude, les chats frileux se pelotonnaient quand ils ne guettaient pas aux tas de bottes de la grange ou aux trous des boiseries des chambres les souris maigres au museau inquiet qui, affamées aussi, avaient toutes réintégré les maisons.

De temps à autre, l'aboi furieux d'un chien de chasse l'avertissait qu'il était venu trop près, qu'il était éventé et que le temps était venu pour lui de détaler au plus vite. Jamais il ne rapporta rien de ces expéditions nocturnes. La traditionnelle charogne, qui tentait jadis les ventres affamés et à laquelle on pouvait, à la rigueur, après de longues stations, arracher furtivement un morceau et s'enfuir, n'était pas apparue ; les bêtes du village s'entêtaient à ne pas périr. Goupil rôdait quand même au large des maisons : cependant il évitait avec soin celle de Lisée, et, malgré le désarroi de son cerveau, malgré son ventre vide, il s'enfuit plus vite la nuit où il entendit la voix de Miraut répondre au jappement d'un de ses compagnons de chasse qui lui signalait à sa façon la présence de l'habitant des bois.

Mais Renard ne mangeait toujours rien, et les jours passaient et le froid ne passait pas, et une faim plus féroce minait et dévorait les hôtes de la forêt.

Et lui, maintenant efflanqué, spectre épuisé, plus minable encore qu'après les jours d'emprisonnement de jadis, n'était plus qu'une pauvre loque de bête, travaillée par la fièvre, ballottant entre la mort et la folie, qui, ayant pris l'habitude de venir rôder autour du village, y revenait invinciblement, à heure fixe, sans savoir pourquoi, n'évitant plus les chiens, n'évitant même pas la maison de Lisée, sans espoir de trouver à manger, sans même chercher, tué par le grelot qui sonnait à son cou et mûr pour la dernière et suprême épreuve.

IX

Cette journée du 24 décembre avait été comme un long crépuscule. Le soleil ne s'était pas montré ; à peine si vers midi de longues lames livides au-dessus de l'horizon avaient dénoncé son passage derrière les nues couleur d'encre, tendant leur dais sinistre sur la campagne muette et morne.

Quelques croassements lugubres de corbeaux en détresse, quelques jacassements de pie en quête des dernières baies rouges des sorbiers avaient par intervalles comme barbouillé ce silence, et ç'avait été tout.

Le village engourdi, sur lequel semblaient peser comme un couvercle de tristesse les fumées immobiles, haleines fiévreuses des chaumières, avait seulement donné d'autres signes de vie à l'aube et au crépuscule, lorsque les portes des étables vomirent aux heures coutumières les bêtes ivres d'énergies croupissantes, meuglant et se ruant vers l'abreuvoir.

Et pourtant dans ce village tout veillait, tout vivait : c'était veille de fête. Dans les vieilles cuisines romanes où le pilier rustique et les pleins cintres enfumés soutenaient deux pans de l'immense « tuyé » où l'on séchait les bandes de lard et les jambons à la fumée aromatique des branchages de genévrier, il y avait un remue-ménage inaccoutumé.

Pour le réveillon du soir et la fête du lendemain, les ménagères avaient pétri et cuit une double fournée de pain et de gâteaux dont le parfum chaud embaumait encore toute la maison. Oubliant les jeux et les querelles, les enfants, avec des exclamations joyeuses, avaient suivi tous les préparatifs et dénombré bruyamment ces bonnes choses, attendant impatiemment l'instant désiré d'en jouir : les pruneaux séchés au four sur des claies après la cuisson du pain, des meringues saupoudrées de bonbonnets multicolores et des pommes remontées de la cave répandant une subtile odeur d'éther.

Le souper avait été copieux, plein d'animation, et selon la coutume aux heures de matines, les falots jaunes dansant dans la nuit avaient mené vers l'église et ramené vers le logis, dans la chambre du poêle bien chaude, pour le réveillon désiré, la joyeuse maisonnée tout entière.

On avait mangé, on avait bu, on avait chanté, on avait ri, et la grand-mère, comme de coutume, avait commencé de sa voix chevrotante, un peu mystérieuse et lointaine, le conte traditionnel :

« C'était il y a des temps, des temps, par un minuit passé, un soir de matines, quand la terre que nous labourons maintenant était encore toute aux seigneurs et que les grands-pères de nos grands-pères leur obéissaient.

« L'heure de l'office allait venir, quand, dans le château dont vous connaissez les ruines, un homme que nul n'avait jamais vu s'en vint trouver le comte. Des sangliers, lui dit-il, étaient réunis au fond de la combe aux loups et par le beau clair de lune qu'il faisait on pouvait aisément leur donner la chasse. Aussitôt, chasseur enragé, oublieux de ses devoirs, le comte fit seller des chevaux pour lui et ses valets et amener les chiens. Mais sa pieuse dame tant pleura et le supplia qu'il consentit enfin, quand la cloche sonna pour le divin office, à prendre à l'église sa place sur le fauteuil rouge, sous le baldaquin doré qui leur était réservé.

« Les chants avaient commencé déjà, mais un pli de regret barrait le front du seigneur, quand le mystérieux inconnu, entrant dans l'église sans se signer, vint de nouveau trouver le comte et lui parla bas à l'oreille.

« Le malheureux ne résista plus et, malgré les regards suppliants de sa dame, il partit, suivi de ses valets. Bientôt on perçut au loin les abois de la meute, et pendant toute la durée de la messe on entendit comme un blasphème la chasse hurlante qui tournait dans la campagne. Et tous avaient des larmes dans les yeux et priaient avec ferveur. Cela dura toute la nuit, puis soudain la chasse se tut. Mais le seigneur ne reparut point au château ; il disparut avec sa meute infernale et ses valets serviles et il expie durement en enfer ce sacrilège pour lequel Dieu l'a condamné tous les cent ans à revenir la nuit de Noël chasser avec ses chiens à travers la nuit. La malheureuse comtesse mourut dans un couvent ; quant à l'inconnu qui avait entraîné son époux, personne ne le revit jamais non plus et chacun pensa bien que c'était le diable.

« Notre mère n'a pas entendu la chasse, mais sa grand-mère l'entendit : comme ce soir, par un sombre minuit, c'était... »

Au même instant, un hurlement lugubre, un hurlement de mort, tragiquement long, passa comme une traînée d'horreur sur le village, et à ce signal magique, tous les chiens, aussitôt, tous ceux du village et des fermes, répondirent par un hurlement lugubre et prolongé. Le bruit enflait comme une menace et mourait comme un sanglot. Fini, il recommençait ou plutôt il ne finissait pas, il baissait en modulations angoissantes et se prolongeait terrible, selon le rythme de sa monotonie désespérée.

« Prions, mes enfants, fit l'aïeule, prions pour l'âme du comte. »

Chacun veilla dans le village. Les hommes avaient décroché du clou où il était suspendu le vieux fusil dont ils vérifiaient soigneusement les amorces, et sur leurs faciès interloqués où déjà le scepticisme du siècle avait peut-être posé son sceau, le signe des vieilles terreurs superstitieuses remontait comme une écume.

Les femmes et les enfants sans rien dire entouraient le foyer, cherchant dans la clarté et la chaleur une protection contre le danger inconnu dont ils se croyaient menacés. Mais plus que personne dans le village, Lisée, cette nuit-là, connut les affres de la peur.

C'était devant la porte du vieux braconnier, qui ne craignait ni dieu ni diable, qu'avait commencé le premier hurlement. C'était de là devant que le maître sinistre de ce grand drame mystérieux commandait à la meute invisible. Et il avait poussé contre la porte un énorme dressoir de chêne derrière lequel Miraut, la queue entre les jambes, le poil hérissé, hurlait désespérément. Toute la nuit, le fusil chargé de chevrotines à la main, prêt à faire feu, Lisée veilla. Une heure avant l'aube la chasse lugubre se tut.

Rassuré par le jour et par le silence, le braconnier retira lentement et sans bruit le lourd bahut qui barricadait son entrée et, prudemment, entrouvrit la porte.

Les yeux hagards, les pattes raidies par la mort et gelées par le froid, la peau à demi pelée, dans l'attitude d'un chat qui se ramasse pour bondir, Goupil, efflanqué, squelettique, était là devant lui, mort avec le grelot fatal au cou.

Miraut le vint flairer avec crainte et s'en écarta avec un froncement de mufle.

Le cerveau bourdonnant, les jambes molles, Lisée rentra chez lui, prit une pioche et un sac dans lequel il glissa le corps raidi de sa malheureuse victime et, suivi de son chien, partit vers la forêt.

Il y creusa sous la neige un trou profond dans lequel il ensevelit le corps de Renard, et qu'il reboucha soigneusement.

Et il s'en retourna le dos ployé, les yeux vagues et pleins de terreurs vers sa maison, tandis que Miraut, qui n'avait pas les sujets de grave préoccupation de son maître, levait, avant de le rejoindre, une patte irrévérencieuse et philosophique contre le tertre gris de neige et de terre sous lequel Goupil dormait son dernier sommeil.

2. MAURICE GENEVOIX

LE RENARD
(Bestiaire sans oubli, 1971)

Maurice Genevoix (1890-1980) a prolongé son Roman de Renard *par trois bestiaires,* Tendre Bestiaire *(1969),* Bestiaire enchanté *(1969) et* Bestiaire sans oubli *(1971); c'est dans celui-ci qu'il a donné une fin tragique au roman.*

Droit du plus fort, plaisir, intérêt, préjugé, ignorance ou caprice, nous décrétons. Advienne ensuite que pourra! Il y a un peu plus de trente ans, j'ai raconté l'histoire de la *Dernière Harde*. Le Rouge pris et porté bas, le Cerf-Pèlerin abattu par Grenou-le-Tueur, « les biches sont veuves dans les Orfosses ». Il y a une douzaine d'années, j'ai narré à ma guise le roman de Renard le goupil. C'était le héros des vieux dits, venu vers moi du fond des temps à travers les continents et les âges. D'abord naïf et « gabé » à l'envi, je l'ai montré faisant ses écoles, mûrissant, gabant à son tour et méritant sa liberté. Créature libre dans le monde, survivant aux embûches, aux courres, aux pièges, il sautait par-dessus les siècles et, dans la forêt ancestrale, devant sa femelle Hermeline, hier encore il adoubait ses fils chevaliers de Renardie. Douze ans seulement... Me faudra-t-il dire aujourd'hui la fin de Renard le goupil, d'Hermeline la compagne fidèle, de Percehaie, de Malebranche, de Rovel, les vaillants renardeaux déjà drus?

C'était hier. Le garde des Messaudières dit à M. Desrousseaux, son « bourgeois » de Sologne :

— Je me crois, sauf si mes yeux me trompent, avoir découvert Maupertuis.
— Eh! quoi, Lanfroi, le château de Renard? s'étonna M. Desrousseaux.
— J'ai bien dit : Maupertuis, Monsieur.

C'était en effet Maupertuis, le château de Renard le goupil. Château fort, château souterrain, vaste terrier à multiples entrées, toutes astucieusement dérobées entre de puissantes racines d'arbres, sur l'ados de fossés que voilait la retombée des ronces.

Lanfroi avait suivi les ordres, amené deux hommes de renfort, Ravaud son braque, Pille son fox, pris les pioches et les pelles qu'il fallait et même, dans sa poche, des pétards. M. Desrousseaux était là, ponctuel au rendez-vous donné. A vrai dire, il doutait encore.

Ils attaquèrent à deux entrées. Presque tout de suite il fut évident que la place était habitée. Les chiens, dès les premières vagues de terre fraîche, s'étaient animés de telle sorte qu'ils se fussent rués sous la pointe des pics.

— Arriéze! Arriéze!

Ils gémissaient, fouissaient avec acharnement. M. Desrousseaux à présent s'animait à leur instar et pelletait comme un terrassier. C'était un sol facile, de sable moite, compact seulement en apparence. Une fois les racines tranchées, on avançait « comme dans du beurre ». Ils effondrèrent une première galerie, une seconde, tombèrent sur une chambre vide. Des fientes, des plumes, des débris d'os relançaient leur ardeur vengeresse. Ils grognaient entre deux halenées : « Faisan... Bécasse... Colvert... Crâne de levraut. » C'était comme des mots magiques. Maupertuis cédait de toute part. A l'odeur de la terre bouleversée se mêlait à présent un fumet aigre et fauve, une perceptible chaleur de bête.

— La chambre est pas loin, dit Lanfroi.

Il enfonça son bras, tâtonna, retira sa main brusquement, tendit sa moufle :

— Y en a bien un qui m'a mordu, la carne!

Au même instant, d'un seul bloc énorme, le toit du terrier s'ébranla. Il leur fallut déblayer longtemps. Ils trouvèrent au fond quatre petits, déjà membrus et forts. Trois d'entre eux étaient morts étouffés. Le quatrième, protégé par une racine maîtresse, vivait encore. C'était un mâle. Il leur montra des dents.

Quand ils rentrèrent aux Messaudières, porteurs des trois

gracieuses dépouilles, le garde se frottait les mains. Pas seulement à cause de la prime. Mais, comme il l'expliquait à M. Desrousseaux, « il avait un compte à régler. Qu'est-ce que c'était que ce père et cette mère qui avaient vidé leur fort après nous avoir éventés ? Ils croyaient leurs jeunes à l'abri, d'accord. Preuve était là qu'ils s'étaient bien trompés. Mais ça ne faisait pas le compte. A renards renard et demi. C'était eux que voulait Lanfroi. Il les aurait, il allait leur montrer qu'il connaissait la musique ».

Le petit mâle encore vivant, avec le serein du soir, avait repris presque toute sa force. Il était resté à Maupertuis, lié par le garde à un taillat de bouleau.

La nuit montait, les premières étoiles clignotaient dans la ramure de l'arbrisseau. Le renardeau se rasa dans l'herbe, gronda du fond de sa gorge. Il venait de penser à Lanfroi, à l'homme qui avait lié sa patte à cette tige souple, odieusement résistante, invincible. Il gronda de nouveau : une douleur lancinante le brûlait du talon à la cuisse. Le bouleau, la patte ligotée avaient tenu contre ses efforts acharnés, il était prisonnier sans recours.

Il continuait de gronder tout bas. L'homme était resté longtemps, frottant ses mains gantées sur l'herbe, se baissant dans les passées familières aux six goupils, se relevant, se baissant de nouveau. Quelle méchanceté ourdissait-il encore ? Il avait appuyé son fusil contre le fût d'un arbre proche, mais parfois un tintement de métal accompagnait ses gestes cachés.

Le renardeau cessa de gronder, se rasa davantage en pointant les oreilles. Un frôlement glissait dans la nuit, une feuille frémit, quelques-unes de proche en proche. La coulée d'air toucha le nez sensible, porteuse d'une odeur merveilleuse. Il attendit. Son cœur battait. La nuit avait retrouvé son silence, mais il était sûr à présent que le secours approchait, était là.

Des heures passèrent, plusieurs heures. Grande est la patience des bêtes. Les étoiles tournaient dans les branches. C'était une nuit calme et limpide. Quelque part dans le ciel, une petite chevêche riait, l'air était doux à respirer.

Plusieurs fois, à de longs intervalles, le même frôlement, la même odeur avaient passé, à chaque fois un peu plus proches. Le renardeau s'était raidi, haussant le nez, le museau serré sur un aboi à grand-peine réprimé. Mais il fallait attendre encore.

Une dernière fois, cela fut si près tout à coup qu'il cessa de résister. Il se dressa de tous ses nerfs et se mit à sauter sur place, à grandes secousses qui raidissaient la corde, le rabattaient durement contre le sol. Ses gémissements, ses abois, ses appels jaillissaient du fond de son être, criaient ensemble sa douleur, son espoir fou, sa joie démesurée. Il y eut une ruée dans les broussailles, une autre, deux claquements de fer simultanés, deux glapissements de souffrance confondus.

Lorsque le garde revint à l'aube, il avait pour seule arme un gourdin. Il assomma les trois renards, ouvrit les mâchoires des pièges où le père et la mère s'étaient pris, dénoua le lien du renardeau. Debout au bord des éboulis, il contemplait les trois bêtes allongées : de beaux renards, les flancs, le râble bien en chair, le poil brillant. Il était si content qu'il mit un genou dans les mottes et les caressa tour à tour. Et cependant il leur parlait :

— Des pièges dans de vieilles coulées, ça se devine, ça se renifle. On balance, on fait le tour, une fois, deux fois, encore une autre... On avance, on flaire, on approche, plus que deux pièges à passer, il faut le temps... Mais quand le petit n'y tient plus, qu'il pleure, qu'il appelle de tout près ? Alors on fonce, et clic ! on est pris.

Il se releva, songea : « Faut que j'aille demander à Yves. Une perche d'épaule à épaule, et les trois pendus au mitan. »

Il fit dix pas, se retourna pour un dernier regard, se reprit à monologuer :

— Ça a quand même un cœur, ces sauvages.

IV. RÉÉCRITURES DU *ROMAN DE RENART*

Aux origines mêmes du roman médiéval, on découvre la réécriture de textes, de contes et de mythes. Renart le roux est l'homme-animal à la violence et à la sexualité débridées; comme le loup et l'ours, il symbolise le désordre (le desroi) à l'œuvre dans la création, hors-la-loi qui, poussé par un désir vorace de nourriture et de sexualité, maltraite, viole, mutile les animaux et les hommes, c'est le type même du velu lié, selon Philippe Walter, à la lune rousse et à la canicule, et réapparaissant à des périodes de transition, incarnation des forces primitives de la nature.

Par-delà ces mythèmes, on retrouve, dans le passage de la voix à la textualité, la structure de contes populaires, par exemple dans les épisodes où intervient le chat Tibert : la branche XV assemble habilement trois contes, ceux du chat, du renard et de l'andouille, de la seule ruse du chat (qui grimpe aux arbres), des chats sorciers.

Mais ces clercs cultivés et habiles que sont les auteurs et dont seuls quelques-uns ont un nom (Pierre de Saint-Cloud, Richard de Lison, le Prêtre de la Croix-en-Brie) ont puisé aussi à de nombreuses sources littéraires. Les unes, latines, comme les fables ésopiques en vers et en prose, l'Ecbasis Captivi des Xe-XIe siècles et surtout l'Ysengrimus, épopée animale touffue et satirique du milieu du XIIe siècle, écrite par le moine Nivard, dont les héros sont le loup Ysengrimus et le goupil Reinardus. Les autres sont françaises : Renart est un trouble-fête comme le Chevalier Vermeil du Conte du Graal, et il a des liens étroits avec les romans de Tristan et Iseut qui pratiquent aussi l'esthétique de la branche, et dont le héros, qui set molt de Malpertuis — c'est le nom de la demeure de Renart — est dans la même relation triangulaire avec *Iseut et son oncle Marc* que le goupil avec la louve *Hersent et son oncle Isengrin*. L'on recherche Renart dans le château de la branche XIII comme le chevalier Yvain dans le château d'Esclados le roux du Chevalier au lion *de Chrétien de Troyes*. L'on se rend en pèlerinage sur la tombe de la poule martyre Pinte comme sur celle de Muldumarec, dans Yonec, *un lai de Marie de France. Le renard et le loup se livrent une guerre acharnée à l'image de certains grands féodaux des chansons de geste. La branche XI, qui joue avec l'exotisme, se termine presque en apocalypse du monde chevaleresque, un peu à la manière de la* Mort le Roi Artu. *Mais, à chaque fois, le texte noble est renardisé avec une désinvolture qui ne respecte rien, sombrant dans l'héroï-comique et le burlesque.*

La réécriture s'est exercée aussi à l'intérieur du Roman de Renart. *Soit dans une même branche, dont on a plusieurs versions, comme dans la branche VI, le duel de Renart et d'Isengrin : les collections désignées par les lettres B, C et M condamnent plutôt le goupil qui demeure isolé, tandis que la collection A veut surtout s'amuser avec ses aventures. Soit d'une branche à l'autre : les auteurs reprennent des formules, des motifs tels que la faim, la quête de justice, la confession, l'ambassade au terrier du goupil…, ou encore la composition d'ensemble : la branche XII est greffée sur la branche XV, la branche VII sur la IV, avec un jeu souvent subtil de variations, d'amplifications et d'inversions.*

Bien plus, tout au long du Moyen Age, Le Roman de Renart *a été réécrit, dans* Renart le Bétourné *de Rutebeuf et* Le Couronnement de Renart *(seconde moitié du XIIIe siècle), dans* Renart le Nouvel *de Jacquemart Gielée (fin du XIIIe siècle) et* Renart le Contrefait *de l'Epicier de Troyes qui, au XIVe siècle, transforme tout savoir en simulacre renardien, jusqu'au* Livre de Maistre Regnart *qu'on attribue à un nommé Jean Tenessax (XVe siècle).*

Ce jeu de la réécriture n'a jamais cessé, comme en témoignent les adaptations d'auteurs modernes. En voici deux exemples.

1. L'AMBASSADE DE L'OURS BRUN
AU TERRIER DE RENART

Le premier se rapporte à l'ambassade de l'ours Brun, dépêché par le roi Noble au terrier de Renart. Ce sont les vers 433-728 de la branche II du Roman de Renart, *écrite en octosyllabes vers 1179 par un auteur inconnu, dont Maurice Genevoix a fait le chapitre V de sa troisième partie. En 1861, Paulin Paris (1800-1881), professeur au Collège de France, qui fut l'un des pionniers dans la découverte de la littérature médiévale tant par ses éditions de textes et ses études critiques que par ses adaptations, publia* Les Aventures de maître Renart et d'Ysengrin son compère, *comportant, outre le prologue et les soixante aventures du goupil, une préface de l'auteur à sa petite-fille (p. III-VIII) à qui il dédie l'ouvrage, un avis à ses jeunes lecteurs (p. IX-XI) et, pour conclure le volume, une* Nouvelle Etude sur le Roman de Renart *(pp. 329-365), où il développe sa théorie sur l'origine livresque et savante du roman, au contraire de ce que pensait Jacob Grimm qui avait soutenu la thèse d'une origine allemande, orale et populaire. Ainsi* Le Roman de Renart *devient-il un livre pour la jeunesse, qui ajoute au texte primitif et y taille sans vergogne, en l'édulcorant souvent.*

• *Texte du* Roman de Renart *(branche I, 433-728)*

    Quant li deuls fu un poi laissié
    Et il fu del tot abessiez,
435 « Emperere, font li baron,
    Qar nos vengiés de cel laron
    Qui tantes guiches nos a fetes
    Et qui tantes pes a enfretes.
    — Molt volontiers, dit l'emperere.
440 Qar m'i alés, Brun, bauz doz frere :
    Vos n'aurez ja de lui regart.
    Dites Renart de moie part
    Q'atendu l'ai trois jors enters.
    — Sire, dit Brun, molt volenters. »
445 Atant se met en l'ambleüre
    Parmi le val d'une coture,

Que il ne siet ne ne repose.
Lors avint a cort une chosse,
Endementers que Brun s'en vet,
450 Qui Renart enpire son plet,
Qar misire Coart li levres,
Que de poor pristrent les fevres,
(Dous jors les avoit ja oües)
Merci Deu, or les a perdues
455 Sor la tombe dame Copee.
Car quant ele fu enterree,
Onc ne se vout d'iloc partir,
S'eüst dormi sor le martir.
Et quant Ysengrin l'oï dire
460 Que ele estoit vraie martire,
Dit qu'il avoit mal en l'oreille ;
Et Roënel qui li conseille
Sus la tombe gisir le fist.
Lors fu gariz, si con il dist.
465 Mes se ne fust bone creance
Dont nus ne doit avoir dotance,
Et Roënel qui le tesmoingne,
La cort quidast ce fust mençoingne.
 Quant a la cort vint la novele,
470 A tex i ot qu'ele fu bele.
Mes a Grinbert fu ele lede,
Qui por Renart parole et plede
Entre lui et Tybert le chat.
S'or ne set Renart de barat,
475 Mal est bailliz, s'il est tenuz,
Qar Brun li ors est ja venuz
A Malpertus le bois enter.
Parmi l'adrece d'un senter.
Por ce que grant estoit sis cors,
480 Remeindre l'estuet par defors,
S'estoit devant la barbacane ;
Et Renart qui le mont engane,
Por reposer ert trais arere
Enmi le fonz de sa tesnere.
485 Garni avoit molt bien sa fosse
D'une geline grant et grosse,
Et s'avoit mangié au matin
Deux beles cuisses de poucin.
Or se repose et est a ese.
490 Atant es vos Brun a la hese :

« Renart, fait il, parlez a moi !
Ge sui Brun messagier lo roi.
Issiez ça fors en ceste lande,
S'orrez ce que li rois vos mande. »
495 Renart set bien que c'est li ors,
Reconneü l'avoit au cors ;
Or se commence a porpenser
Con se porra vers lui tenser :
« Brun, fet Renart, baus doz amis,
500 En molt grant peine vos a mis
Qui ça vos a fet avaler.
Ge m'en devoie ja aler,
Mes que j'aie mangié ançois
D'un mervellos mangier françois ;
505 Qar, sire Brun, vos ne savez,
L'en dit a cort : « Sire, lavez »
A riche home, quant il i vient.
Garis est qui ses manches tient*.
De primes vient buef a l'egrés.
510 Après vienent li autre mes,
Quant li sires les velt avoir.
Qar povres hom qui n'a avoir
Fu fet de la merde au dïable.
Ne siet a feu, ne siet a table,
515 Ainz mangüe sor son giron.
Li chen li vienent environ
Qui le pain li tolent des meins.
Une fois boivent, c'est del meins**.
Ja plus d'une fois ne bevront,
520 Ne ja plus d'un sol mes n'auront.
Lor os lor gitent li garçon,
Qui plus sont sec que vif carbon.
Chascun tient son pain en son poing.
Tuit furent feru en un coing,
525 Et li seneschal et li queu.
De tel chose ont li seignor peu

1. Les notes appelées par un astérisque proviennent de l'édition d'origine.

* Sauvé est celui qui tient les manches du puissant qui se lave les mains avant le repas, car il en retire honneur et profit. Il faut se rappeler que les manches des vêtements étaient amples et longues.

** Pour l'interprétation du tour *c'est del meins*, voir J. Orr, *Essais d'étymologie et de philologie françaises*, Paris, Klincksieck, 1963, pp. 137-157.

Dont li laron ont a plenté.
Qar fussent il ars et venté!
La char lor enblent et les peins
Qu'il envoient a lor puteins.
Por tel afere con ge di,
Beax sire, avoie des midi
Mon lart et mes pois aünés,
Dont je me sui desjeünés,
Et s'ai bien mangié set denrees
De novel miel en fresces rees.
— Nomini Dame, Cristum file*,
*Dit li ors, por le cors saint Gile,
Cel meuls, Renart, dont vos abonde?*
Ce est la chose en tot le monde
Que mes las ventres plus desire.
Car m'i menés, baux tres doz sire,
Por le cuer bé, Dex! moie cope! »
Et Renart li a fet la lope
Por ce que si tost le desçoit,
Et li chaitis ne s'aperçoit,
Et il li trempe la corroie.
« Brun, dit Renart, se je savoie
Que je trovasse en vos fiance
Et amistié et aliance,
Foi que je doi mon fil Rovel,
De cest bon miel fres et novel
Vos enplirai encui le ventre
Ça, an dedens, si que l'en entre
El bois Lanfroi le forestier.
Mes ce que vaut? ce n'a mestier,
Qar, se je ore o vos aloie
Et de vostre ese me penoie,
Tost me fereez male part.
— Qu'avez vos dit, sire Renart?
Mescreez me vos dont de rien?
— Oïl. — De qoi? — Ce sa ge bien :
De traïson, de felonnie.
— Renart, or est ce d'iablie,
Quant de tel chosse me desdites.
— Non faz : or en soiez toz quites!
Ne vos en port nul mal corage.

* Déformation plaisante de l'invocation latine : *In nomine Domini, Christi filii.*

— Vos avés droit, que par l'omaje
Que je fis Noble le lïon,
570 Onc vers vos n'oi entencïon
D'estre traïtres ne triceres,
Ne envers vos estre boiseres.
— Ge n'en quier autre seürté,
Ge me met en vostre bonté. »
575 Trestot Brun a Renart otroie.
Atant se mistrent a la voie.
Onques n'i ot resne tenu
De si a tant qu'il sont venu
El bois Lanfroi le forester;
580 Iloc s'arestent li destrer.
Lanfroi, qui le bois soloit vendre,
Un chesne ot conmencé a fendre.
Deus coins de cesne toz entiers
I avoit mis li forestiers.
585 « Brun, fet Renart, bau doz amis,
Vez ci ce que je t'ai premis.
Ici dedenz est li castoivre.
Or del mangier, si iron boivre :
Or as bien trové ton avel. »
590 Et Brun li ors mist le musel
El cesne et ses deus piés devant,
Et Renart le vet sus levant
Et adreçant en contremont.
En sus se trest, si le semont :
595 « Cuverz, fait il, ovre ta boce !
A pou que tes musauz n'i toce.
Fil a putein, ovre ta gole ! »
Bien le concie et bien le bole.
Maudite soit sa vie tote.
600 Que jamés n'en traisist il gote,
Que n'i avoit ne miel ne ree.
Endementres que Brun i bee,
Renart a les coinz enpoigniez
Et a grant peine descoigniez
605 Et quant li coing furent osté,
La teste Brun et li costé
Furent dedens le cesne enclos.
Ore est li las a mal repos :
Moult l'avoit mis en male presse.
610 Et Renart, qui ja n'ait confesse,
(Quar onc ne fist bien ne ammone)

De long s'estut, si le ranprone :
« Brun, fet il, jel savoie bien
Que querïez art et engien
615 Que ja del miel ne gosteroie.
Mes je sai bien que je feroie,
S'une autre fois avoie a fere.
Molt estes ore deputere
Que de cel miel ne me paés.
620 Ahi ! con me conduisïez,
Et con seroie a saveté,
Se g'estoie en enfremeté !
Vos me laireés poires moles. »
Atant es vos a cez paroles
625 Sire Lanfroi le forestier,
Et Renart se mist au frapier.
Quant li vileins vit Brun l'ors pendre
Au cesne que il devoit fendre,
A la vile s'en vient le cors.
630 « Harou ! harou ! fait il, a l'ors !
Ja le porrons as poins tenir. »
Qui dont veïst vileins venir
Et formïer par le boscage !
Qui porte tinel, et qui hache,
635 Qui flaël, qui baston d'espine.
Grant peor a Brun de s'escine.

   Quant il oï venir la rage,
Fremist et pense en son corage
Que meus li vient le musel perdre
640 Que Lanfroi le poüst aerdre,
Qui devant vient a une hace.
Tent et retent, tire et relache*,
Estent le cuir, ronpent les venes,
Si durement que a grans peines
645 Fent li cuirs et la teste qasse.
Del sanc i a perdu grant masse,
Le cuir des piés et de la teste.
Onc nus ne vit si leide beste.
Li sans li vole del musel,
650 Entor son vis n'ot tant de pel
Dont en poïst fere une borse.
Einsi s'en vet le filz a l'orse.
Parmi le bois s'en vet fuiant,

* Dans d'autres manuscrits, on a *resache*, « tire ».

Et li vilein le vont huiant :
655 Bertot le filz sire Gilein,
Et Hardoïn Copevilein,
Et Gonberz et li filz Galon,
Et danz Helins li niez Faucon,
Et Otrans li quens de l'Anglee
660 Qui sa feme avoit estranglee ;
Tyegiers li forniers de la vile
Qui esposa noire Cornille,
Et Aÿmer Brisefaucille
Et Rocelin li filz Bancille,
665 Et le filz Oger de la Place,
Qui en sa mein tint une hache ;
Et misire Hubert Grosset*
Et le filz Faucher Galopet.
Li ors s'enfuit a grant anguisse ;
670 Et li prestres de la parose
Qui fu pere Martin d'Orliens,
Qui venoit d'espandre son fiens,
(Une force tint en ses meins)
Si l'a feru parmi les reins,
675 Que par pou ne l'a abatu.
Molt l'a blecié et confondu.
Cil qui fet pinnes et lanternes,
Ateint Brun l'ors entre deus cesnes :
D'une corne de buef qu'il porte
680 Li a tote l'escine torte.
Et d'autres vileins i a tant
Qui as tinels le vont batant,
Que a grant peine s'en escape.
Or est Renarz pris a la trape,
685 Se Bruns li ors le puet ateindre.
Mes quant il l'oï de loin pleindre,
Tantost s'est mis par une adrece
A Malpertuis sa forterece,
Ou il ne crient ost ne aguet.
690 Au trespasser que Bruns a fet
Li a Renart deus gas lanciés :
« Brun, estes vos bien avanciés,
Ce dit Renart, del miel Lanfroi
Que vos avés mangié sans moi ?
695 Vostre male foi vos parra.

* Dans le ms. *O*, ce personnage s'appelle *Grospet*.

Certes il vos en mescharra
Que ja n'aurés en la fin prestre.
De quel ordre volés vos estre
Que roge caperon portés? »
700 Et li ors fut si amatés
Qu'il ne li pot respondre mot.
Fuiant s'en vet plus que le trot,
Qu'encor quide caoir es meins
Lanfroi et les autres vileins.
705 Tant a alé esporonant
Que dedens le midi sonant
En est venus en la carere
Ou li lïons tint cort plenere.
Pasmés chaï el parevis.
710 Li sans li cuevre tot le vis
Et si n'aporte nule oreille.
Trestote la cort s'en merveille.
Li rois dit : « Brun, qui t'a ce fet?
Ledement t'a ton capel treit,
715 Par pou qu'il ne t'a escuissié. »
Brun avoit tant del sanc lessié
Que la parole li failli :
« Rois, fet il, ainsi m'a bailli
Renart com vos poés veoir. »
720 Atant li vet au pié caoir.
  Qui lors veïst le lïon brere,
Par mautalant ses crins detrere!
Et jure le cuer et la mort.
« Brun, fet li rois, Renart t'a mort,
725 Ne quit q'autre merci en aies,
Mes par le cuer et par les plaies
Je t'en ferai si grant venchance
Qu'en le saura par tote France.

● *Traduction en français moderne*

Le chagrin devenu moins vif
puis complètement apaisé,
435 les barons dirent : « Majesté,
vengez-nous donc de ce voleur
qui s'est ri de nous tant de fois

et qui a violé tant d'accords.
— Très volontiers, dit l'empereur.
440 Brun, mon très cher frère, allez-y pour moi.
Ne craignez rien de Renart.
Dites-lui de ma part
que je l'ai attendu pendant trois jours.
— Sire, très volontiers, dit Brun. »
445 Alors, prenant l'amble,
il descend par un champ cultivé,
sans s'arrêter ni se reposer.
Or, pendant qu'il voyage,
survint à la cour un événement
450 qui n'arrangera pas les affaires de Renart.
En effet, monseigneur Couart le lièvre
qui, de peur, avait attrapé la fièvre
(il en souffrait déjà depuis deux jours)
fut alors guéri par la grâce de Dieu
455 sur la tombe de dame Coupée
dont il n'avait à aucun moment
voulu s'éloigner après l'enterrement,
quitte à dormir sur le corps de la martyre.
Et quand Isengrin entendit dire
460 que c'était une vraie martyre,
il se plaignit de l'oreille.
Sur les conseils de Roenel,
il se coucha sur la tombe
puis proclama qu'il était guéri.
465 Mais, s'il ne s'était agi d'un article de foi
que nul ne doit mettre en doute
et sans le témoignage de Roenel,
la cour aurait cru que c'était un mensonge.
  Lorsque la nouvelle parvint à la cour,
470 elle en réjouit certains
mais elle déplut à Grimbert,
le défenseur et le partisan de Renart,
avec Tibert le chat.
Maintenant, si Renart ne s'y connaît en ruse,
475 il lui en cuira si on l'attrape,
car Brun l'ours est déjà parvenu
à Maupertuis, au cœur de la forêt,
en suivant continuellement un sentier.
Sa forte corpulence
480 l'oblige à rester dehors
et à se tenir devant la barbacane.

Cependant Renart, le trompeur universel,
s'était retiré au fin fond de sa tanière
pour se reposer.
485 Il avait abondamment pourvu son terrier
d'une grosse et grasse poule
et, pour son petit déjeuner,
il avait eu deux belles cuisses de poulet.
A présent il se repose, satisfait.
490 Voilà que maintenant Brun est parvenu à la
[barrière :
« Renart, dit-il, venez me parler.
C'est moi, Brun, le messager du roi.
Sortez par ici, dans la lande,
et vous entendrez le message du souverain. »
495 Renart sait bien que c'est l'ours :
il l'avait parfaitement reconnu à sa démarche.
Alors, il se met à réfléchir
comment il pourra se protéger de lui.
« Brun, mon cher ami, dit Renart,
500 quel épuisant effort vous a imposé
celui qui vous a fait dévaler jusqu'ici !
Je m'apprêtais justement à partir,
tout de suite après avoir mangé
une délicieuse spécialité française...
505 En effet, seigneur Brun, si vous ne le savez,
apprenez que l'on dit à la cour, à tout homme
[puissant,
dès qu'il arrive : « Seigneur, lavez-vous les mains !
Il a de la chance celui qui lui tient les manches !
D'abord on sert le bœuf au verjus,
510 ensuite les autres plats,
dès que le noble hôte en manifeste le désir...
Quant au pauvre, qui ne possède rien,
on le prend pour de la crotte de bique :
pour lui, pas de place près du feu, pas de place
[à table,
515 il doit manger sur ses genoux.
Les chiens le harcèlent
pour lui arracher le pain des mains.
Aux pauvres, on ne donne qu'un coup à boire.
Ils doivent se contenter d'une seule tournée,
520 ils doivent se contenter d'un seul plat.
La valetaille leur lance ses os
plus secs que des charbons ardents.

Chacun serre son pain dans son poing.
Sénéchal, cuisinier,
525 sont faits sur le même modèle
Ces voleurs servent chichement les seigneurs
pour se gaver.
Ah! s'ils pouvaient être brûlés et leurs cendres
                              dispersées au vent!
Ils dérobent de la viande, du pain,
530 pour en faire cadeau à leurs putains.
Pour toutes ces raisons,
cher seigneur, je m'étais, dès midi,
préparé du lard avec des pois,
pour m'ôter la faim du ventre ;
535 après cela, j'ai bien mangé pour sept deniers
de gâteaux frais de miel nouveau.
— *Nomini Dame, Cristum file,*
réplique l'ours, par saint Gilles,
ce miel, Renart, d'où vient-il ?
540 Il n'est rien au monde
que mon pauvre ventre désire davantage.
Conduisez-moi donc là-bas, mon très cher seigneur,
par Dieu, que le ciel me pardonne ! »
Renart lui fait la grimace :
545 Brun est si facile à tromper !
Le malheureux ne s'aperçoit de rien,
et l'autre lui mijote un mauvais tour.
« Brun, dit Renart, si j'étais assuré
de trouver en vous loyauté,
550 amitié, fidélité,
sur la tête de mon fils Rovel,
je vous remplirai aujourd'hui même le ventre
de ce bon miel tout frais
qui est là-bas, juste à l'entrée
555 du bois de Lanfroi le forestier.
Mais à quoi bon ? C'est inutile
car, si je vous accompagnais
et me décarcassais pour vous,
vous auriez tôt fait de me faire un mauvais parti.
560 — Que dites-vous, seigneur Renart ?
Vous méfiez-vous de moi ?
— Oui. — Que craignez-vous ? — Ça, je le sais
bien :
d'être trahi, trompé.
— Renart, il faut que vous soyez possédé

565 pour me soupçonner de tels crimes !
— Non pas, soyez tranquille.
Je ne vous en veux pas.
— Vous avez raison car, par le serment d'hommage
qui me lie à Noble le lion,
570 je n'eus jamais l'intention
d'être déloyal, traître
ou trompeur envers vous.
— Ces assurances me suffisent.
Je m'en remets à vous. »
575 Aucune objection de la part de Brun.
Ils se mettent en route
et vont à bride abattue,
ils font route
jusque dans le bois de Lanfroi le forestier
580 où les destriers font halte.
Lanfroi qui vendait du bois
avait commencé à fendre un chêne.
Deux coins
y avaient été enfoncés par le forestier.
585 « Brun, fait Renart, mon très cher ami,
voilà ce que je t'ai promis :
la ruche est là-dedans.
A table donc et ensuite nous irons boire !
A présent, tu as trouvé ton bonheur. »
590 Et Brun l'ours mit son museau
dans le chêne ainsi que ses deux pattes de devant,
et Renart le soulève
et le pousse vers le haut.
Puis le goupil s'écarte et l'excite :
595 « Feignant, fait-il, ouvre donc la gueule !
Ton museau y arrive presque !
Fils de pute, ouvre la gueule ! »
Il le raille et le roule dans la farine.
Maudit soit-il sa vie durant
600 car jamais l'ours n'en aurait rien tiré,
pour la bonne raison qu'il n'y avait ni miel ni
[rayon.
Tandis que Brun s'évertue à ouvrir la gueule,
Renart a empoigné les coins
et les a arrachés à grand-peine.
605 Du coup,
la tête et les flancs de Brun

se trouvèrent coincés dans le chêne.
Voilà le malheureux dans une fâcheuse posture :
il court là un grand danger.
610 Alors Renart — puisse-t-il ne jamais recevoir
                              [l'absolution
lui qui n'a jamais fait le bien ni l'aumône —
se tient à distance et l'accable de bons mots :
« Brun, dit-il, j'étais sûr
que vous chercheriez un moyen
615 pour m'empêcher de goûter au miel !
Mais je sais bien ce que je ferais,
si c'était à recommencer.
Vous êtes un sacré coquin
pour me refuser ma part.
620 Ah ! elle était belle votre compagnie !
Ah ! je serais bien soigné
si j'étais malade !
Vous ne me laisseriez que des poires blettes ! »
Sur ces entrefaites,
625 voici que survient monseigneur Lanfroi le forestier,
et Renart prit ses jambes à son cou.
A la vue de l'ours Brun pendu
au chêne qu'il devait fendre,
le vilain retourne au village en courant :
630 « Haro, haro, crie-t-il, sus à l'ours !
Pour sûr, nous allons pouvoir l'attraper ! »
Ah ! si vous aviez vu les paysans accourir
et grouiller dans le taillis,
armés l'un d'un gourdin, l'autre d'une hache,
635 l'autre d'un fléau et l'autre d'un bâton d'épine !
Brun a grand-peur pour son échine.
    A entendre ce déchaînement,
il tremble et juge préférable
de sacrifier son museau
640 plutôt que de se laisser capturer par Lanfroi
qui arrive en tête avec une hache.
Il tend ses muscles, les durcit encore ; il tire,
                              [recommence
— son cuir se distend, ses veines se rompent —
si fort que la peau, au prix de mille souffrances,
645 se déchire et que la tête se brise.
Il a perdu beaucoup de sang,
le cuir des pattes et de la tête :
on n'a jamais vu de bête aussi horrible !

Le sang jaillit de son museau ;
650 sur sa face il ne reste pas assez de peau
pour faire une bourse.
Ainsi s'en va le fils de l'ourse.
Sans relâche, il s'enfuit à travers le bois ;
sans relâche les vilains le poursuivent de leurs cris :
655 Bertold, le fils du seigneur Gilles,
Et Hardouin Butevilain,
et Gombert, et le fils de Galon,
et messire Hélin, le neveu de Faucon,
puis Otran, le comte d'Anglée,
660 qui avait étranglé sa femme,
Tigiers, le boulanger du village,
qui épousa Corneille la noiraude
et Aymer Brisefaucille
et Rousselin le fils de Banquille
665 et le fils d'Ogier de la Place,
armé d'une hache,
et monseigneur Hubert Petitgros,
et le fils de Fauché Galopet.
L'ours se sauve, saisi de panique.
670 Comme le prêtre de la paroisse
— c'était le père de Martin d'Orléans —
venait d'étendre son fumier,
il tenait une fourche à la main,
il lui en frappa les reins si violemment
675 qu'il manqua de l'abattre.
Brun en fut terriblement blessé et commotionné.
Le fabricant de peignes et de lanternes
le rattrape entre deux chênes :
d'un coup de corne de bœuf,
680 il lui a disloqué l'échine.
Et il y a tant de paysans
qui n'arrêtent pas de l'assommer de leurs massues
qu'il en réchappe à grand-peine.
Maintenant, Renart peut être sûr de passer un
[mauvais moment,
685 si l'ours Brun parvient à le rejoindre ;
mais dès qu'il a, de loin, entendu ses plaintes,
le goupil a pris le chemin
de Maupertuis sa forteresse
où il ne craint ni armée ni embuscade.
690 Lorsqu'il voit l'ours passer,

il lui a lancé deux boutades :
« Brun, vous voilà bien avancé
d'avoir mangé sans moi
le miel de Lanfroi.
695 Votre déloyauté vous perdra.
Assurément, cela vous portera malheur,
jamais aucun prêtre ne vous assistera à votre mort.
Dans quel ordre voulez-vous entrer
pour porter un chaperon rouge ? »
700 Et l'ours était si hébété
qu'il ne trouva rien à répondre.
Il continue de fuir à vive allure,
tant il a peur de retomber entre les mains
de Lanfroi et des autres vilains.
705 Il a si bien éperonné son cheval
qu'avant midi sonné
il est arrivé dans la carrière
où le lion tenait sa cour plénière.
Il tombe sans connaissance sur le parvis :
710 sa face est couverte de sang ;
de plus, il lui manque les deux oreilles.
La cour entière en est frappée de stupeur.
Le roi demande : « Brun, qui t'a arrangé de la sorte ?
Il t'a vilainement arraché ton chapeau
715 et t'a presque cassé la cuisse. »
Brun avait tant perdu de sang
qu'il n'arrivait plus à parler :
« Roi, c'est Renart
qui m'a mis dans l'état que vous voyez »,
720 dit-il avant de tomber à ses pieds.

  Ah ! si vous aviez vu alors le lion rugir
et s'arracher les poils de colère !
Il jure par le cœur et la mort de Dieu :
« Brun, dit le roi, Renart t'a tué :
725 je ne crois pas que tu puisses attendre un autre
                    [geste de pitié,
mais, par le cœur et par les plaies de Dieu,
je te vengerai si bien
qu'on le saura partout en France.

- *Adaptation de Paulin Paris*

QUARANTE-ET-UNIÈME AVENTURE

De l'arrivée de dam Brun à Maupertuis, et comment il ne trouva pas doux le miel que Renart lui fit goûter.

Brun l'ours suivit le sentier tortueux qui, à travers la forêt, conduisait à Maupertuis. Comme la porte du château était fort étroite, il fut obligé de s'arrêter devant les premiers retranchements. Renart se tenait au fond du logis, doucement sommeillant ; il avait à portée le corps d'une grasse geline, et, de grand matin, il avait déjeuné des ailes d'un gros chapon. Il entendit Brun l'appelant ainsi de la barrière :

— Renart, venez me parler, je suis Brun, messager du Roi. Sortez un instant pour entendre ce que notre sire vous mande.

L'autre n'eut pas plutôt reconnu dam Brun qu'il se mit à chercher quel piège il pourrait lui tendre.

— Brun, beau doux ami, répondit-il de sa lucarne entr'ouverte, on vous a fait prendre, en vérité, une peine bien inutile. J'allais partir pour me rendre à la cour du Roi, aussitôt que j'aurais eu mangé d'un excellent mets français. Car, vous le savez aussi bien que moi, dam Brun : quand un homme riche ou puissant vient en cour, tout le monde s'empresse autour de lui. C'est à qui tiendra son manteau, c'est à qui lui dira : *Lavez, lavez, Sire !* On lui sert le bœuf au poivre jaune, toutes les viandes délicates qui passent devant le Roi. Mais il en est autrement de celui qui n'a pas grande charge et force deniers : on le dirait sorti de la fiente de Lucifer. Il ne trouve place au feu ni à la table ; il est obligé de manger sur ses genoux, et les chiens de droite et de gauche viennent lui enlever le pain des mains. Il boit une pauvre fois, deux fois tout au plus, et du moindre ; il touche à une seule espèce de viande, et les valets ne lui donnent que des os à ronger, des os qui sont plus secs que du charbon. Tristement oublié dans un coin, il devra se contenter de pain sec, tandis que les grands et bons plats, servis par les queux et les sénéchaux à la table du Maître, sont mis de côté pour être envoyés aux amies chères de ces cuistres, que le démon puisse emporter ! Voilà, sire Brun, pourquoi j'ai, ce matin avant de partir, fait la revue de mes provisions de pois et de lard ; et pourquoi je me suis déjeuné avec six denrées de frais rayons de miel.

A ce mot de miel, Brun, oubliant ce qu'il savait de la malice de Renart, ne put s'empêcher d'interrompre :

— *Nomini patre christum fil,* ami ! où pouvez-vous donc trouver tant de miel ? Ne voudriez-vous pas m'y conduire ? Par la corbleu ! c'est la chose que j'aime le mieux au monde.

Renart, étonné de le trouver si facile à empaumer, lui fait la loupe, et l'autre ne s'aperçoit pas que c'est la courroie qui doit le pendre.

— Mon Dieu ! Brun, reprit-il, si j'étais sûr de trouver en vous un véritable ami, je vous donnerais, j'en atteste mon fils Rovel, autant de ce miel excellent que vous en pourriez désirer. Il ne faut pas le chercher loin ; à l'entrée de ce bois que garde le forestier Lanfroi. Mais non : si je vous y conduisais uniquement pour vous être agréable, j'en aurais mauvais loyer.

— Eh ! que dites-vous là, Renart ? Vous avez donc bien peu de confiance en moi.

— Assurément.

— Que craignez-vous ?

— Une trahison, une perfidie.

— C'est le démon qui vous donne de pareilles idées.

— Eh bien ! donc, je vous crois, je n'ai rien contre vous.

— Et vous avez raison : car l'hommage que j'ai fait au roi Noble ne me rendra jamais faux et déloyal.

— J'en suis persuadé maintenant, et j'ai toute confiance dans votre bon naturel.

Pour répondre au vœu de dam Brun, il sort de Maupertuis et le conduit à l'entrée du bois. Lanfroi, le forestier, avait déjà fendu le tronc d'un chêne qui devait lui fournir les ais d'une grande table ; il avait posé deux coins dans l'ouverture, pour l'empêcher de se refermer.

— Voilà, doux ami Brun, dit Renart, ce que je vous ai promis. Dans ce tronc est la réserve du miel : entrez la tête et prenez à votre aise ; nous irons boire ensuite. Brun, impatient, pose les deux pieds de devant sur le chêne, tandis que Renart monte sur ses épaules et lui fait signe d'allonger le cou et d'avancer le museau. L'autre obéit : Renart, de l'une de ses pattes, tire à lui fortement les coins et les fait sauter. Les deux parties séparées du tronc se rapprochent, et la tête de Brun reste en male étreinte.

— Ah ! maintenant, dit Renart, riant à pleine gorge, ouvrez bien la bouche, sire Brun, et surtout tirez la langue. Quel bon goût, n'est-ce pas ? (Brun cependant exhalait des cris aigus.) Mais comme vous restez longtemps ! oh ! je l'avais bien prévu ; vous gardez tout pour vous, sans m'en faire part. N'êtes-vous pas honteux de ne rien laisser à votre ami ? Si j'étais malade et si j'avais besoin de douceurs, je vois que vous ne me donneriez pas poires molles.

En ce moment arrive le forestier Lanfroi, et Renart de jouer des jambes. Le vilain voit un gros ours engagé dans l'arbre qu'il avait fendu, et retournant aussitôt au village :

— Haro ! haro ! à l'ours ! nous l'avons pris !

Il fallait voir alors accourir les vilains avec massues, fléaux, haches, bâtons noueux d'épine. Qu'on juge de la peur de Brun ! Il entend derrière lui Hurtevillain, Gondoin Trousse-Vache, Baudouin Portecivière, Giroint Barbette, le fils de sire Nicolas, Picque-anon le puant, qui fait sauver les mouches, et le bon vuideur d'écuelles Corbaran de la Rue, puis Tigerin Brisemiche, Tiger de la Place, Gombert Coupe-vilain, Flambert, dam Herlin, Autran-le-Roux, Brise-Faucille prévôt du village, Humbert Grospés, Foucher Galope et bien d'autres.

Aux cris toujours plus rapprochés de cette fourmilière de vilains, Brun fait ses réflexions. Mieux lui vaut encore perdre le museau que livrer sa tête entière : la hache de Lanfroi ne l'épargnerait assurément pas. Il tâte et retâte avec ses pieds, se raidit, sent la peau de son cou céder et se détacher, laissant à nu les oreilles et les joues sanglantes. C'est à ces cruelles conditions que le fils de l'Ourse put rentrer en possession de sa tête ; on n'eût pu tailler une bourse dans la peau qu'il en rapportait, et jamais si hideuse bête ne courut risque d'être rencontrée. Il fuit à travers bois ; la honte d'être vu, la crainte d'être assommé se réunissent pour lui conserver des forces. La meute des vilains le poursuivait toujours. Maintenant, voilà qu'il croise le prêtre de la paroisse, le père de Martin d'Orléans, qui revenait de tourner son fumier. De la fourche qu'il avait aux mains, il frappe Brun sur l'échine, et le grand faiseur de peignes et lanternes, frère de la Chièvre de Reims, l'atteint d'une longue corne de bœuf et la lui brise sur les reins. Il y a tant d'autres vilains qui vont le battant à coups de bâton qu'il en échappe à grand-peine. Oh ! malheur à Renart si jamais Brun peut le rejoindre ! Mais celui-ci avait soin de se mettre à couvert dans Maupertuis, et, quand Brun passa devant ses fenêtres, il ne put se tenir de le gaber encore.

— Comment vous trouvez-vous, beau sire Brun, d'avoir voulu manger tout le miel sans moi ? Vous voyez à quoi mène la trahison ; n'attendez pas de prêtre à votre dernier jour. Mais de quel ordre êtes-vous donc pour avoir ce chaperon rouge?

Brun ne tourna pas même les yeux sur lui; qu'aurait-il répondu? Il s'enfuit plus vite que le pas, croyant toujours avoir à ses trousses Lanfroi, le prêtre, le lanternier et tous les vilains du pays.

Enfin, il atteignit les lieux où le roi Noble tenait sa cour midi sonnant. Il était grand temps qu'il arrivât, car il fléchit de lassitude et d'épuisement sur le parvis. Le sang lui couvre tout le visage et il ne porte plus une oreille. Chacun, en le voyant ainsi débarrassé de ses oreilles et de la peau de son chef, fit d'horreur un signe de croix.

— Eh! grand Dieu! frère Brun, dit le Roi, qui a pu t'accommoder ainsi? Pourquoi déposer ton chaperon à la porte? Mais le reste, où l'as-tu laissé?

— Sire, dit avec la plus grande peine le pauvre Brun, c'est Renart qui m'a mis en cet état.

Il fit quelques pas, puis tomba comme un corps mort, aux pieds du Roi.

2. RENART ESSAIE DE POUSSER TIBERT DANS UN PIÈGE

   Le second exemple raconte l'échec de Renart qui essaie en vain de pousser dans un piège le chat Tibert. Ce sont les vers 665-842 de la branche II, écrite entre 1174 et 1177 par Pierre de Saint-Cloud, et dont Maurice Genevoix a fait le chapitre V de sa première partie. En 1963, Albert-Marie Schmidt (1901-1966), universitaire, historien de la littérature et critique littéraire, esprit profond et curieux de toutes les formes de la pensée du XVIe *siècle au XX*^{e} *siècle (écrits scientifiques, théologie, occultisme, symbolisme, oulipo...), a publié un truculent* Roman de Renart, *dont la transcription se veut complète, rigoureusement fidèle, calquée sur le texte ancien « afin qu'on le sente perpétuellement sous la copie », sans rien supprimer ni rien ajouter pour orner, reproduisant souvent le rythme des octosyllabes anciens.*

● *Texte du* Roman de Renart *(branche II, vers 665-842)*

665 Que qu'il se pleint de s'aventure,
      Garde et voit en une rue
      Tiebert le chat qui se deduit
      Sanz conpaignie et sens conduit.
      De sa coe se vet joant
670 Et entor lui granz saus faisant.
      A un saut qu'il fist se regarde,
      Si choisi Renart qui l'esgarde.
      Il le conut bien au poil ros.
      « Sire, fait il, bien vegnés vos! »
675 Renars li dist par felonie :

« Tibert, je ne vos salu mie.
Ja mar vendrez la ou je soie,
Car, par mon chef, je vos feroie
Volentiers, se j'en avoie aise. »
680 Tibert besoigne qu'il se taise,
Qar Renars est molt coreciez.
Et Tibers s'est vers lui dreciez
Tot simplement et sanz grant noise.
« Certes, fait il, sire, moi poisse
685 Que vos estes vers moi iriez. »
Renars fu auques enpiriez
De jeüner et de mal traire ;
N'a ores soing de noisse fere,
Car molt ot joüné le jor,
690 Et Tieberz fu pleins de sojor,
S'ot les gernons vels et cenuz
Et les denz trencans et menus,
Si ot bons ongles por grater.
Se Renars le voloit mater,
695 Je cuit qu'il se vouldroit desfendre ;
Mais Renars nel velt mie enprendre
[Envers Tibert nule meslee
Qu'en maint leu ot la pel aree].
Ses moz retorne en autre guise :
700 « Tibert, fait il, je ai enprise
Guerre molt dure et molt amere
Vers Ysengrin un mien compere ;
S'ai retenu meint soudoier
Et vos en voil je molt proier
705 Qu'a moi remanés en soudees,
Car, ains que soient acordees
Les trives entre moi et lui,
Li cuit je fere grant ennui. »
Tieberz li chaz fet molt grant joie
710 De ce dont dan Renars le proie,
Si li a retorné le vis :
« Tenés, fait il, je vos plevis
Que ja nul jor ne vos faudré
Et que volontiers asaudré
715 Dant Ysengrin, qu'il a mesfet
Vers moi et en dit et en fet. »
Or l'a Renars tant acordé*

* Plutôt qu'*acordé*, il faudrait lire *amusé*.

Qu'entr'aus dous se sont acordé.
Andui s'en vont par foi plevie.
720 Renars qui est de male vie,
Nel laissa onques a haïr,
Ainz se peine de lui traïr :
En ce a mis tote s'entente.
Il garde en une estroite sente,
725 Si a choisi pres de l'orniere
Entre le bois et la carere
Un broion de chesne fendu
C'uns vileins i avoit tendu.
Il fu recuiz, si s'en eschive,
730 Mes danz Tibers n'a nule trive,
S'il le puet au braion atrere,
Qu'il ne li face un mal jor traire.
Renars li a jeté un ris :
« Tibert, fait il, de ce vos pris
735 Que molt estes et prous et baus
Et tis chevaus est molt isnaus.
Mostrez moi conment il se core,
Par ceste voie ou a grant poure,
Corez tote ceste sentele !
740 La voie en est igax et bele. »
Tibers li caz fu eschaufez
Et Renars fu un vis maufez,
Qui le vost en folie enjoindre.
Tibers s'apareille de poindre,
745 Cort et racort les sauz menuz
Tant qu'il est au braion venuz.
Quant il i vint, s'aperçut bien
Que Renars i entent engien,
Mes il n'en fet semblent ne chere,
750 En eschivant se tret arere
En sus du braion demi pié.
Et Renars l'a bien espïé,
Si li a dit : « Vos alés mal,
Qui en travers corez cheval. »
755 Cil s'est un petit esloigniez.
« A refere est, or repoigniez !
Menés l'un poi plus droitement !
— Volentiers : dites moi conment !
— Conment ? si droit qu'il ne guenchisse
760 Ne hors de la voie n'en isse. »
Cil lait core a col estendu

Tant qu'il voit le braion tendu ;
Ne guenchit onques, einz tresaut.
Renars qui a veü le saut,
765 Sot bien qu'il s'est aperceüz
Et que par lui n'iert deceüz.
Porpense soi que il dira
Et conment il le decevra.
Devant lui vint, si li a dit
770 Par mautalant et par afit :
« Tibert, fait il, bien vos os dire,
Vostre cheval est asés pire
Et por vendre en est meins vaillanz,
Por ce q'est eschis et saillanz. »
775 Tieberz li chas forment s'escuse
De ce dont danz Renars l'acuse.
Forment a son cors engregnié
Et meinte fois recomencié.
Que qu'il s'esforce, es vos tant
780 Deus mastinz qui vienent batant,
Renart voient, s'ont abaié.
Andui s'en sont molt esmaié ;
Par la sente s'en vont fuiant
(Li uns aloit l'autre botant)
785 Tant qu'il vindrent au liu tot droit
Ou li braions tendus estoit.
Renars le vit, guencir cuida,
Mais Tibers, qui trop l'anguissa,
L'a si feru del bras senestre
790 Que Renars ciet enz del pié destre,
Si que la clés en est saillie,
Et li engins ne refaut mie,
Si serrent li huisset andui
Que Renart firent grant anui :
795 Le pié li ont tres bien seré.
Molt l'a Tibers bien honoré,
Quant el braion l'a enbatu
Ou il aura le col batu.
Ci a meveise conpaignie,
800 Car vers lui a sa foi mentie.
Renart remeint, Tibers s'en toce,
Si li escrie a pleine boche :
« Renart, Renart, vos remaindrez,
Mes jei m'en vois toz esfreez.
805 Sire Renart, vielz est li chaz :

Petit vos vaut vostre porchaz.
Ci vos herbergeroiz, ce cuit.
Encontre vezïé recuit. »
Or est Renars en male trape,
810 Car li chen le tienent en frape.
Et li vileinz qui vint aprés,
Leva sa hace, s'ala pres
A poi Renars n'est estestez ;
Mais li cous est jus avalez
815 Sor le braion qu'il a fendu.
Et cil a son pié estendu :
A soi le tret, molt fu blechiez.
Fuiant s'en vet dolans et liez,
Dolenz de ce qu'il fu quassiez,
820 Liez qu'il n'i a le pié laissié.
Quant il senti qu'il fu delivres,
Ne fu pas estordi ne ivres,
Ainçois s'est tost mis a la fuie.
Et li vileins l'escrie et huie,
825 Qui molt se tient a engignié.
Li chien ont lor cours engregnié,
Si reconmencent a glatir.
Onc Renars ne s'osa quatir
Tresqu'il ot tot le bois passé.
830 Iloc furent li chen lassé,
Recraant s'en tornent arere.
Renars tote une grant charrere
S'en vait fuiant, car molt s'esmaie.
Forment li cuit et dout la plaie.
835 Ne set li laz que fere puisse :
A pou qu'il n'a perdu la cuisse
Qui en la piege fu cougniee,
Si rot poor de la cogniee
Dont li vileins le vout ocirre.
840 Que d'un que de l'autre martire
S'en est tornés a molt grant peine
Si conme aventure le meine.

- *Traduction en français moderne*

665   Tandis que Renart déplore sa mésaventure,
    il finit par découvrir, dans une rue,

Tibert le chat qui se divertit
sans suite et sans escorte.
Il joue avec sa queue,
670 tourne en rond, multiplie les gambades.
Au beau milieu d'un saut, il regarde autour de lui
et remarque Renart qui l'observe.
Il le reconnaît à son poil roux.
« Seigneur, dit-il, soyez le bienvenu ! »
675 Et l'autre de répliquer brutalement :
« Tibert, je ne vous salue pas.
Ne vous trouvez jamais sur mon chemin,
car, soyez-en sûr, je vous frapperais
avec plaisir, si l'occasion m'en était donnée. »
680 Tibert a intérêt à se taire,
car Renart est fort en colère :
Le chat se tourne vers le goupil,
l'air affable, sans chercher querelle :
« Sire, lui dit-il, je suis vraiment navré
685 que vous soyez irrité contre moi. »
Comme le jeûne et les mauvais traitements
avaient passablement affaibli Renart,
il renonça pour le moment à chercher querelle,
d'autant qu'il n'avait rien mangé de la journée
690 et que Tibert était frais et dispos,
moustaches blanchies par l'âge,
petites dents pointues
et longues griffes prêtes à égratigner.
Si Renart cherchait à le terrasser,
695 je crois qu'il ne se laisserait pas faire ;
mais Renart ne veut pas engager le combat
contre Tibert,
car il a la peau déchirée en plus d'un endroit.
Il tient donc un autre langage.
700 « Tibert, fait-il, j'ai entrepris
une guerre terrible et implacable
contre mon compère Isengrin.
Aussi ai-je enrôlé beaucoup de soldats
et je voudrais vous prier
705 de rester à ma solde,
car, avant que nous n'en arrivions,
lui et moi, à une trêve,
j'ai dans l'idée que je lui causerai bien des tracas. »
Tibert le chat ne se sent plus de joie
710 à la proposition de sire Renart,

et, le regardant droit dans les yeux :
« Tenez, lui dit-il, je m'engage
à ne jamais vous faire faux bond
et à attaquer bien volontiers
715 le seigneur Isengrin qui m'a fait du mal
en paroles et en actes. »
Renart l'a tellement amadoué
que tous deux sont tombés d'accord
et s'en vont liés par un serment.
720 Renart, qui est d'une nature méchante,
ne cesse pour autant de haïr Tibert,
il s'emploie à le trahir,
il s'y applique de toutes ses forces.
Comme il parcourait du regard un étroit sentier,
725 il aperçut, près de l'ornière,
entre le bois et le chemin charretier,
un piège de chêne fendu
qu'un paysan y avait disposé.
Comme il est rusé, Renart l'esquive,
730 mais aucune trêve n'empêchera Tibert,
si l'autre peut l'attirer dans le piège,
de passer un bien mauvais quart d'heure.
Le goupil lança un rire :
« Tibert, fit-il, si je vous apprécie
735 c'est que votre bravoure et votre hardiesse sont
 [grandes,
et que votre cheval est d'une exceptionnelle
rapidité.
Montrez-moi donc comment il sait courir
par ce chemin couvert de poussière.
Courez donc la longueur de ce sentier !
740 Quel beau chemin sans creux ni bosse ! »
Voici Tibert le chat tout excité
et Renart, un vrai démon,
qui le pousse à commettre cette folie !
Tibert s'apprête à piquer des deux,
745 il court, il court à petits sauts
si bien qu'il arrive au piège ;
alors, il comprend
que Renart prépare un mauvais tour,
mais il ne fait mine de rien
750 et, pour éviter le piège, recule
d'un demi-pied.
Mais Renart, qui ne l'a pas quitté des yeux,

lui dit : « Tibert, ce n'est pas fameux !
Vous menez votre cheval de travers. »
755 L'autre s'étant un peu éloigné,
« C'est à refaire, continue Renart, allez,
Chargez de nouveau en le guidant un peu plus
[droit !
— D'accord ; mais comment m'y prendre ?
— Comment ? Allez tout droit sans faire d'écart
760 ni sortir du chemin. »
Tibert laisse courir son cheval ventre à terre
jusqu'au piège :
il ne fait pas d'écart, mais saute par-dessus.
Renart, qui l'a vu faire,
765 se rend compte que l'autre n'est pas dupe
et qu'il ne parviendra pas à le tromper.
Il se creuse la tête :
comment l'embobeliner ?
Il va au-devant de lui, et lui lance
770 sur un ton de colère et de défi :
« Tibert, je me permets de vous le dire :
votre cheval est un vrai tocard,
et il perd sa valeur marchande
à faire des écarts et des sauts. »
775 Tibert le chat repousse avec force
les accusations du seigneur Renart.
Il accélère l'allure,
recommence sa course plusieurs fois.
Tandis qu'il est en plein effort, voici qu'arrivent
780 à vive allure deux mâtins.
A la vue de Renart, ils se mettent à aboyer,
effrayant les deux compagnons
qui s'enfuient par le sentier,
l'un poussant l'autre,
785 si bien qu'ils parviennent juste
à l'endroit où le piège était tendu.
Renart le voit, croit l'éviter,
mais Tibert, qui le serrait de près,
l'a frappé du bras gauche si bien
790 que l'autre tombe du pied droit dans le piège :
la clé saute
et, en parfait état de marche,
les trappes se referment,
au grand dam de Renart,
795 lui emprisonnant le pied.

Tibert l'a couvert de gloire
en le précipitant dans le piège
où il sera roué de coups!
C'est un bien mauvais compagnon
800 qui n'a pas craint d'être parjure.
Renart reste, tandis que Tibert s'éclipse,
en lui criant à tue-tête :
« Renart, Renart, c'est vous qui resterez.
Moi, l'inquiétude me force à partir.
805 Seigneur Renart, le chat n'est pas né d'hier :
vous n'avez pas gagné grand-chose avec vos
[manigances.
Vous passerez la nuit ici, je crois.
A malin malin et demi. »
Renart est maintenant dans de mauvais draps,
810 car les chiens le tiennent à leur merci.
Le paysan qui les suivait
leva sa hache, passa si près de Renart
qu'il faillit le décapiter,
mais le coup glissa sur le piège
815 qui se fendit.
Alors Renart de bouger la patte
et de la ramener à soi. Grièvement blessé,
il s'enfuit à la fois affligé et heureux,
affligé d'être blessé,
820 mais heureux de ne pas avoir perdu la patte.
Le sentiment de la liberté
ne l'enivre pas d'une joie folle,
il songe plutôt à fuir sans tarder.
Le paysan le poursuit de ses cris,
825 maudissant sa maladresse.
Les chiens accélèrent leur poursuite
et recommencent à aboyer.
Aussi Renart n'ose-t-il pas se tapir
tant qu'il n'a pas traversé tout le bois.
830 Alors, fatigués, les chiens
renoncent à la poursuite et rebroussent chemin.
Renart continue à fuir le long d'un grand chemin,
en proie à une profonde frayeur.
Sa plaie le brûle et lui fait mal.
835 Le malheureux ne sait que faire :
il s'en est fallu de peu qu'il n'ait perdu la cuisse
qui était coincée dans le piège,
et quelle épouvante devant la cognée
que brandissait le paysan pour le tuer!

C'est la branche comment Renart veut pousser le chat dans un piège et manger tout seul une andouille.

Fuyant la colère du loup, Renart dans un labour avise Tybert le chat qui se déduit sans compagnie et sans mesure. Autour de sa queue il folâtre et tourne en rond, se faisant fête. Au zénith d'un saut il découvre Renart — que le Mau-Fé puisse ardre! Il le connaît à son poil roux :

« Sire, soyez le bienvenu », fait-il.

L'autre par félonie répond :

« Je ne vous veux, Tybert, saluer. Ne m'approchez pas! Car par mon chef je vous jouerai de mauvais tours si je le puis! »

Il convient que Tybert se taise. Renart écume de courroux. Tybert braque sur lui ses yeux tout simplement et sans dédain. Il dit :

« Beau sire, moult me pèse de vous voir contre moi plein d'ire. »

Renart débile et mal en point — suite de jeûne et de détresse — ne s'étant rien mis sous la dent renonce à poursuivre la noise. Le chat d'ailleurs est vif et frais : moustaches blanches, dents aiguës et longues griffes pour griffer. Si Renart entend le mater je crois qu'il saura se défendre. Mais le goupil n'ose risquer une rixe avec le félin. Il la remet donc à plus tard.

Ses mots prennent un autre aspect :

« Tybert, geint-il, je me dispose à guerre moult amère et dure envers Ysengrin, mon compère. J'ai retenu maints soudoyers. Ne rejoindrez-vous pas leur troupe? Acceptez d'être de mes gens : je lui causerai cent tracas. »

Tybert le chat a grande joie des jeux où Renart le convie. Il pousse vers lui son museau :

« Topez! dit-il. Je vous promets que jamais ne vous manquerai. Volontiers je bataillerai contre Ysengrin qui m'a souvent méfait par actes ou paroles. »

Renart l'enjôleur rit sous cape du faux accord qui les unit. Certes, ils ont la foi jurée. Mais cette cauteleuse bête hait cependant son compagnon. Comment le prendre par traîtrise? Renart de tout son cœur y pense. Au fond d'une ornière il avise un piège de chêne fendu disposé là par un vilain. S'il y peut attirer Tybert il exultera de ce trait. Donc il part d'un éclat de rire :

« Tybert, fait-il, dire vous puis que vous êtes et preux et beau et votre cheval moult ardent. Montrez-moi comme il sait courir. Courez au bout de ce sentier. Rêva-t-on plus belle carrière? »

Tybert prend feu. — Malin Renart qui l'engage à cette folie! — Tybert pique des deux. Il court à sauts menus tant qu'il parvient au piège. Il l'aperçoit, comprend le mauvais dessein du félon. Il saute arrière demi-pied. Renart qui le surveille crie :

« Tybert, Tybert, ne trichez pas. Votre cheval est un poltron. Recommencez : c'est à refaire. »

Tybert prend du champ. Il se rue jusqu'au piège tendant le col. Arrivé là point ne l'évite, mais le passe d'un petit saut. Renart comprend à ce manège que le chat évente l'embûche et que sa ruse est découverte. Il vient à lui lourd de rancœur, de maltalent et de dépit :

« Sire Tybert, que vous dirai-je? Votre monture est bien piteuse. A vendre elle ne vaudrait guère vu qu'elle bronche à chaque pas. »

Humble, Tybert le chat confesse le travers que Renart dénonce. Il recommence. Il se dépense, frissonne d'aise et ne succombe.

Tandis qu'à loisir il s'égaie, deux mâtins, battant la campagne, viennent, voient le goupil, aboient. Les deux compères béent d'effroi et tirent aux pieds par la sente. Épaule contre épaule ils trottent et filent tout droit vers le lieu où le piège bandé les guette. Renart le voit, croit l'éviter. Mais Tybert à dessein le serre, lui décoche un coup du pied gauche. Le pied droit de l'autre se coince entre les buissets de l'engin dont la clef saute, le fermant. Renart aura le dos battu. Tybert, mauvaise compagnie, n'a pas craint de trahir sa foi. Goupil reste. Chat éperonne et débagoule à pleine bouche :

« Renart, Renart, vous demeurez. Moi je m'en vais. Nous sommes quittes. Sire Renart, vieux est le chat. Votre ruse a baissé de prix. Quelle nuit s'ouvre devant vous! Contre la fraude vaut l'astuce. »

Renart est au piège cloué. Les chiens le mordent et le

happent. Déjà le vilain qui les suit se redresse et brandit sa hache. Il rue un coup de grande ardeur. Autour du fourbe la mort rôde. Les dernières transes il sue. Mais l'arme dévie et, portant bas, atteint le piège, le fend. Renart tend sa patte, la tire vers soi, la déchire et la froisse, mais de n'être point mutilé se sent bien aise. Libéré, gardant l'esprit présent et prompt, sans barguigner il prend la fuite. Le vilain à pleins poumons hue et déteste sa maladresse. Les chiens précipitent l'allure et redoublent leurs hurlements. Renart n'ose pas se tapir avant d'être sorti du bois. Les chiens se lassent à l'orée et s'en retournent, recréants. Renart se prend à clopiner.

V. TABLE DE CONCORDANCES

Pour que le lecteur puisse mesurer l'originalité de Maurice Genevoix, nous avons pensé qu'il serait bon de donner, pour chaque chapitre de son roman, l'épisode correspondant, d'une part, dans les contes, ou branches, *qui constituent* Le Roman de Renart *médiéval, que nous citerons dans la langue originale, l'ancien français, et dans une traduction en français moderne, d'après l'édition bilingue publiée dans la collection Garnier-Flammarion (Paris, 1985, 2 vol.) et, d'autre part, dans l'adaptation que Paulin Paris écrivit en 1861 pour sa petite-fille. Ainsi sera-t-il possible de comparer différentes manières de rendre le texte originel.*

PREMIÈRE PARTIE : LES ÉCOLES DE RENARD

I. Où l'on fait connaissance avec Renard le goupil, sa litée, son château dans les bois, le plaisant pays alentour et quelques hommes, ses voisins.		
II. Où Renard, gabé par Chantecler, fut moqué par Copette, la grosse poule.	Branche II, vers 23-468.	*Deuxième aventure.* Comment Renart entra dans la ferme de Constant Desnoix ; comment il emporta Chantecler et comment il ne le mangea pas.

III. Constant Desnoix, ou le vilain foi-mentie.	Branche XVI, vers 15-720, et branche IX, vers 1-2224.	*Troisième aventure :* Comment Berton le Maire fut trompé par Renart, et comment Renart fut trompé par Noiret.
IV. Comment Isengrin le loup dévora, jusqu'à la ficelle, le jambon de Constant Desnoix.	Branche V, vers 1-153 (et branche XIX, vers 1-90).	*Vingt-quatrième aventure.* Comment Renart déçut le vilain et comment Ysengrin emporta le bacon, lequel il ne voulut partager.
V. Comment Tybert le chat fit prendre Renard dans le piège et mangea les deux parts de l'andouille.	Branche II, vers 469-601 ; branche XV, vers 1-368.	*Seizième aventure.* Comment Tybert prit les soudées de Renart, et comment il en cuit de s'attaquer à un vieux chat. *Dix-septième aventure.* Comment Renart et Tybert, redevenus bons amis, font la découverte d'une andouille que Tybert emporta et que Renart ne mangea pas.
VI. Pinçart, ou le bec du héron.		
VII. Comment Tiercelin le corbeau, Rougebec la perdrix et Drouin le petit moineau gabèrent Renard à l'envi.	Branche XI, vers 1351-1379.	
VIII. Comment Renard eut la queue caressée par les dents du Rechigné, le mâtin d'Autran-le-Roux.		
IX. Comment Renard devint Renard et prononça un grand serment.		

DEUXIÈME PARTIE : LES GABETS DE MAÎTRE RENARD

I. Comment Renard, pour son coup d'essai, vola les jambons d'Isengrin.	Branche XXIV, vers 219-314.	*Aventure première.* Comment Renart emporta de nuit les bacons d'Ysengrin.
II. ...Puis le vin de Constant Desnoix.	Branche XI, vers 1150-1217.	*Cinquante-troisième aventure.* Comment Drouineau parvint à procurer à Morhou le repas qu'il souhaitait.
III. ... Puis les anguilles d'Autran-le-Roux.	Branche III, vers 1-164.	*Septième aventure.* Comment Renart fit rencontre des marchands de poisson, et comment il eut sa part des harengs et des anguilles.
IV. Comment il fit battre Isengrin par les moines blancs de Tiron.	Branche XIV, vers 525-646.	*Treizième aventure.* Renart eut vengeance de Primaut, et comment il le fit battre par les harengers.
V. La queue du loup.	Branche III, vers 359-510.	*Neuvième aventure.* Où l'on verra comment Renart conduisit son compère à la pêche aux anguilles.
VI. La queue de l'ours.	Branche IX, *passim.*	
VII. La queue du chat.	Branche XIV, vers 1-140.	*Vingtième aventure.* De la chevauchée de Renart et de Tybert dans la maison d'un vilain, et comment Tybert y dut laisser sa queue en gage.
VIII. Panse bien remplie ne fait pas toujours loup béat.	Branche XIV, vers 199-520.	*Quatorzième aventure.* Comment Renart conduisit Primaut dans le lardier du vilain, et ce qui en résulta pour le vilain et pour lui.
IX. La folle nuit des chasseurs chassés.		
X. Pinçart pincé, Rougebec, Tiercelin le corbeau. Autran-le-Naute, Isengrin et le jeu des	Branche XXV, vers 1-310 ; branche XIII,	*Quarante-neuvième aventure.* Comment Pinçart le Héron pêchait en rivière, et comment damp Renart pêcha le pêcheur.

béliers ou comment Messire Renard sut régler ses comptes sans lunettes.	vers 846-1007 ; branche XX, vers 1-94.	*Cinquantième aventure.* D'un meulon de foin sur lequel Renart passa la nuit, et comme il céda la place au vilain qui le voulait prendre.
XI. Dame Hersent.	Branche II, vers 1025-1396.	*Vingt et unième aventure.* De l'arrivée de Renart chez dame Hersent durant l'absence d'Ysengrin, et comment la guerre prit commencement entre les deux barons.
XII. Le puits des moines de Tiron.	Branche IV, vers 1-478.	*Vingt-neuvième aventure.* Comment Renart entra et sortit heureusement du puits ; comment Ysengrin y entra, mais en sortit à son grand dommage.
XIII. Le Roi Noble et Dame Fière la Reine.		
XIV. Le partage du lion.	Branche XVI, vers 721-1506.	*Vingt-septième aventure.* Comment le Roi Noble, Ysengrin et Renart se mirent en chasse, et de la rencontre d'un vilain que Renart fit noyer. *Vingt-huitième aventure.* Comment Ysengrin ne fut pas aussi bon partageur que Renart.
XV. Le courre du Seigneur de la Fuye, ou Renard caché dans les peaux.	Branche XIII, vers 1-845.	*Quarante-sixième aventure.* Comment un preux chevalier vit plusieurs fois damp Renart, et fut marri de ne pouvoir l'atteindre. *Quarante-septième aventure.* De la visite annoncée au Chevalier, et de la chasse au cerf et au porc sanglier. *Quarante-huitième aventure.* De l'arrivée du père et

		des frères du Chevalier, d'un beau nain qui les accompagnait, et comment on découvrit damp Renart.
XVI. Le courre d'Isengrin et d'Hersent, qui fut appelé Corneloup.	Branche II, vers 1025-1396.	*Trentième aventure.* De la nouvelle infortune arrivée à dame Hersent, et de la résolution d'aller porter plainte à la cour du Roi.

TROISIÈME PARTIE : LE PLAID RENARD

I. Isengrin élève sa clameur. II. Comment Renard comparut devant Noble.	Branche Va.	*Trente et unième aventure.* Comment le connétable Ysengrin et dame Hersent firent leur clameur à la cour du Roi.
III. Comment Renard ne jura point sur la dent du Rechigné.	Branche Va.	*Trente-quatrième aventure.* De la visite intéressée d'Ysengrin à Rooniaus le mâtin. *Trente-cinquième aventure.* Du parlement d'Ysengrin avec tous ses parents et amis, et de l'arrivée des deux barons et de leurs alliés, en présence de saint Rooniaus. *Trente-sixième aventure.* Comment damp Renart eut des scrupules de conscience, et ne voulut pas jurer sur la dent de saint Rooniaus.
IV. Nouvelle clameur d'Isengrin-le-Têtu.	Branche I.	*Trente-septième aventure.* Comment les amis de saint Rooniaus, indignés de la fuite de damp Renart, le poursuivent, et comment le connétable Ysengrin jure de renouveler sa clameur aux prochaines assises. *Trente-huitième aventure.* Comment le roi Noble tint cour plénière, et comment

		Ysengrin fit une seconde clameur contre Renart.
V. Comment Renard fut semoncé trois fois : par Brun l'ours premièrement.	Branche I, vers 433-728.	*Quarantième aventure.* Où l'on voit les honneurs rendus à dame Copette et son épitaphe ; comment sire Brun fut envoyé semondre damp Renart, et des beaux miracles accomplis sur la tombe de sainte Copette. *Quarante et unième aventure.* De l'arrivée de damp Brun à Maupertuis, et comment il ne trouva pas doux le miel que Renart lui fit goûter.
VI. Secondement par Tybert le chat.	Branche I, vers 729-926.	*Quarante-deuxième aventure.* Comment le roi Noble envoie Tybert le chat semondre Renart, pour la seconde fois ; et des souris qui ne passèrent pas la gorge de Tybert.
VII. Tiercement par Grimbert le blaireau.	Branche I, vers 927-1201.	*Quarante-troisième aventure.* Comment Grimbert porta la troisième semonce à damp Renart, et comment Renart, après s'être confessé, fut absous de ses péchés.
VIII. « Quand le Roi dort, la Reine ferme les yeux. »	Branche Ia, vers 1621-2204.	
IX. Le grand combat du goupil et du loup.	Branche VI.	*Cinquante-sixième aventure.* De la dispute de Renart contre Ysengrin, et comment le combat fut ordonné entre eux. *Cinquante-septième aventure.* Quels furent les otages entre les mains du Roi, et comment furent nommés les juges du camp. *Cinquante-huitième aven-*

		ture. Comment les juges du camp firent un dernier effort pour apaiser la querelle, et comment les serments furent prononcés par Renart et démentis par Ysengrin. *Cinquante-neuvième aventure.* Du grand et mémorable combat de damp Renart et de messire Ysengrin ; et comment le jugement de Dieu donna gain de cause à qui avait le droit.
X. Comment Renard, du haut de la Roche-Gastil, harangua les animaux à l'instant de faire sa retraite.	Branche Ia.	
ÉPILOGUE Où l'on verra comment Renard, un soir du temps, dans la forêt, adouba ses trois fils Chevaliers de Renardie.		

VI. D'AUTRES RENARDS

Si Le Roman de Renart *et les fables ont imposé l'image d'un goupil rusé qui échappe à tous les périls et l'emporte sur les autres par ses bons tours, son art du mensonge et sa faconde, et qu'on retrouve dans* Le Petit Coq noir, *un des* Contes du Chat perché *de Marcel Aymé (1939), des renards très différents ont vu le jour dans la littérature du XXe siècle.*

1. LE RENARD DU *PETIT PRINCE* DE SAINT-EXUPÉRY.

Dans Le Petit Prince *de Saint-Exupéry (Gallimard, 1943), le renard symbolise la sagesse que les hommes ne sont plus capables de transmettre, car ils n'ont plus le temps de rien connaître. Porte-parole de la sagesse elle-même dans le monde désertique et glacial des grandes personnes, le renard détient la vérité, il est la dernière lueur de l'espoir de vie, un « messager du ciel » selon Yves Morin*[1]*, qui ajoute : « Ce Renard se situe donc entre le Maître et les hommes. Du premier, il détient la sagesse, les bons conseils, la fermeté devant la douleur ; mais il possède des autres les besoins quotidiens : la tristesse, la soif d'amitié, sans toutefois en abriter les "défauts" : oubli du sens de l'apprivoisement, des rites, refus de prendre le temps de connaître. Il connaît la vie, lui ; il connaît la sagesse. » Afin d'accomplir sa mission, le renard s'est adapté à la terre, il a revêtu le corps d'un être qui peut entrer en contact avec les hommes, par l'intermédiaire du petit prince, de l'enfance.*

---

1. L'Esotérisme du Petit Prince, Paris, Nizet, 1976, pp. 54-55.

Pourquoi Saint-Exupéry a-t-il choisi le renard ? Peut-être parce que, dans ses marches dans le désert, il n'a eu souvent comme compagnons que les renards des sables en qui il retrouve le sens de la vie, comme il l'a écrit dans Terre des hommes *: « J'imagine mon ami* (le fennec) *trottant doucement à l'aube, et léchant la rosée sur les pierres [...]. J'assiste ainsi avec une joie bizarre à cette promenade matinale. J'aime ces signes de la vie. Et j'oublie un peu que j'ai soif [...]. Et je lui dis : "Mon petit renard, je suis foutu, mais c'est curieux, cela ne m'a pas empêché de m'intéresser à ton humeur." Et je reste là à rêver et il me semble que l'on s'adapte à tout. »*

C'est alors qu'apparut le renard :
— Bonjour, dit le renard.
— Bonjour, répondit poliment le petit prince, qui se retourna mais ne vit rien.
— Je suis là, dit la voix, sous le pommier...
— Qui es-tu ? dit le petit prince. Tu es bien joli...
— Je suis un renard, dit le renard.
— Viens jouer avec moi, lui proposa le petit prince. Je suis tellement triste...
— Je ne puis pas jouer avec toi, dit le renard. Je ne suis pas apprivoisé.
— Ah ! pardon, fit le petit prince.
Mais, après réflexion, il ajouta :
— Qu'est-ce que signifie « apprivoiser » ?
— Tu n'es pas d'ici, dit le renard, que cherches-tu ?
— Je cherche les hommes, dit le petit prince. Qu'est-ce que signifie « apprivoiser » ?
— Les hommes, dit le renard, ils ont des fusils et ils chassent. C'est bien gênant ! Ils élèvent aussi des poules. C'est leur seul intérêt. Tu cherches des poules ?
— Non, dit le petit prince. Je cherche des amis. Qu'est-ce que signifie « apprivoiser » ?
— C'est une chose trop oubliée, dit le renard. Ça signifie « créer des liens... ».
— Créer des liens ?
— Bien sûr, dit le renard. Tu n'es encore pour moi qu'un petit garçon tout semblable à cent mille petits garçons. Et je n'ai pas besoin de toi. Et tu n'as pas besoin de moi non plus. Je ne suis pour toi qu'un renard semblable à cent mille

renards. Mais, si tu m'apprivoises, nous aurons besoin l'un de l'autre. Tu seras pour moi unique au monde. Je serai pour toi unique au monde...

— Je commence à comprendre, dit le petit prince. Il y a une fleur... je crois qu'elle m'a apprivoisé...

— C'est possible, dit le renard. On voit sur la Terre toutes sortes de choses...

— Oh! ce n'est pas sur la Terre, dit le petit prince.

Le renard parut très intrigué :

— Sur une autre planète?

— Oui.

— Il y a des chasseurs, sur cette planète-là?

— Non.

— Ça, c'est intéressant! Et des poules?

— Non.

— Rien n'est parfait, soupira le renard.

Mais le renard revint à son idée :

— Ma vie est monotone. Je chasse les poules, les hommes me chassent. Toutes les poules se ressemblent, et tous les hommes se ressemblent. Je m'ennuie donc un peu. Mais, si tu m'apprivoises, ma vie sera comme ensoleillée. Je connaîtrai un bruit de pas qui sera différent de tous les autres. Les autres pas me font rentrer sous terre. Le tien m'appellera hors du terrier, comme une musique. Et puis regarde! Tu vois, là-bas, les champs de blé? Je ne mange pas de pain. Le blé pour moi est inutile. Les champs de blé ne me rappellent rien. Et ça, c'est triste! Mais tu as des cheveux couleur d'or. Alors ce sera merveilleux quand tu m'auras apprivoisé! Le blé, qui est doré, me fera souvenir de toi. Et j'aimerai le bruit du vent dans le blé...

Le renard se tut et regarda longtemps le petit prince :

— S'il te plaît... apprivoise-moi! dit-il.

— Je veux bien, répondit le petit prince, mais je n'ai pas beaucoup de temps. J'ai des amis à découvrir et beaucoup de choses à connaître.

— On ne connaît que les choses que l'on apprivoise, dit le renard. Les hommes n'ont plus le temps de rien connaître. Ils achètent des choses toutes faites chez les marchands. Mais comme il n'existe point de marchands d'amis, les hommes n'ont plus d'amis. Si tu veux un ami, apprivoise-moi!

— Que faut-il faire? dit le petit prince.

— Il faut être très patient, répondit le renard. Tu t'assoiras d'abord un peu loin de moi, comme ça, dans l'herbe. Je te regarderai du coin de l'œil et tu ne diras rien. Le langage est source de malentendus. Mais, chaque jour, tu pourras t'asseoir un peu plus près...

Le lendemain revint le petit prince.

— Il eût mieux valu revenir à la même heure, dit le renard. Si tu viens, par exemple, à quatre heures de l'après-midi, dès trois heures je commencerai d'être heureux. Plus l'heure avancera, plus je me sentirai heureux. A quatre heures, déjà, je m'agiterai et m'inquiéterai ; je découvrirai le prix du bonheur! Mais si tu viens n'importe quand, je ne saurai jamais à quelle heure m'habiller le cœur... Il faut des rites.

— Qu'est-ce qu'un rite ? dit le petit prince.

— C'est aussi quelque chose de trop oublié, dit le renard. C'est ce qui fait qu'un jour est différent des autres jours, une heure, des autres heures. Il y a un rite, par exemple, chez mes chasseurs. Ils dansent le jeudi avec les filles du village. Alors le jeudi est jour merveilleux ! Je vais me promener jusqu'à la vigne. Si les chasseurs dansaient n'importe quand, les jours se ressembleraient tous, et je n'aurais point de vacances.

Ainsi le petit prince apprivoisa le renard. Et quand l'heure du départ fut proche :

— Ah ! dit le renard... Je pleurerai.

— C'est ta faute, dit le petit prince, je ne te souhaitais point de mal, mais tu as voulu que je t'apprivoise...

— Bien sûr, dit le renard.

— Mais tu vas pleurer ! dit le petit prince.

— Bien sûr, dit le renard.

— Alors tu n'y gagnes rien !

— J'y gagne, dit le renard, à cause de la couleur du blé.

Puis il ajouta :

— Va revoir les roses. Tu comprendras que la tienne est unique au monde. Tu reviendras me dire adieu, et je te ferai cadeau d'un secret.

Le petit prince s'en fut revoir les roses :

— Vous n'êtes pas du tout semblables à ma rose, vous n'êtes rien encore, leur dit-il. Personne ne vous a apprivoisées et vous n'avez apprivoisé personne. Vous êtes comme était mon renard. Ce n'était qu'un renard semblable à cent mille autres. Mais j'en ai fait mon ami, et il est maintenant unique au monde.

Et les roses étaient bien gênées.

— Vous êtes belles, mais vous êtes vides, leur dit-il

encore. On ne peut pas mourir pour vous. Bien sûr, ma rose à moi, un passant ordinaire croirait qu'elle vous ressemble. Mais à elle seule elle est plus importante que vous toutes, puisque c'est elle que j'ai arrosée. Puisque c'est elle que j'ai mise sous globe. Puisque c'est elle que j'ai abritée par le paravent. Puisque c'est elle dont j'ai tué les chenilles (sauf les deux ou trois pour les papillons). Puisque c'est elle que j'ai écoutée se plaindre, ou se vanter, ou même quelquefois se taire. Puisque c'est ma rose.

Et il revint vers le renard :
— Adieu, dit-il...
— Adieu, dit le renard. Voici mon secret. Il est très simple : on ne voit bien qu'avec le cœur. L'essentiel est invisible pour les yeux.
— L'essentiel est invisible pour les yeux, répéta le petit prince, afin de se souvenir.
— C'est le temps que tu as perdu pour ta rose qui fait ta rose si importante.
— C'est le temps que j'ai perdu pour ma rose... fit le petit prince, afin de se souvenir.
— Les hommes ont oublié cette vérité, dit le renard. Mais tu ne dois pas l'oublier. Tu deviens responsable pour toujours de ce que tu as apprivoisé. Tu es responsable de ta rose...
— Je suis responsable de ma rose... répéta le petit prince, afin de se souvenir.

2. LE RENARD DU *RENARD DANS L'ÎLE*
d'Henri Bosco

Au contraire, dans Le Renard dans l'île *d'Henri Bosco (Gallimard, 1956), si les autres animaux incarnent la paix et la vie, le renard est la figure du diable, du mal et de la mort qui, la nuit, trouble le repos des gens par ses plaintes déchirantes et ses cris désespérés. Il vient pleurer auprès des hommes non pas pour en être accueilli, mais pour les attirer dans un piège, car il est à la recherche d'une âme et d'un corps où il pourra se loger. L'on aura beau détruire son corps, son âme, éternelle à condition de trouver une victime, passera d'un corps à l'autre et survivra toujours*[1].

— Mais continue donc, Pascalet[2], ne t'arrête pas tous les quatre mots !...

J'obéis à Tante Martine.

« ... Tout le mal est venu du jour où s'est installé dans notre colline, à une lieue de Pierrouré, une sorte de vieux sorcier qui arrivait des colonies... Quand je dis sorcier, c'est tout à fait ça. Car il a fait pousser, autour d'une pauvre bastide, abandonnée depuis cinquante ans pour le moins, dans un coin nu, tout cailloux, et sans eau, il a fait pousser, en six mois, le plus beau verger du pays... Et, je le répète, en six mois !... Si ça n'est pas un tour de sorcellerie bien signé par La Griffe, qu'on me coupe la langue !... »

1. A lire, de Martine Valdinoci, « La bête tragique : le renard », dans les *Cahiers Henri Bosco*, Aix-en-Provence, diffusion Edisud, 1981.
2. Pascalet est en train de lire une lettre.

Gatzo s'était levé et était allé s'asseoir sur le seuil. Il nous tournait le dos et regardait vers l'aire, où tombait la nuit.
Je continuai.
« ... L'endroit s'appelle Belles-Tuiles. De là, sans bouger, ce vieil homme a finalement envoûté toute notre belle campagne. On en est bien sûr, aujourd'hui que le mal est fait. Il a même attiré ce pauvre Constantin, qui allait en cachette à Belles-Tuiles... Et, une nuit, ce malheureux enfant, qui s'était égaré dans la pinède, a vu une scène effrayante... Car, cette nuit-là, le vieux sacripant a fait étrangler un renard par un serpent énorme, un serpent qui obéissait à sa voix, à son geste, et tel qu'on n'en a jamais vu à Pierrouré... »
Je regarde le dos de Gatzo immobile. Pourquoi eus-je alors l'impression que cette lecture le bouleversait ?...
Mais voilà tout à coup que se met à parler Tante Martine, à voix douce et basse, confidentielle, comme si, loin de nous, elle ne s'adressait plus qu'à elle-même...
— ... Un renard, un renard... Cela vous a une âme, mais une âme mortelle. Si on tue la bête, il faut tuer l'âme, et c'est bien difficile... Les autres bêtes, le chat par exemple, ils vous ont l'âme chevillée au corps, mais le renard, c'est pis, ça vous a l'âme chevillée à l'âme... Et si l'âme, tu ne la tues pas, lui, vit encore, et il te tourmente... Il n'y a rien de plus vindicatif, rien de plus malheureux... rien de plus dangereux aussi... Une âme de renard tué, ça cherche un corps pour y vivre... Et même un corps d'homme ou de femme...
Elle se signe :
— ... Un corps d'enfant surtout...
Elle se signe une seconde fois. Et puis je l'entends qui murmure :
— ... Un corps d'enfant qui aurait perdu la raison...
J'écoute avec horreur. Mais elle a peut-être tout dit.
— Eh bien, cette fille qu'ils ont enlevée, elle n'a plus d'âme, c'est sûr... Et alors, qui sait si la bête ne court pas dans les champs, la nuit, pour chercher à prendre son corps ?...
— Quelle drôle d'idée, Gatzo !... Mais cette fille n'est pas par ici ?...
— Qui peut le dire, Pascalet ?... Ici, ou pas loin...
Il sent que j'ai peur.
— Pour le renard, Gatzo, on a eu la berlue...
Je ne crois pas ce que je dis, mais il faut que je me rassure.
Il insiste pourtant, cruel, tenace. Comment pourrait-il m'écouter ? Il est dans son monde, la nuit, le secret, et les actes de l'ombre...

— Pascalet, j'ai vu, toi aussi, tu as entendu, moi aussi, le facteur aussi et Tante Martine. Ça, c'est vrai... Le renard rôde et pleure. Il est malheureux... Je connais le renard. Quand il gémit si tristement, Pascalet, c'est qu'il chasse, et dis-moi ce qu'il peut chasser, un renard-fantôme qui pleure?... Ça n'est pas une bartavelle ou un étourneau, un levraut, une caille... Il a faim d'un corps pour y vivre encore...

Tout à coup une voix :

— Pourquoi ne dormez-vous pas, mes enfants?... La lune va partir et les songes arrivent...

C'est Tante Martine... Elle a silencieusement ouvert la porte et elle se dresse entre les chambranles, juste dans ce rayon de la lune qui baisse.

Elle est toute blanche, en chemise, un bougeoir éteint à la main.

Et la voix a repris cet accent inconnu, ce timbre impersonnel, qui m'ont tellement effrayé, quelques heures plus tôt, dans la cuisine...

— Tu en sais bien long pour ton âge, Gatzo, mon enfant, et j'ai peur pour toi...

Soudain, nous arriva le glapissement lointain du renard. Long et triste, il venait du rivage...

Aussitôt un grand mouvement agita les trois huttes et, fusil au poing, un homme en surgit. D'autres accoururent et deux ou trois femmes bondirent, échevelées, vers l'enfant qui, toujours figée, semblait n'avoir rien entendu. Elles l'entraînèrent hors de la clarté, et disparurent avec elle dans la hutte. On parla quelque part. L'homme au fusil s'était enfoncé dans le bois... Il y eut un moment de désarroi, puis un subit silence...

Le vieil homme venait d'apparaître.

Il s'avança dans la clarté lunaire. Elle le prit. Il fit encore quelques pas, puis s'arrêta à l'endroit même d'où l'enfant venait de partir.

Alors à son tour on le vit.

Lui aussi levait le visage vers la lune et il en était éclairé comme en plein jour. Sa face était vieille, très vieille, comme celle d'un homme las et soucieux. Deux yeux pâles, deux yeux effrayants trouaient ce masque. C'étaient des yeux inexorables. Leur regard triste et dur ne cillait pas. On tremblait de le voir. Il se saisissait de toutes les choses visibles sur lesquelles sa force s'appesantissait. Sous leur emprise magnétique, le cœur en suspens, l'esprit immobile, subissaient les malaises indéfinissables de la possession. En tout, ce regard cherchait l'âme et pénétrait jusqu'à ce point où elle s'attache à la vie et d'où seulement on peut l'arracher...

Cependant il manifestait une inquiétude. Cette force sombre cachait une crainte, peut-être un doute d'elle-même...
Et soudain le renard glapit encore...
L'homme ferma les yeux. Sa face se durcit. Il s'y creusa le long des joues deux grands plis de souffrance...
A ce moment, on entendit un coup de feu au sud de l'île.
Quelqu'un cria dans la hutte, puis se lamenta. Un homme ranima le feu et deux autres, venus près du vieillard, semblaient attendre un ordre.
Il leur fit signe de se rapprocher. Ils parlèrent un long moment. J'entendais leurs paroles, mais la langue m'en était tout à fait inconnue.
L'homme au fusil sortit du bois. Il s'avança vers le vieillard et lui dit quelques mots.
— Il raconte qu'il l'a tué, me souffla Gatzo à l'oreille.
Tous retournèrent vers le campement, sauf l'homme au fusil qui alla s'asseoir près du feu.
Il tournait le dos.
De nouveau la clairière était déserte. Entre les murailles des arbres, la lune seule hantait cet espace au sol pur. Il éblouissait.
La lamentation de la femme s'était apaisée, puis éteinte.
— Ils dorment tous, me dit Gatzo. On peut s'en aller maintenant.
Nous nous apprêtions à sortir de notre fourré lorsqu'un être bizarre se manifesta au fond de la clairière. Il erra un moment le long des arbres, puis passa de leur ombre à la clarté...
— L'âne! l'âne enchanté! l'âne du vieux! ah! regarde bien, Pascalet! Il a peut-être vu leur Paradis, là-bas, au pays des tiens, où vivait la fille...

VII. DES RENARDS RÉELS

Le goupil a, bien entendu, fait l'objet d'études scientifiques et d'observations attentives qu'il est intéressant de comparer au Roman de Renard.

1. BUFFON

Buffon (1707-1788) a publié de 1749 à 1767 une passionnante Histoire Naturelle, Générale et Particulière, *consacrée aux animaux. C'est l'œuvre d'un savant et d'un penseur qui s'est toujours efforcé, par la qualité de son écriture, de rester au niveau d'un large public avide de connaissances. Un chapitre est consacré au renard*[1] *(Œuvres complètes, t. IX, pp. 78-83).*

Le renard[2] est fameux par ses ruses, et mérite en partie sa réputation ; ce que le loup ne fait que par la force, il le fait par adresse, et réussit plus souvent. Sans chercher à

---

1. André Chaumaix, répondant à Maurice Genevoix lors de sa réception à l'Académie française (13 novembre 1947), nous apprend que le père du romancier avait offert à son fils « un Balzac qui vous initiait à la comédie humaine et un Buffon dont les planches coloriées faisaient vos délices ».
2. Le renard (*Canis Vulpes L.*) se distingue surtout du loup par sa queue touffue et par sa pupille qui est oblongue au lieu d'être ronde. Cette note provient de l'édition d'origine, ainsi que les notes suivantes appelées par des lettres.

combattre les chiens ni les bergers, sans attaquer les troupeaux, sans traîner les cadavres, il est plus sûr de vivre. Il emploie plus d'esprit que de mouvement, ses ressources semblent être en lui-même : ce sont, comme l'on sait, celles qui manquent le moins. Fin autant que circonspect, ingénieux et prudent, même jusqu'à la patience, il varie sa conduite, il a des moyens de réserve qu'il sait n'employer qu'à propos. Il veille de près à sa conservation ; quoique aussi infatigable, et même plus léger que le loup, il ne se fie pas entièrement à la vitesse de sa course ; il sait se mettre en sûreté en se pratiquant un asile où il se retire dans les dangers pressants, où il s'établit, où il élève ses petits : il n'est point animal vagabond, mais animal domicilié.

Cette différence, qui se fait sentir même parmi les hommes, a de bien plus grands effets, et suppose de bien plus grandes causes parmi les animaux. L'idée seule du domicile présuppose une attention singulière sur soi-même ; ensuite le choix du lieu, l'art de faire son manoir, de le rendre commode, d'en dérober l'entrée, sont autant d'indices d'un sentiment supérieur. Le renard en est doué, et tourne tout à son profit ; il se loge au bord des bois, à portée des hameaux ; il écoute le chant des coqs et le cri des volailles ; il les savoure de loin ; il prend habilement son temps, cache son dessein et sa marche, se glisse, se traîne, arrive, et fait rarement des tentatives inutiles. S'il peut franchir les clôtures, ou passer par-dessous, il ne perd pas un instant ; il ravage la basse-cour, il y met tout à mort, se retire ensuite lestement en emportant sa proie, qu'il cache sous la mousse, ou porte à son terrier ; il revient quelques moments après en chercher une autre, qu'il emporte et cache de même, mais dans un autre endroit, ensuite une troisième, une quatrième, etc., jusqu'à ce que le jour ou le mouvement dans la maison l'avertissent qu'il faut se retirer et ne plus revenir. Il fait la même manœuvre dans les pipées et dans les boqueteaux où l'on prend les grives et les bécasses au lacet ; il devance le pipeur, va de très grand matin, et souvent plus d'une fois par jour, visiter les lacets, les gluaux, emporte successivement les oiseaux qui se sont empêtrés, les dépose tous en différents endroits, surtout au bord des chemins, dans les ornières, sous de la mousse, sous un genièvre, les y laisse quelquefois deux ou trois jours, et sait parfaitement les retrouver au besoin. Il chasse les jeunes levrauts en plaine, saisit quelquefois les lièvres au gîte, ne les manque jamais lorsqu'ils sont blessés, déterre les lapereaux dans les garennes, découvre les nids de perdrix, de cailles, prend la mère sur les œufs, et détruit une quantité prodigieuse de gibier. Le loup nuit plus au paysan, le renard nuit plus au gentilhomme.

La chasse du renard demande moins d'appareil que celle du loup ; elle est plus facile et plus amusante. Tous les chiens ont de la répugnance pour le loup, tous les chiens, au contraire, chassent le renard volontiers, et même avec plaisir ; car, quoiqu'il ait l'odeur très forte, ils le préfèrent souvent au cerf, au chevreuil et au lièvre. On peut le chasser avec des bassets, des chiens courants, des briquets : dès qu'il se sent poursuivi, il court à son terrier ; les bassets à jambes torses sont ceux qui s'y glissent le plus aisément : cette manière est bonne pour prendre une portée entière de renards, la mère avec les petits ; pendant qu'elle se défend et combat les bassets, on tâche de découvrir le terrier par-dessus, et on la tue ou on la saisit vivante avec des pinces. Mais comme les terriers sont souvent dans des rochers, sous des troncs d'arbres, et quelquefois trop enfoncés sous terre, on ne réussit pas toujours. La façon la plus ordinaire, la plus agréable et la plus sûre de chasser le renard est de commencer par boucher les terriers ; on place les tireurs à portée, on quête alors avec les briquets ; dès qu'ils sont tombés sur la voie, le renard gagne son gîte, mais en arrivant il essuie une première décharge : s'il échappe à la balle, il fuit de toute sa vitesse, fait un grand tour, et revient encore à son terrier, où on le tire une seconde fois, et où trouvant l'entrée fermée, il prend le parti de se sauver au loin en perçant droit en avant pour ne plus revenir. C'est alors qu'on se sert des chiens courants, lorsqu'on veut le poursuivre : il ne laissera pas de les fatiguer beaucoup, parce qu'il passe à dessein dans les endroits les plus fourrés, où les chiens ont grand'peine à le suivre, et que, quand il prend la plaine, il va très loin sans s'arrêter.

Pour détruire les renards, il est encore plus commode de tendre des pièges, où l'on met de la chair pour appât, un pigeon, une volaille vivante, etc. Je fis un jour suspendre à neuf pieds de hauteur sur un arbre les débris d'une halte de chasse, de la viande, du pain, des os ; dès la première nuit, les renards s'étaient si fort exercés à sauter, que le terrain autour de l'arbre était battu comme une aire de grange. Le renard est aussi vorace que carnassier ; il mange de tout avec une égale avidité, des œufs, du lait, du fromage, des fruits, et surtout des raisins : lorsque les levrauts et les perdrix lui manquent, il se rabat sur les rats, les mulots, les serpents, les lézards, les crapauds, etc.; il en détruit un grand nombre : c'est là le seul bien qu'il procure. Il est très avide de miel; il attaque les abeilles sauvages, les guêpes, les frelons, qui d'abord tâchent de le mettre en fuite, en le perçant de mille coups d'aiguillon; il se retire en effet, mais c'est en se roulant pour les écraser, et il revient si souvent à la charge qu'il les oblige à abandonner le guêpier; alors il le déterre et en mange et le miel et la cire. Il prend aussi les hérissons, les roule avec ses pieds, et les force à s'étendre. Enfin il mange du poisson, des écrevisses, des hannetons, des sauterelles, etc.

Cet animal ressemble beaucoup au chien, surtout par les parties intérieures; cependant il en diffère par la tête, qu'il a plus grosse à proportion de son corps; il a aussi les oreilles plus courtes, la queue beaucoup plus grande, le poil plus long et plus touffu, les yeux plus inclinés; il en diffère encore par une mauvaise odeur très forte qui lui est particulière, et enfin par le caractère le plus essentiel, par le naturel, car il ne s'apprivoise pas aisément, et jamais tout à fait : il languit lorsqu'il n'a pas la liberté, et meurt d'ennui quand on veut le garder trop longtemps en domesticité. Il ne s'accouple point avec la chienne[a]; s'ils ne sont pas antipathiques, ils sont au moins indifférents. Il produit en moindre nombre, et une seule fois par an; les portées sont ordinairement de quatre ou cinq, rarement de six, et jamais moins de trois. Lorsque la femelle est pleine, elle se recèle, sort rarement de son terrier, dans lequel elle prépare un lit à ses petits. Elle devient en chaleur en hiver, et l'on trouve déjà de petits renards au mois d'avril : lorsqu'elle s'aperçoit que sa retraite est découverte, et qu'en son absence ses petits ont été inquiétés, elle les transporte tous les uns après les autres, et va chercher un autre domicile. Ils naissent les yeux fermés; ils sont, comme les chiens, dix-huit mois ou deux ans à croître et vivent de même treize ou quatorze ans.

Le renard a les sens aussi bons que le loup, le sentiment plus fin, et l'organe de la voix plus souple et plus parfait. Le loup ne se fait entendre que par des hurlements affreux; le renard glapit, aboie, et pousse un son triste, semblable au cri du paon; il a des tons différents selon les sentiments différents dont il est affecté; il a la voix de la chasse,

[a] Voyez, à l'article du chien, les expériences que j'ai faites à ce sujet.

l'accent du désir, le son du murmure, le ton plaintif de la tristesse, le cri de la douleur, qu'il ne fait jamais entendre qu'au moment où il reçoit un coup de feu qui lui casse quelque membre ; car il ne crie point pour toute autre blessure, et il se laisse tuer à coups de bâton, comme le loup, sans se plaindre, mais toujours en se défendant avec courage. Il mord dangereusement, opiniâtrement, et l'on est obligé de se servir d'un ferrement ou d'un bâton pour le faire démordre. Son glapissement est une espèce d'aboiement qui se fait par des sons semblables et très précipités. C'est ordinairement à la fin du glapissement qu'il donne un coup de voix plus fort, plus élevé, et semblable au cri du paon. En hiver, surtout pendant la neige et la gelée, il ne cesse de donner de la voix, et il est au contraire presque muet en été. C'est dans cette saison que son poil tombe et se renouvelle ; l'on fait peu de cas de la peau des jeunes renards, ou des renards pris en été. La chair du renard est moins mauvaise que celle du loup ; les chiens et même les hommes en mangent en automne, surtout lorsqu'il s'est nourri et engraissé de raisins, et sa peau d'hiver fait de bonnes fourrures. Il a le sommeil profond, on l'approche aisément sans l'éveiller : lorsqu'il dort, il se met en rond comme les chiens ; mais lorsqu'il ne fait que se reposer, il étend les jambes de derrière et demeure étendu sur le ventre ; c'est dans cette posture qu'il épie les oiseaux le long des haies. Ils ont pour lui une si grande antipathie que, dès qu'ils l'aperçoivent, ils font un petit cri d'avertissement : les geais, les merles surtout, le conduisent du haut des arbres, répètent souvent le petit cri d'avis, et le suivent quelquefois à plus de deux ou trois cents pas.

J'ai fait élever quelques renards pris jeunes : comme ils ont une odeur très forte, on ne peut les tenir que dans des lieux éloignés, dans des écuries, des étables, où l'on n'est pas à portée de les voir souvent ; et c'est peut-être par cette raison qu'ils s'apprivoisent moins que le loup, qu'on peut garder plus près de la maison. Dès l'âge de cinq à six mois les jeunes renards couraient après les canards et les poules, et il fallut les enchaîner. J'en fis garder trois pendant deux ans, une femelle et deux mâles : on tenta inutilement de les faire accoupler avec des chiennes ; quoiqu'ils n'eussent jamais vu de femelles de leur espèce, et qu'ils parussent pressés du besoin de jouir, ils ne purent s'y déterminer ; ils refusèrent constamment toutes les chiennes ; mais dès qu'on leur présenta leur femelle légitime, ils la couvrirent quoique enchaînés, et elle produisit quatre petits. Ces mêmes renards, qui se jetaient sur les poules lorsqu'ils étaient en liberté, n'y touchaient plus dès qu'ils avaient leur chaîne : on attachait souvent auprès d'eux une poule vivante, on les laissait passer la nuit ensemble, on les faisait même jeûner auparavant ; malgré le besoin et la commodité, ils n'oubliaient pas qu'ils étaient enchaînés et ne touchaient point à la poule.

Cette espèce est une des plus sujettes aux influences du climat, et l'on y trouve presque autant de variétés que dans les espèces d'animaux domestiques. La plupart de nos renards sont roux, mais il s'en trouve aussi dont le poil est gris argenté ; tous deux ont le bout de la queue blanc. Les derniers s'appellent en Bourgogne renards charbonniers, parce qu'ils ont les pieds plus noirs que les autres. Ils paraissent aussi avoir le corps plus court, parce que leur poil est plus fourni. Il y en a d'autres qui ont le corps réellement plus long que les autres, et qui sont d'un gris sale, à peu près de la couleur des vieux loups ; mais je ne puis décider si cette différence de couleur est une vraie variété ou si elle n'est produite que par l'âge de l'animal, qui peut-être blanchit en vieillissant. Dans les pays du Nord, il y en a de toutes couleurs, des noirs, des bleus, des gris, des gris de fer, des gris argentés, des blancs, des blancs à pieds fauves, des blancs à tête noire, des blancs avec le bout de la queue noir, des roux avec la gorge et le ventre entièrement blancs, sans aucun mélange de noir, et enfin des croisés qui ont une ligne noire le long de l'épine du dos, et une autre ligne noire sur les épaules, qui traverse la première : ces derniers sont plus grands que les autres et ont la gorge noire. L'espèce commune est plus généralement répandue qu'aucune des autres ; on la trouve partout, en Europe[a], dans l'Asie[b] septentrionale et tempérée ; on la retrouve de même en Amérique[c], mais elle est fort rare en Afrique et dans les pays voisins de l'équateur. Les voyageurs qui disent en avoir vu à Calicut[d] et dans les autres provinces méridionales des Indes ont pris les chacals pour des renards. Aristote

[a] Voyez les Œuvres de Regnard, Paris 1742, t. 1er, p. 175.
[b] Voyez la Relation du voyage d'Adam Olearius, Paris, 1656, t. 1er p. 368.
[c] Voyez le Voyage de la Hontan, t. II, p. 42.
[d] Voyez les Voyages de François Pyrard, Paris, 1619, t. 1er, p. 427.

lui-même est tombé dans une erreur semblable, lorsqu'il a dit[e] que les renards d'Égypte étaient plus petits que ceux de Grèce ; ces petits renards d'Égypte sont des putois[f], dont l'odeur est insupportable. Nos renards, originaires des climats froids, sont devenus naturels aux pays tempérés, et ne se sont pas étendus vers le midi au-delà de l'Espagne et du Japon[g]. Ils sont originaires des pays froids, puisqu'on y trouve toutes les variétés de l'espèce, et qu'on ne les trouve que là : d'ailleurs, ils supportent aisément le froid le plus extrême ; il y en a du côté du pôle[h] antarctique comme vers le pôle[i] arctique. La fourrure des renards blancs n'est pas fort estimée, parce que le poil tombe aisément ; les gris argentés sont meilleurs ; les bleus et les croisés sont recherchés à cause de leur rareté ; mais les noirs sont les plus précieux de tous ; c'est, après la zibeline, la fourrure la plus belle et la plus chère. On en trouve au Spitzberg[j], en Groenland[k], en Laponie, en Canada[l], où il y en a aussi de croisés, et où l'espèce commune est moins rousse qu'en France, et a le poil plus long et plus fourni[x].

[e] Aristot., *Hist. animal.*, lib. VIII, cap. XVIII.

[f] Aldrovande, *Quadrup. hist.*, p. 197.

[g] Voyez l'*Histoire du Japon*, par Koempfer, La Haye, 1719, t. 1er, p. 110.

[h] Voyez le *Voyage de Narboroug à la mer du Sud*. Second volume des *Voyages de Coréal*, Paris, 1722, t. II, p. 184.

[i] Voyez le *Recueil des Voyages du Nord*, Rouen, 1716, t. II, pages 113 et 114. Voyez aussi le *Recueil des voyages qui ont servi à l'établissement de la Compagnie des Indes orientales*, Amsterdam, 1702, t. 1er, pages 39 et 40.

[j] Voy. *id. ibid.*

[k] Les renards abondent dans toute la Laponie. Ils sont presque tous blancs, quoiqu'il s'en rencontre de la couleur ordinaire. Les blancs sont les moins estimés ; mais il s'en trouve quelquefois de noirs, et ceux-là sont les plus rares et les plus chers ; leurs peaux sont quelquefois vendues quarante ou cinquante écus, et le poil en est si fin qu'il pend de tel côté que l'en veut, en sorte que prenant la peau par la queue, le poil tombe du côté des oreilles, etc. *Œuvres de Regnard*, t. 1er, p. 175.

[l] Voyez le *Voyage au pays des Hurons*, par Sagard Théodat, Paris, 1632, pages 304 et 305.

[x] La plupart des zoologistes considèrent les renards d'Amérique comme appartenant à des espèces distinctes de celle de l'Europe.

2. SIMONNE JACQUEMARD

La romancière Simonne Jacquemard, après avoir élevé des renards qu'elle a observés au jour le jour avec une attention sans défaut, a pu faire le point sur cette bête aux réactions les plus contradictoires, les plus imprévisibles, et mettre l'accent sur des aspects originaux : « Raffinement poussé jusqu'à ce narcissisme commun chez le chat (dont le plaisir est de se mettre en belle posture et de jouir de la conscience qu'il en a) ; goût noble pour l'aventure, à quelque prix que ce soit (la mort même menaçant l'animal, la mort surtout menaçant l'animal) ; affectivité intense ; et pêle-mêle tout le contraire de ce que j'ai avancé, à savoir pusillanimité, fourberie et ingratitude. » *Elle a consigné le fruit de cette longue expérience dans un livre,* Des renards vivants *(Paris, Stock, 1969), qui commence par une présentation du renard que nous reproduisons ici.*

« Le renard, dit Brehm, a la tête large, le front plat, le museau brusquement allongé, long et pointu ; les yeux obliques, les oreilles dressées, la queue longue et touffue, le pelage abondant et serré, de la couleur la plus appropriée à *la vie de brigandage* qu'il mène : elle s'harmonise avec la teinte générale des forêts, des bruyères, des champs et des rochers*. »

Dès l'abord, il est question de l'inconduite du renard. Certes, le fait d'être considéré comme le maître — ou l'élève — de l'homme, dans l'exercice de la ruse, lui donne un statut différent de celui des autres mammifères. A la fois admiré et honni, il gruge l'homme et en recherche le

* Brehm, *L'Homme et les animaux.*

voisinage. Au jeu du voleur volé, le plus fort des deux s'irrite, et le renard y gagne de la patience, du courage, de l'ingéniosité, le sens du défi, et même une sorte d'humour bien inattendu.

Car le renard défend ce qui lui appartient : les champs, les bois, la montagne, dont il est l'habitant *lui aussi*, qu'il exploite lui aussi à sa manière.

Rencontrer un renard en plein jour est devenu quelque chose d'assez rare. Le renard apparaît dans un froissement de feuilles, d'herbes, presque imperceptible. Des bruyères ont tremblé, il est là, se coulant quelquefois tout à plat comme si c'était le sol qui se déplaçait (et il est roux comme les feuilles mortes des châtaigniers, gris comme de vieux lichens, jaune comme des herbes sèches). Quand il se sent en terrain de connaissance, qu'il suit le fil d'un trajet dépourvu de dangers, alors il marche avec assurance, avec une fierté souple et allègre, la tête droite, haut sur ses pattes qu'il a très fines et qui le paraissent davantage en hiver parce que sa fourrure déborde autour de lui.

Son allure est vive, voire sautillante, c'est presque un petit trot et d'une sécheresse régulière donnant à penser que le renard, comme le loup, est de l'espèce des chemineaux.

Effrayé par un bruit, une odeur inattendue, il ploie le jarret ; son échine s'arrondit ; il dresse encore davantage les oreilles, il se ramasse sur lui-même. Jusqu'alors son déplacement avait pu passer tout à fait inaperçu. (Le moindre merle, par contre, le moindre écureuil fourrageant sur le sol font un vacarme qui s'entend de très loin. Et pour peu qu'un lapin déboule à travers un taillis, ses bonds fracassants alertent tous les environs.) Car le renard prise la discrétion, il y est tenu de façon quasiment professionnelle.

Rendu soupçonneux donc, il s'arrête, il flaire dans le vent, le museau tendu, ce qu'il ne peut apercevoir encore (et son nez qu'il lève, qu'il fait osciller et avec lequel il cherche à démêler dans le flux de l'air les informations qui le concernent, paraît tout à coup extrêmement long, la commissure des lèvres s'étirant, en un rictus bizarre, et les yeux se fermant à demi). Puis il s'élance, généralement de côté, comme s'il niait ses assises précédentes et même qu'il eût jamais été là. Sa queue flottante ayant doublé de volume (peut-être est-elle hérissée par la peur ? Peut-être lui sert-elle à brouiller l'estimation d'un éventuel chasseur qui ne sait plus où envoyer son coup de fusil, puisque le renard est devenu comète, qu'il file avec une traîne aussi grosse que lui?), il court avec rapidité, les pattes arrière détendues à l'extrême, tantôt bondissant haut, tantôt rasant le terrain. Parfois, on dirait qu'il vole.

L'opinion commune divise, de façon arbitraire, comme le remarque Buffon, les renards de nos régions en deux catégories : les renards roux et les charbonniers. En fait les renards ont un pelage variant à l'infini d'un individu à l'autre. Certains renards roux ont la gorge et le ventre gris, caractéristique des renards dits charbonniers, et certains renards dont l'échine est fortement marquée de noir, attribut du charbonnier, ont le ventre très clair et même blanc. Les plus beaux sont les renards roux ou blonds, à la gorge d'un blanc immaculé. Par ailleurs, la couleur des mâles, et surtout des femelles, se modifie au cours de l'année, selon qu'ils ont leur pelage d'hiver, plus ou moins dru, et long d'environ 2 à 3 cm, ou leur pelage d'été constitué en fait par ce qui reste du poil après usure, d'où la teinte grise de bon nombre de femelles qu'ont affaiblies la gestation et le nourrissage de la portée *.

Contrairement à l'idée répandue, la différence entre le renard et la renarde ne se reconnaît pas toujours au faciès. S'il est vrai que la renarde paraît avoir le museau plus long et plus pointu, c'est souvent dû au fait qu'en été sa fourrure s'arase. Mais il existe des renardes au museau court et au corps trapu.

De tout près, le visage d'un renard révèle des délicatesses de tracé qui émerveillent. Le bord des paupières (certains renards ouvrent largement des yeux presque ronds, d'autres les ont obliques, étroits, voire minuscules et bridés, quasiment mongols) est fardé d'un noir humide, et la prunelle tantôt sombre et d'une profondeur veloutée, tantôt claire, magnétique, inquiétante. L'intensité de l'expression est toujours remarquable.

---

* « Chez nous, dit Brehm, le renard a 75 cm du bout du museau à la naissance de la queue ; celle-ci mesure 40 cm. Sa hauteur est d'environ 38 cm. »

Robert Hainard, de son côté, précise (*Les Mammifères sauvages d'Europe*) que la longueur totale varie entre 1,23 m et 1,39 m, dont 40 à 51 cm pour la queue. Ne s'agit-il pas là d'individus ayant atteint une taille maximum, non égalée par la moyenne des renards ? Individus vivant en solitaires, qui se sont fait remarquer par leur voracité et leur hardiesse, et qu'ont abattus les chasseurs avant « naturalisation » ?

Sous le museau aux narines discrètes, les lèvres sinuent ; elles peuvent se rétracter et grimacer de façon tragique ; ou se relever en un sourire goguenard. Derrière le masque de fourrure, tout le visage est travaillé par des émotions bien lisibles. Les muscles commandent, par exemple, cette déformation de la paupière inférieure qui fait soudain paraître le dessous de l'œil sanguinolent, donc redoutable, excellent simulacre de férocité (mais au comportement du renard, il se révèle souvent qu'il ne s'agissait que d'un jeu).

Des paupières encore, closes et décloses doucement, le renard, en le regardant, semble caresser son vis-à-vis quand il lui agrée, que ce soit un autre renard, son conjoint, ou quelqu'un de ses petits ou une créature humaine.

La manière dont il tient les oreilles couchées en arrière peut signifier le mécontentement préludant à une attaque, ou la gêne ou la honte, surtout chez les petits réprimandés par leur mère. Dans l'excès de la joie, les oreilles s'abaissent de façon très particulière à droite et à gauche (en une sorte de chapeau chinois, si j'ose dire) tandis que le renard agite largement la queue, bondit ou rampe en gémissant. Pareilles attitudes sont courantes dans les relations du mâle avec sa femelle.

Des diverses manifestations émotionnelles, cris et langage, comportement en famille, il sera question par la suite.

En bref et pour résumer ces données immédiates, il apparaît que le renard est une bête souple, élégante, aux proportions harmonieuses, dont la physionomie reflète le travail d'une intelligence déliée, laquelle a ses limites néanmoins, étant plus subtile qu'étendue.

« Je ne peux rien ajouter de personnel, dit Robert Hainard, à ce qu'on raconte de la ruse du renard, mais je peux témoigner de sa vigilance et de l'acuité de ses sens. Au premier terrier devant lequel je me mis à l'affût, je posai la main contre un tronc en me penchant pour flairer l'entrée. Le renard vint, alla fourrer son nez droit où ma main s'était posée et s'en retourna dans les bois. Il voit très bien, et ni l'immobilité ni une situation inusitée ne vous empêcheront d'être aperçu si vous n'êtes pas suffisamment caché. Une femelle m'a aperçu, assis et immobile, à travers un ravin de cinquante mètres. Mais il peut être assez distrait aussi et il mêle curieusement beaucoup de prudence, de hardiesse et d'insouciance. »

Alors que le blaireau a la vue fort basse et s'immobilise avec une soudaineté violente pour mieux entendre et mieux sentir (l'odorat étant son atout maître), le renard voit bien et surtout détecte ce qui se produit d'inhabituel quelque part, moins avec ses yeux qu'avec une forme de tact assez particulier : le renard devine et démêle l'immédiat grâce à ce que j'appellerais, faute de la déterminer mieux, une sensibilité magnétique. D'où la réputation qu'il a d'être doué de qualités inexplicables, vaguement occultes*.

Le renard a l'ouïe très fine, sauf quand il dort profondément. Souvent je l'ai surpris, à l'état libre, enroulé comme un chat, près d'un fourré, sa queue touffue rabattue sur son museau, ce qui lui permet de respirer au chaud et de dormir, dans cette régulation thermique, même sur la terre profondément gelée.

« Le renard, dit Buffon, a les sens aussi bons que le loup, le sentiment plus fin et l'organe de la voix plus souple et plus parfait. »

Il faut noter l'excellence de l'odorat, même chez des individus très jeunes, ce dont j'ai eu confirmation par les mimiques d'une renarde de quatre mois qui a rendu témoignage jusqu'en hiver du passage d'un chien entré en août dans la maison et qui s'était couché sur le tapis du salon une demi-journée.

Que si l'on étudie chez le renard le sens du goût, il témoigne en faveur d'une bête raffinée, moins avide que le blaireau qui plantureusement s'attable. Il est probable que la captivité apporte là des modifications. Quoi qu'il en soit, les entremets et tous les plats à base de sucre sont consommés généralement en premier lieu.

A l'état libre, le renard est un carnassier au menu éclectique. Je l'ai observé faisant des repas de poires blettes, croquant des pommes tombées. On le dit friand de

* Pareille connaissance intuitive n'est pas, à ce degré, développée chez les bêtes. Néanmoins les chiens ne perçoivent-ils pas eux aussi l'approche de la mort, ne savent-ils pas, de loin, ce qui échoit à leur maître? Je me contenterai de rapporter ce que j'ai constaté. La maladie m'ayant éloignée deux semaines de la maison, maladie brève mais au cours de laquelle je m'avançai beaucoup sur un certain chemin sans issue d'ordinaire, ma première visite de convalescente fut pour les renards. L'expression que je vis sur la figure de Natacha que j'avais élevée, avec qui j'entretenais des relations confiantes depuis trois ans, m'épouvanta moi-même. Que flairait-elle à mon approche? *De quoi m'étais-je imprégnée?* Mon propre fantôme ne lui aurait pas causé plus de terreur. Et il fallut plusieurs jours, l'irruption plénière de la vie en moi, pour qu'elle se rassure.

raisins, comme le rapporte, et pour une fois à bon escient, la fable.

« Il est certain, dit Robert Hainard, que les souris forment le fond de sa nourriture, surtout dans les pays où lièvres, lapins, perdrix sont rares, mais il mange toutes sortes de mammifères et d'oiseaux, des œufs, des insectes, des grenouilles et des lézards. »

« C'est un hôte bien plus habituel des grands jardins qu'on ne le croit, dit Brehm ; il y attrape des sauterelles, des hannetons, des vers blancs. »

A cette curée de hannetons et de limaces, j'ai assisté fréquemment, encore que les limaces provoquent par suite de leur élasticité et de l'abondant mucus dont elles empoissent la langue du mangeur, des grimaces et des mouvements de déglutition difficiles. Il faut remarquer à ce propos de quelle gymnastique du gosier le renard est capable : ayant mâché vite, avec ses dents mâchelières du fond, ce qui lui fait ouvrir en grand à chaque fois toute la gueule, il lui arrive d'avaler la bouchée prématurément. Alors il la régurgite avec aisance, les yeux un peu exorbités néanmoins et les oreilles tirées en arrière par le jeu des muscles*.

« On dit encore, rapporte Robert Hainard, qu'il poursuit sur la neige encroûtée les chevreuils qui enfoncent et se blessent. »

Enfin dernier et essentiel grief** : cette obstination qu'a le renard de vouloir considérer les poules ni plus ni moins que comme des oiseaux, comme de grasses parentes délec-

* En montagne je n'ai rencontré qu'une fois le renard. Sans doute était-il le pourvoyeur d'une nouvelle génération de renardeaux puisque le mois de juin débutait. C'était dans un beau découvert de buissons d'airelles où il flairait fort ; puis il projetait en avant ses deux pattes avec un bond sur place qui lui relevait très haut l'arrière-train et la queue. Visiblement, il donnait la chasse aux rongeurs.

« En décembre dernier (1967), écrit René Pierre Bille, alors que je m'étais rendu dans le Haut Valais pour photographier des chamois dans leur magnifique pelage hivernal, un grand renard en fourrure très claire, presque argentée, chassait activement les campagnols dans une pente à peu près dégarnie de neige, et cela en face de mon poste d'observation et en plein midi ! J'ai pu assister à deux captures certaines, mais il a raté d'autres proies. »

** Et l'on attribue bien souvent au renard ce qui est le fait des autres carnassiers : putois, hermines, belettes et rats établis dans les bâtiments de ferme, chats harets, chiens vagabonds.

tables des pies, des geais, des corbeaux qu'on lui abandonne volontiers.

« Il écoute le chant des coqs et le cri des volailles, il les savoure de loin, dit Buffon ; il prend habilement son temps, cache son dessein et sa marche, se glisse, se traîne, arrive et fait rarement des tentatives inutiles. S'il peut franchir les clôtures et passer par-dessous, il ne perd pas un instant, il ravage la basse-cour, il y met tout à mort, se retire ensuite lestement en emportant sa proie, qu'il cache sous la mousse, ou porte à son terrier ; il revient quelques moments après en chercher une autre qu'il emporte et cache de même, mais dans un autre endroit ; ensuite une troisième, une quatrième, jusqu'à ce que le jour ou le mouvement dans la maison l'avertissent qu'il faut se retirer et ne plus revenir*. »

La chasse dans les bois peut avoir lieu selon une tactique témoignant de réflexion, à savoir par association avec un congénère, le plus souvent avec la femelle, d'après les naturalistes. Le renard alors donne de la voix, d'une façon stridente, de sorte que par les nuits d'hiver il m'est arrivé souvent de suivre, grâce à une écoute attentive, les évolutions d'un renard en train de rabattre sa proie du côté d'un second renard posté silencieusement et qui donnait de la voix à son tour.

J'insiste sur le fait qu'un renard consomme peu, qu'il est sobre par nature et principalement occupé de longues courses, de défouissages, de humages et des plaisirs que lui donne sa curiosité souvent intempestive. Mais il est indéniable qu'à l'époque où il faut ravitailler les jeunes, le renard et surtout la renarde constituent un danger pour les poulaillers mal clos. La présence de chiens, très redoutés, est pour eux le commencement de la sagesse. Et, fait établi sur lequel les observateurs sont tous d'accord : jamais un renard ne vole aux environs de son terrier. La crainte des représailles attirées sur sa progéniture est certes la cause de cette abstention singulière.

Le terrier est établi dans un endroit reconnu pour sa commodité, et bien à l'écart. Le renard choisit la pente d'une colline, une carrière de sable à l'abandon, un fourré

---

* Autres proies non dédaignées : les serpents, crapauds, lézards, et selon Tschudi (*Les Alpes*) certains poissons en eau limpide. Enfin le renard ose s'attaquer au hérisson qu'il tue et dévore, comme le font quelques chiens domestiques.

épais, voire des amas de bois mort, et ce depuis que les persécutions s'intensifient. Il semble qu'il ait une demeure principale et plusieurs habitats de passage où il se réfugie en cas de danger. J'ai remarqué que dans ces cachettes, il ne laisse aucun débris de nourriture et pratiquement pas d'odeur ; seules les empreintes de ses pas et les dimensions de l'embouchure du terrier montrent qu'il ne s'agit pas là d'un terrier de lapin. Brehm confirme la chose en ces termes : « Il est rare que les renards se contentent d'une seule retraite ; ils ressemblent sous ce rapport aux écureuils qui en ont ordinairement deux ou trois. »

Et Brehm ajoute cette notation où se révèlent fort bien l'estime, le penchant contrarié qu'éprouvent les adversaires du renard : « Souvent il ne le creuse pas lui-même, car il a trop d'imagination et de sentiment poétique pour se livrer à un travail monotone et pénible. »

En effet, le renard volontiers s'installe en intrus chez le blaireau ou expulse une famille de lapins (la cohabitation avec les anciens propriétaires blaireaux semblant sinon impossible, du moins accidentelle et éphémère*, d'après Hainard).

Néanmoins, soit qu'il accommode le logement d'un autre, soit qu'il l'ait conçu et réalisé par lui-même, le renard en fait une sorte de labyrinthe souterrain qui comprend différentes chambres desservies par des couloirs. C'est ainsi que mâle et femelle peuvent cohabiter même après la naissance des petits, à condition que chacun se cantonne dans un secteur de l'appartement**.

« Pour éviter de corrompre l'air de son terrier, dit Dupont de Nemours***, comme afin de se ménager plus d'un moyen de trouver asile et plus d'une porte pour en sortir, il donne à ses terriers plusieurs issues. Il les divise en logements séparés ; la femelle a sa chambre, les petits en habitent une autre et leur mère ne vient les trouver que pour leur donner à téter ou leur apporter la pâture. Le mâle

* Possédant à l'intérieur des limites de ma propriété un magnifique terrier de blaireaux, aux issues multiples, je puis dire qu'ils s'y tiennent résolument, sans tolérer la visite des renards.
** On désigne communément par les vocables de maire, fosse et accul — ou donjon — l'antichambre du terrier, la salle commune où sont déposées les proies et l'habitation proprement dite de la renarde. De ceci je n'ai aucune expérience personnelle, les terriers construits chez moi n'ayant jamais été forcés.
*** Dupont de Nemours, *Quelques mémoires sur différents sujets*.

a son appartement particulier dans le terrier principal et souvent une ou deux maisons de campagne au-dehors. »

Dès l'âge de deux mois, les jeunes creusent un terrier déjà assez vaste (proportionnellement) pour s'y retirer et y dormir. Des pattes de devant, je les ai vus besogner, repousser les déblais en les répartissant tout autour. Quant aux adultes, ils ont un goût variable pour les travaux de terrassement.

Qui creuse le terrier ? La renarde, semble-t-il, ou plutôt elle dirige les opérations, elle organise. Tenues en semi-captivité, les meilleures mères ont été chez moi les meilleures ouvrières. Sur une renarde dont l'instinct paraissait défaillant et qui a laissé plusieurs fois mourir des petits, j'ai observé un entrain médiocre et peu de réussite dans le travail de sape, alors que les autres foraient le sol avec un enthousiasme qui ne faisait pas toujours mon affaire, car les abords de leurs habitations, minés de galeries invisibles, constituaient pour moi, en s'effondrant soudain sous mes pas, autant de chausse-trapes*.

Dans ce terrier, et avant l'accouplement physiologique, rien n'indique que le mâle et la femelle se réunissent pour dormir. Néanmoins j'ai constaté, sur six individus ayant vécu à quelque distance de la maison mais dans un isolement suffisant, que certains renards dormaient volontiers avec leurs renardes et d'autres point. Le fait d'ailleurs peut se produire pour l'un ou pour l'autre de façon exceptionnelle. En général, les renards éprouvaient à l'égard de leurs renardes une crainte plus ou moins apparente et plus ou moins fondée**.

La demeure établie, il importe de la défendre. Cette politique est commune à tous les animaux, y compris l'homme. Dès qu'un rouge-gorge nidifie, et même auparavant, il délimite un territoire de chasse qu'il se réserve, qui est sa propriété. Le territoire sera d'autant plus étroit que

* « Le terrier creusé par la mère est très profond, j'y entre mon bras tout entier avant que ne commence une chambre assez vaste. Le renard, installé à part provisoirement, a lui aussi creusé un terrier, mais beaucoup moins important. Il y disparaît et s'y installe parfois des heures d'affilée » (note du *6 juin 1960*).

** Note du *21 novembre 1961* : « Pour la première fois, depuis deux ans qu'ils vivent en couple, j'ai trouvé Miyagui et le Grand Renard couchés l'un contre l'autre. »

Note du *12 novembre 1962* : « Greta et Youri ont pris l'habitude de dormir ensemble. Lui la lèche tendrement. »

les ressources locales seront plus abondantes ; d'autant plus vaste qu'il y aura pénurie de gibier, c'est-à-dire d'insectes et de provendes diverses, là où l'oiseau a dessein d'élever ses petits.

Chez l'oiseau, c'est le chant et les manœuvres d'intimidation qui aident à l'établissement d'un certain cadastre ignoré des hommes, et variable d'un printemps à l'autre en général.

Le mammifère, lui, marque son territoire par l'odeur et quelquefois par la voix. La mauvaise réputation de « bête puante » que s'est faite le renard vient de ce que l'odorat des civilisés s'est dévoyé : le goudron, les fumées de mazout, les vapeurs d'essence (voire celle des édicules encore existant sur quelques trottoirs à Paris et dans toutes les cours d'école), autant de pestilences considérées comme acceptables et dont l'air se charge communément. Mais les roses, paradoxe déconcertant, n'ont plus de parfums, et on sature les lieux de réunion, magasins ou théâtres, de désinfectants chimiques aux senteurs criardes et fausses.

Le renard, comme le chien, marque ce qu'il considère comme son domaine, et volontiers, il imprègne les endroits où il découvre des traces de passage ; soit qu'un chat, qu'une belette, qu'un blaireau aient suivi la même piste que lui, soit qu'il ait fait des cachettes de nourriture sur lesquelles il tient à laisser une marque de propriété toute personnelle.

L'odeur du renard, contrairement à la croyance populaire, ne s'attache en rien à son pelage, sauf s'il est tenu en captivité et plus exactement mal tenu. Cette odeur est pour moi (et pour d'autres flaireurs de sous-bois) très revigorante à cause qu'elle est franche et bien accordée avec l'odeur des feuilles macérées, des écorces et surtout de la fougère nouvelle à quoi elle s'apparente un peu. Elle éclate comme un joyeux coup de clairon, à un moment imprévu, et de telle sorte qu'on est aussitôt renseigné : un renard est passé là hier ou ce matin ou il y a quelques minutes.

Au moment du rut, cette même odeur prend une violence particulière : elle devient proche des émanations du salpêtre, du moût de pommes fermenté, avec une agressivité métallique un peu suffocante, mais qui reste néanmoins du domaine des odeurs franches et nettes.

Le marquage par imprégnation se prolonge de l'automne jusqu'en été, semble-t-il, principalement à la montagne où je l'ai souvent détectée à une époque tardive, le renard se trouvant plus à son aise dans « l'expression de ses sentiments » du fait que l'espace n'est pas restreint*.

Cette forme de marquage du territoire, qui peut passer inaperçue si l'on n'est pas familiarisé avec les différentes odeurs de la forêt, se double dans les endroits où le renard est en sécurité d'un avertissement sonore, dont ni Brehm ni Buffon n'ont fait mention. Il s'agit non du glapissement qui est formé d'une ou de plusieurs émissions vocales étranges, mais d'un cri unique, monotone, poussé de façon régulière, cependant que le crieur s'avance d'un pas assez vif, mais sans courir, et trace une sorte de frontière imaginaire, tout à fait comme le ferait une mésange ou une fauvette.

L'émission de ce cri peut avoir lieu de jour comme de nuit, et presque en toute saison sauf au plein de l'été**.

* Note du *1er avril 1968* : « Cette nuit, vers 5 heures, cri de marquage d'un renard auquel répond le cri d'un faisan. J'ai suivi, à sa trace odorante, le passage de ce visiteur inconnu : tous les dix mètres environ il s'est arrêté, à la manière des chiens compissant les bornes. »

** Note du *26 février 1967* : Vers 9 h 1/2 du soir, aboi d'un renard : un *rouè* étranglé, râpeux, rauque, pendant dix minutes environ, chaque aboi séparé du suivant par un intervalle de 4 secondes. La bête contourne un massif de pins et de bouleaux particulièrement laissés à l'état sauvage.

Dimanche 9 avril : Juste avant la tombée du jour, quand il fait clair encore, cri de marquage, violent et si régulier que je le crois, tout d'abord, produit par le fermier hélant des volailles ou des bestiaux à quelque huit cents mètres de là. Cri haut, explosif, soufflé et dur : *whhrèèou* assez proche de celui de la hulotte. Le cri se déplace en même temps que le renard, dans les limites de la propriété.

Samedi 13 mai : A l'aube, un renard marque son territoire, systématiquement, de *wrrèè-wrèè-wrèè* entrecoupés de jappements clairs. Est-ce une renarde cette fois?

14 septembre : Cris sonores, profonds : *ouarr-ouèrr-ouarr*, dans la nuit, longuement et en marche.

29 octobre : Vers 3 heures du matin, un renard s'approche en marchant de la maison, et avec lui son cri, un *whâââ rrh* guttural. De près, très explosif ; de loin le cri se confond avec le premier *whoû-oû* de la hulotte précédant la vibration tremblée. A un certain moment, le visiteur entrecoupe ses abois d'une sorte de gémissement fin : î-î-î que suit le *woup-woup-woup* du temps des amours. Il s'agit donc ici d'un mâle. Le cri encercle un territoire d'une vingtaine d'hectares, le nôtre.

17 décembre : Le soir, vers 9 h 1/2, alors que toute la maison est éclairée, cri très violent d'un renard presque sous les fenêtres. Contrairement à ce que j'ai accoutumé d'observer, le cri ne se

Que sur ce lot de terre, de bois, de prés qu'il se choisit, le renard veuille être maître absolu — et je ne parle pas ici du partage avec d'autres mammifères, voire d'autres carnassiers, partage habituel chez les oiseaux où le terrain de chasse d'un pic épeiche, par exemple, est interdit à tout autre pic épeiche, mais ouvert sans que ledit pic s'en offense à un roitelet, à une grive draine, à un pouillot véloce, que sur son bien, donc, le renard ne tolère aucun autre renard mâle, c'est là une loi dont la transgression amène des batailles vraiment féroces, avec des vocalises d'une intensité terrifiante.

De la rivalité entre mâles, je n'ai connaissance à l'état sauvage que par ce que d'autres m'en ont rapporté. En captivité, j'ai pris note du fait que les mâles se toléraient bien, sauf pendant la période du rut. Il y eut alors — deux couples ayant été établis dans un vaste enclos avec une séparation primitive qu'ils s'acharnèrent à détruire malgré le contre-travail fait quotidiennement par moi — une sorte de tragédie dont je suivis les péripéties avec angoisse, et qui se termina mal juste au moment où j'avais fait le nécessaire pour installer le Patriarche à l'écart.

Ce renard avait huit ans ; c'est celui qui est ici désigné sous le nom de Grand Renard. Il fut tué par son propre fils — ou plutôt il ne reparut pas. Des éboulis provoqués volontairement furent-ils cause de sa mort, ou fut-il étranglé ? Les morsures, les corps à corps sauvages, les poursuites s'achevèrent de cette manière que l'habituelle bénignité de mes renards rendait pour moi impossible.

déplace pas. Le renard aboie sur place, d'une voix sèche et comme enrouée : *whèè-whhhâ* explosif. Appel répété une trentaine de fois, à intervalles de 2 à 3 secondes. Puis un silence absolu. Bien que les volets n'aient été nulle part tirés, et que le salon soit envahi par la musique d'une Cantate de Bach, le renard a aboyé dans ma direction, sans aucun effroi, tournant la tête à droite et à gauche si j'en juge par les variations de l'amplitude sonore.

31 décembre : Dans la nuit, abois d'un renard se déplaçant ; voix forte, très voisine de celle d'un chien. Différences : le manque d'inflexions, la régularité. *Woc-woc-woc*, par trois, parfois quatre, jamais plus. Les chiens répondent au loin. Est-ce déjà l'appel des amours ?

22 janvier 1968 : A 10 h 1/2 du soir, cris de marquage, pendant plus d'un quart d'heure, venus d'environ 300 mètres de la maison et s'en approchant à 30 mètres.

Le *25 février*, vers 6 heures du soir ; le *10 mars*, dans la nuit ; le *31 mars* à 5 heures du matin, comme le *3 avril*.

Si les femelles, de leur côté, éprouvent de la jalousie, tentent de s'exclure aussi implacablement*, il apparaît qu'elles savent mieux cohabiter. Selon Robert Hainard, certains mâles auraient du goût pour la polygamie, ce dont j'ai eu confirmation moi-même, après la mort du Grand Renard. Le meurtrier qui avait cinq ans, et qui était déjà pourvu d'une femelle dont il avait eu des petits plusieurs fois, séduisit la renarde restée seule, et j'assistai au « cérémonial des fiançailles » dont il sera question plus loin.

Une fois la portée mise au monde, c'est-à-dire une fois les rivalités de couples un peu éteintes, l'association de deux femelles, et une sorte de mise en commun des jeunes sont des traits que Robert Hainard a observés dans la nature et dont j'ai eu le spectacle en captivité.

« Le rôle du mâle est contesté, remarque encore Hainard. Ne s'agit-il pour lui que d'assurer la continuité de l'espèce, et se désintéresse-t-il des renardeaux dont la femelle aurait la charge matérielle et l'éducation à faire ? »

Sur ce point, il semble qu'il y ait presque autant d'avis que d'observateurs et de cas considérés. Avec le renard, point de règle absolue, mais un libre jeu d'initiatives individuelles dépendant sans doute d'une quantité de facteurs : l'entente des conjoints, leur âge et leur expérience, leur caractère, le lieu où fut établi le terrier. Certains mâles seraient des pourvoyeurs fidèles, d'autres apporteraient une assistance médiocre, d'autres encore feraient des apparitions très rares aux abords du terrier. Enfin il se trouve des naturalistes pour affirmer que le mâle, polygame, ne connaîtrait pas sa famille.

Mis bout à bout, ces fragments de vérité constituent la vérité du couple, qui est multiple, et à l'image des rapports que peuvent avoir entre eux, tout bonnement, les êtres humains.

---

* *28 avril 1966* : Mordant sa rivale à la gorge, la tenant à pleines mâchoires, Greta la secoue furieusement.

VIII. BIBLIOGRAPHIE

Pour travailler sur le *Le Roman de Renart* médiéval, on se reportera aux éditions, traductions et adaptations mentionnées dans la Chronologie du *Roman de Renart*, p. 243-244. L'on se servira plus précisément des ouvrages suivants :

1. *Éditions bilingues :*

Micheline de COMBARIEU DU GRÈS et Jean SUBRENAT, *Le Roman de Renart*, 2 vol., Paris, 10/18, 1981.
Jean DUFOURNET et Andrée MÉLINE, *Le Roman de Renart*, 2 vol., Paris, Garnier-Flammarion, 1985.

2. *Études générales :*

Jean BATANY, *Scène et coulisses du Roman de Renart*, Paris, SEDES, 1989.
Robert BOSSUAT, *Le Roman de Renart*, Paris, Hatier, 1957 ; 2e éd., 1967.
Jean DUFOURNET et coll., *Le Goupil et le Paysan (Roman de Renart, branche X)*, Paris, Champion, 1990.
John F. FLINN, *Le Roman de Renart dans la littérature française et dans les littératures étrangères au Moyen Age*, Paris, PUF, 1963.
Lucien FOULET, *Le Roman de Renart*, Paris, Champion, 1914.
Jean-René SCHEIDEGGER, *Le Roman de Renart ou le texte de la dérision*, Genève, Droz, 1989.

Léopold SUDRE, *Les Sources du Roman de Renart*, Paris, Bouillon, 1892.
Elina SUOMELA-HÄRMÄ, *Les Structures narratives dans le Roman de Renart*, Helsinki, Suomalainen Tiedeakatemia, 1981.
K. VARTY, *Reynard the Fox*, Leicester, University Press, 1967.
K. VARTY et coll., *A la recherche du Roman de Renart*, Oak Villa, New Alyth, Lochee Publications Limited, 1988.

3. Index :

Micheline de COMBARIEU DU GRÈS et Jean SUBRENAT, *Le Roman de Renart. Index des thèmes et des personnages*, Aix-en-Provence, Publications du CUERMA, 1987 (*Senefiance*, 22).

4. Contes populaires :

Paul DELARUE et Marie-Louis TÉNÈZE, *Le Conte populaire français*, 3 vol., Paris, Maisonneuve et Larose, 1976.
Henri POURRAT, *Le Trésor des contes*, 13 vol., Paris, Gallimard, 1948-1962.

IX. FILMOGRAPHIE

1930 : *Le Roman de Renard*, Ladislas Starewitch, FR, premier long métrage de marionnettes animées. Ce film, commencé en 1926, fut terminé en 1930. Diffusé sous le titre *L'Histoire d'un renard*, en Allemagne en 1937 et 1938, il obtient un grand succès.
Jean Nohain, pour les dialogues, et Vincent Scotto, pour la musique, collaborent à la version française sortie le 10 avril 1941 à Paris et ressortie à Paris en 1990 seulement.

TABLE DES MATIÈRES

Préface 7

Avant-propos 25

Le Roman de Renard

PREMIÈRE PARTIE
Les écoles de Renard

I. — Où l'on fait connaissance avec Renard le Goupil, sa litée, son château dans les bois, le plaisant pays alentour et quelques hommes, ses voisins 31
II. — Où Renard, gabé par Chantecler, fut moqué par Copette, la grosse poule 36
III. — Constant Desnoix, ou le vilain foimentie 42
IV. — Comment Isengrin le loup dévora, jusqu'à la ficelle, le jambon de Constant Desnoix 49
V. — Comment Tybert le Chat fit prendre Renard dans le piège et mangea les deux parts de l'andouille 56

VI.	— Pinçart, ou le bec du Héron ...	66
VII.	— Comment Tiercelin le Corbeau, Rougebec la Perdrix et Drouin le petit Moineau gabèrent Renard à l'envi	71
VIII.	— Comment Renard eut la queue caressée par les dents du Rechigné, le mâtin d'Autran-le-Roux	77
IX.	— Comment Renard devint Renard et prononça son grand serment	82

Deuxième Partie
Les gabets de maître Renard

I.	— Comment Renard, pour son coup d'essai, vola les jambons d'Isengrin	87
II.	— ... Puis le vin de Constant Desnoix	92
III.	— ... Puis les anguilles d'Autran-le-Roux	98
IV.	— Comment il fit battre Isengrin par les moines blancs de Tyron	103
V.	— La queue du Loup	107
VI.	— La queue de l'Ours	114
VII.	— La queue du Chat	121
VIII.	— Panse bien remplie ne fait pas toujours Loup béat	126
IX.	— La folle nuit des chasseurs chassés	132
X.	— Pinçart pincé, Rougebec, Tiercelin le Corbeau, Autran-le-Naute, Isengrin et le Jeu des béliers ou comment Messire Renard sut régler ses comptes sans lunettes...	138
XI.	— Dame Hersent	146
XII.	— Le puits des Moines de Tyron .	149

XIII.	— Le Roi Noble et Dame Fière, la Reine	154
XIV.	— Le partage du lion	159
XV.	— Le courre du Seigneur de la Fuye, ou Renard caché dans les peaux...	165
XVI.	— Le courre d'Isengrin et d'Hersent, qui fut appelé Corneloup	171

TROISIÈME PARTIE

Le plaid Renard

I.	— Isengrin élève sa clameur	179
II.	— Comment Renard comparut devant Noble	184
III.	— Comment Renard ne jura point sur la dent du Rechigné	188
IV.	— Nouvelle clameur d'Isengrin-le-Têtu	193
V.	— Comment Renard fut semoncé trois fois : par Brun l'ours premièrement	197
VI.	— Secondement par Tybert le chat...	203
VII.	— Tiercement par Grimbert le blaireau	209
VIII.	— « Quand le Roi dort, la Reine ferme les yeux »	214
IX.	— Le grand combat du goupil et du loup	220
X.	— Comment Renard, du haut de la Roche-Gastil, harangua les animaux à l'instant de faire sa retraite	225

Épilogue

Où l'on verra comment Renard, un soir du temps, dans la forêt, adouba ses trois fils Chevaliers de Renardie 231

DOSSIER HISTORIQUE ET LITTÉRAIRE ... 237

I. REPÈRES BIOGRAPHIQUES ... 239

II. CHRONOLOGIE DU *ROMAN DE RENART* ... 242

III. LA MORT DE RENARD ... 249
1. Louis Pergaud, *La Tragique aventure de Goupil.* (*De Goupil à Margot*) ... 249
2. Maurice Genevoix, *Le Renard* (*Bestiaire sans oubli*) ... 279

IV. RÉÉCRITURES DU *ROMAN DE RENART* ... 283
1. L'ambassade de l'ours Brun au terrier de Renart : ... 285
   - texte médiéval ... 285
   - traduction en français moderne ... 292
   - réécriture de Paulin Paris (*Les Aventures de maître Renart et d'Ysengrin son compère*) ... 300
2. Renart essaie de pousser le chat Tibert dans un piège ... 304
   - texte médiéval ... 304
   - traduction en français moderne ... 308
   - réécriture d'Albert-Marie Schmidt (*Le Roman de Renart*) ... 313

V. TABLE DE CONCORDANCES ... 317

VI. D'AUTRES RENARDS ... 325
1. Le renard du *Petit Prince* de Saint-Exupéry ... 325
2. Le renard du *Renard dans l'île* d'Henri Bosco ... 330

VII. DES RENARDS RÉELS ... 335
1. Buffon, *Histoire Naturelle, Générale et Particulière* ... 335
2. Simonne Jacquemard, *Des renards vivants* ... 342

VIII. BIBLIOGRAPHIE ... 355

IX. FILMOGRAPHIE ... 356

IMPRIMÉ EN FRANCE PAR BRODARD ET TAUPIN
Usine de La Flèche (Sarthe), le 05-08-1991.
1765E-5 - Dépôt légal, août 1991.

PRESSES POCKET - 8, rue Garancière - 75006 Paris
Tél. 46.34.12.80

LIRE ET VOIR LES CLASSIQUES
LISTE DES OUVRAGES PARUS :

HONORÉ DE BALZAC
EUGÉNIE GRANDET
LA PEAU DE CHAGRIN
LE PÈRE GORIOT
LE LYS DANS LA VALLÉE

CHARLES BAUDELAIRE
LES FLEURS DU MAL

ALPHONSE DAUDET
LE PETIT CHOSE
LES LETTRES DE MON MOULIN

DENIS DIDEROT
JACQUES LE FATALISTE

GUSTAVE FLAUBERT
L'ÉDUCATION SENTIMENTALE
TROIS CONTES
MADAME BOVARY

HOMÈRE
ODYSSÉE

VICTOR HUGO
NOTRE-DAME DE PARIS

PIERRE CHODERLOS DE LACLOS
LES LIAISONS DANGEREUSES

MADAME DE LA FAYETTE
LA PRINCESSE DE CLÈVES

JEAN DE LA FONTAINE
FABLES

GUY DE MAUPASSANT
BEL-AMI
LE HORLA ET AUTRES RÉCITS FANTASTIQUES
PIERRE ET JEAN
UNE VIE

PROSPER MÉRIMÉE
COLOMBA ET MATEO FALCONE - NOUVELLES CORSES
CARMEN ET AUTRES NOUVELLES

CHARLES DE MONTESQUIEU
LETTRES PERSANES

EDGAR ALLAN POE
HISTOIRES EXTRAORDINAIRES

ABBÉ PRÉVOST
MANON LESCAUT

EDMOND ROSTAND
CYRANO DE BERGERAC

GEORGE SAND
LA MARE AU DIABLE

STENDHAL
LA CHARTREUSE DE PARME
LE ROUGE ET LE NOIR

JULES VALLÈS
L'ENFANT

JULES VERNE
LE TOUR DU MONDE EN QUATRE-VINGTS JOURS

VOLTAIRE
CANDIDE ET AUTRES CONTES

EMILE ZOLA
AU BONHEUR DES DAMES
GERMINAL
LA CURÉE
L'ASSOMMOIR

Notes

Notes

Notes

Notes

Notes

Notes

Notes

Notes

Notes

Notes

Notes

Notes

Notes

Notes

Notes

Notes

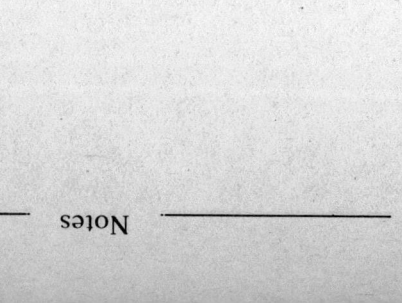

Notes

Notes